这个历史挺好看

国学三千年

求索与突围

尹正平 著

江西教育出版社
JIANGXI EDUCATION PUBLISHING HOUSE
·南昌·

图书在版编目(CIP)数据

国学三千年：这个历史挺好看．求索与突围／尹正平著．-- 南昌：江西教育出版社，2016.1（2023.1 重印）
ISBN 978-7-5392-9128-4

Ⅰ．①国… Ⅱ．①尹… Ⅲ．①国学－通俗读物
①Z126-49

中国版本图书馆 CIP 数据核字(2016)第 289244 号

国学三千年：这个历史挺好看
求索与突围
GUOXUE SANQIANNIAN: ZHEGE LISHI TINGHAOKAN
QIUSUO YU TUWEI
尹正平　著
出 品 人：熊　炽
组　　稿：黄升扬　张　延
责任编辑：黄升扬
责任印制：朱贤民
封面设计：仙　境

江西教育出版社出版
（南昌市学府大道 299 号　　邮编：330036）
各地新华书店经销
安徽联众印刷有限公司印刷
开本 720 毫米 ×1000 毫米　1/16　21.5 印张　字数 245 千字
2017 年 2 月第 1 版　　2023 年 1 月第 4 次印刷
ISBN　978-7-5392-9128-4
定价：56.00 元

赣教版图书如有印装质量问题，请向我社调换 电话：0791-86710427
投稿邮箱：JXJYCBS@163.com　　电话：0791-86705643
网址：http://www.jxeph.com

赣版权登字 -02-2016-769

目 录

第三十一回

僧人道士互开博客骂战
范生萧王争辩生死轮回

看透不说破，还能接着过。说完了北方，再来看南边。

自刘裕取代东晋建宋后，南方政权也是更迭频繁，宋、齐、梁、陈四个国家一共轮续了一百多年，一道长江水使北方剽悍的触角始终没能攀越过来。

佛教在南方保持了强劲增长势头，虽时常有反佛声音出现，有时也暴力催收，沙汰沙门，清滤一下僧人队伍，却没有北方那样大规模的灭佛运动。

先是对于佛教徒见了王者该不该敬礼这个话题争论了老长时间，接着为佛教儒教这两个教派谁更好而辩论不休。

从此也看出佛教已不甘以客卿身份在中国做客，而是开始了逆生长，跟主人争开了话语权。

最早有慧琳僧人作的一篇论文引起了广泛关注。他的题目是《均善论》，直到读完后僧人们才大呼上当，说被慧琳忽悠得三观碎了一地。

你看慧琳怎么写的：

说有个白学儒生与一个黑学佛士辩论，佛家黑学士看不起儒家白先生，认为白天不懂夜的黑，说："白先生自以为自己是中国圣人，经纶百世，可他却不照幽冥之途，对另一个世界的道路不熟悉，更谈不上来生的造化，跟他学没有前途，比不上西域来的佛高深。"

白儒生感到自己被虐了，当然不服，就去问自己哪里比不上佛。白儒生一见黑佛士，劈头就问：

"你们释氏所说的空，与道家老子所说的空，有什么不同？"

黑佛士说："当然不同。佛家所说的空是万物皆空，是真空。道家说的空是和有相对应的，只是概念意义上的无，是假空。道家达不到我们佛家四大皆空的高度，我们和他不在一个水平面上。"

白儒生追问道："释氏说空物，难道物真是空的吗？"

黑佛士说："是的。空又空，还不只限于空。"

白儒生说："人类灵长于宇宙，万物生长于天地，怎能是空的呢？要是万物皆空，那你又算哪根儿葱（孰是空哉）？"

黑佛士对白儒生划定的防空识别区显然不满，说："空是物体自身本性所有，跟他所借的物体外壳没有关系。记住，兴灭无常，因缘无主，所空在于性理。"

白儒生听了"性理"二字直皱眉头，这也是儒家吃亏的地方，解释性的东西太多，创造性的理论太少，只重视儒家制造，不重视儒家创造。儒家拿着功名利禄的诱惑，才有人读他的书。而有人空手套白狼，只是输出他的理论就占据了市场，让人趋之若鹜，争着拿钱来送上，这就是国人常说的倒贴。这真是一本万利的好买卖。

黑佛士接着说："咱们也别老拿着人家老子说事。就说你们的周公孔子弄的什么儒教吧，只顾及一世活，看不见来生缘。目光短浅，实在可悲。而释迦所说，关系到无穷。"

白儒生对这种说法显然不赞成，他说："释迦徒称无量寿，有谁见过不死的人；天天咨嗟金刚固，有谁见过不朽的质。你们这是倒空卖空，典型的皮包公司（效神光无径寸之明，验灵变罔纤介之异，固能大其言矣）。虽说菩萨无欲，群生却贪欲无比，归根结底，你们这是为利益而撒谎。"

说空不要紧，关键是不要进水啊。

黑佛士说："不对。要是不告诉人们来生的欲望，此生他们就会活得痛苦。若不在春天勤于耕作，怎能期望秋天收获（若不勤春稼，秋穑哪里期）？"

白儒生叹道："唉，你们干的这是什么事呢？怎么这么二律背反呢（何所务之乖也）？你们的道在无欲，却用有欲来要挟大众。你们造佛殿时，丹青炫彩，土木夸好，这有用吗？对于死生幽冥的道理，我们周公、孔子不是不知道，只是不说，暂且存疑而已。你们使劲说了半天，却又华而不实，只是许了个天堂的空头支票，却没有兑现银行（故甘辞兴于有欲，而灭于悟理）。由此而论，言说死生幽冥的未必高远，不说的也未必低失。大家最终都是殊途同归，不能只看刚发车时的车轱辘印吧。"

慧琳此言一出，立即轰动开来，哎哟，你的鄙视链挺长的嘛！这哪里是什么均善论，分明是篇压佛论，暗中补刀，削正在冒尖的佛教的脑袋，来和失落的儒教看齐。僧人们大为不满，要求惩处慧琳。

宋武帝刘裕对慧琳的言论大为欣赏，身上若无千斤担，谁敢争去挑千斤。他认为慧琳说得好，议论公平，是一篇知道自己几斤几两的文章。

连我这个颜控都爱上他了，嘻嘻！

后来刘裕的儿子宋文帝又把慧琳邀到朝廷，让他参与权要，每当有了大事，都和慧琳商议。

慧琳瞬间涨粉三千，门前一时宾客盈门，四方送物的络绎不绝(赠赂不断)，整条街上车水马龙，比过年前的京城都忙乎，势倾一时，被人称为“黑衣宰相”。

儒佛争论的同时，佛道两家也在打架。

当时道士传言说，当年老子与尹喜在函谷关分别后，并没有失踪，而是往西一直走到了天竺(印度)，在那里又收了一个徒弟，是释迦王子，也就是后来的释迦牟尼。因此佛教为道教的徒弟。

佛教就是这么来的，你爱信不信。

释迦牟尼是老子徒弟的说法都是一本名叫《老子化胡经》的书所扯，起初佛教弟子刚来中土，对道士的这些说法还能容忍，对释迦是老子私生子的说法无可奈何，对这位土生土长的“中华老子”没有任何办法，惹不起这位“干爹”。后来佛教渐渐壮大，信众多了起来，有了势力，我的笑点就这么低吗，竟让你爆这样的哏(gén)，于是对道教的信口胡说开始了零容忍，并开始反击。

道教也不甘示弱，两家就斗了起来。

还是那句俗话，好说好散。从此一别两宽，各生欢喜。

这时裁判出现了，名叫顾欢，他写了篇《夷夏论》，论述佛道二教长短。

胖子只有两条出路，要不让身材变好，要不就让心态变好。

顾欢是个隐士，不是什么达官贵人，他的判决词只能算是一家之言。他在文中说："佛是破恶之方，道是兴善之术。佛迹广大，可以用来化物；道迹密微，适合用来为己。至于他们两家所说的话嘛，佛家的语言是华而引，语言一华而引，就会引逗得那些本身蒙昧的人竞相前来。道家的语言是实而抑，语言一实而抑就会抑制住那些蒙昧的人，只剩下一些明白人独自进来。佛经和道经的优劣分别是：佛经写得繁而显，显就会把正路显出来，让人容易遵守；道经写得简而幽，幽就会把妙门屏蔽住，让人难以找到。"

走自己的路，让别人打车去吧。

顾欢话虽说得细致，也很有道理，但听了就像个摇头晃脑的世故老人在和稀泥，他在文中又把争论佛道优劣的那些僧人、道士说成是"刻舷沙门，守株道士"，各打了五十大板散堂。

顾欢虽然倾向道教，但他的这张和稀泥判决书显然不能服众，做不了终审判决，和他同时的范缜可就不和稀泥了，他旗帜鲜明地向佛教说不。

范缜在齐朝任尚书殿中郎，竟陵王萧子良特别信佛教，座上客也是信徒占据大多数，范缜有时也厕身其间，但他不是佛教的信徒，又性格耿直，看不惯这股信佛风气，乘机发表了一些世间无佛的危言高论，弄得大家佛心惶惶，信意摇荡。萧王急了，怕他动摇人心，问范缜道："君不信因果，为何世上有富贵贫贱？"

范缜的回答就是那个著名的"花儿朵朵"论，他说：

"人生就像树上的花朵，虽然同时开放，但随风而堕时，有的拂着帘幌坠于茵席上，也有的顺着篱墙落在粪圈中。殿下您就是坠于茵席上的那朵，下官我就是落在粪圈中的那朵。贵贱来的路径不同，这跟因果有何关系？"

橱柜里的珍珠，当初也并不比地上的同伴尊贵。

人生的遭际就是一个个花儿朵朵飘的故事，范缜把永远也说不清道不明的因果问题转化为简单明了的现实遭遇问题，说得萧子良也无话可说，只好强辩道："因果虽不可见，但生死轮回终不能不信。"

范缜说："人活着就会有形，有形也就有神。活着的时候神存，死了神也就灭了。形和神就仿佛是刀和它的利刃，刀无利刃不能称为刀，利刃离开了刀也就不再称为刃。同样，人死了，神也就消失了。没听说刀没了利刃还存在着，难道就容许人死了，而神仍存在吗？"

枝迎南北鸟，叶送往来风。这段话有点儿绕口，你听不懂也没关系，他的意思是：

一句话，有刀才会有刃，身在才会神在。

范缜的神灭论打破了多少人的轮回梦，他使佛教的生死轮回宣传成了梦呓。深信佛教的萧子良自不甘心，后来又召集众僧和范缜辩论，仍然不能让范缜屈服。

太原人王琰认为范缜已无可救药，写文章讥讽范缜说："呜呼范子！你真是活傻了，曾不知你先祖神灵所在。"

不是你厉害，是人家能容忍你的渺小，如果是连续剧，你能活过第二集吗？

范缜也反唇相讥，说："傻王子！你知道你祖先神灵在哪儿，为何不杀身死了去追随他们。"

我这儿有辣条和酒，要不也送你一根和他们一起走？

人们一看范缜越斗越险勇，这种人已不可跟他硬驳。萧子良就派人去私下跟范缜交易，说："只要你不再坚持神灭论，何愁官不至中书郎。"

对于这样的改口费，范缜听了不屑一顾，仰天大笑道："要是范缜卖论取官，早已升到令仆了，又何止中书郎呢。"

软硬不吃，难办了。

范缜在生活中也力行神灭论，他到宜都做太守，命令百姓不许供奉神庙里的神，把他们全部灭掉，以免再浪费百姓财物，做到了理论与实践的统一。

范缜虽有意抗佛，无奈官小职微，所伤有限，他的无神论也被湮没在达官贵人的呵斥声中。

到了梁朝，佛教在南方的发展达到了高潮，出现了一个超级粉丝，他就是梁朝的开国皇帝萧衍，他逼迫齐和帝禅位，变齐为梁，成了梁武帝。

梁武帝是中国历史上最为崇佛的皇帝，他以皇帝网红的气质，把佛教传播的流量速度迅速提升了三倍。

梁武帝的梁朝正好与北魏相对峙，而北魏又分裂为东魏、西魏，这两个魏国又是天敌，打斗不已，无暇顾及南边的梁朝，这使梁武帝可以一心扑在佛教事业上。他大兴土木建造了宏伟的寺院，并常常到寺中亲自弘法。

梁武帝崇佛可说是登峰造极，他宣布佛教为国教，还几次舍身寺庙，群臣每次都拿亿万赎金来赎回皇帝菩萨。僧众也很喜欢和皇帝玩这种游戏，通过这种方式，大把大把的钱流入了寺中的账户。

要是一般的超级富豪玩这种游戏也就罢了，一国的首脑老这么玩就不大对劲了。梁武帝八十三岁时第三次舍身，皇太子带着亿万钱把他赎回，当夜，这座佛寺就发生了火灾。

这火从塔的第三层着起，武帝在兄弟中正是排行在三。三郎听说着火了十分厌恶：这是要燃爆我的节奏吗？

果不其然，这场大火只是坏运气的开始。

一年后，八十四岁的梁武帝又开始玩起这种土豪的儿童游戏，第四次舍身寺院，群臣又拿亿万资金把他赎回。

然而这是最后一次了，梁武帝以后再也不能跟寺院玩这种利益输送了，侯景叛乱不久爆发，攻陷了宫城，梁武帝被围困在台城，活活饿死。死前口苦得难受，向人索求蜜水，无人答应，只好“嗬嗬”两声（史书上记载），终于脱离苦海，奔赴西天投佛去了。

梁武帝和东汉的刘英一样，成了敬佛却不得好报的反面典型，常被儒家拿来教育佞佛的帝王：别在他们的坟前掉泪，以免弄脏了他们轮回的路。

再说那位反佛勇士范缜的命运。

梁武帝和范缜本是旧友，梁朝建立后，梁武帝组织了大量人力对范缜的神灭论进行围攻，范缜越斗越勇，竟然没人说得住他。梁武帝最后也无可奈何，他内心里多盼望这位老朋友放弃神灭，和他一起奔向成佛的大道呀。

酒杯太浅，敬不到来日方长；巷子太短，走不到白发苍苍。既然不合作，也就不重用你了。

和范缜遇冷形成鲜明对比的是陶弘景，同样是梁武帝的旧友，却因有人生理想和追求受到梁武帝的热捧。

陶弘景在十岁时，一天见到东晋葛洪写的《神仙传》。大家知道，葛洪是道教家的一支笔，理论水平很高，他的书把小陶同学迷住了，昼夜研寻，钻到书里出不来了，从此便树立了求道成仙的远大理想。

陶弘景后来入山修道。梁武帝代齐后，对这位老友的志向十分欣赏，每逢有什么大事，常常写书信去和陶弘景商量，每个月常有数封这样的快件，山中和京城建立了绿色通道，路上人来人往，冠盖相望，陶弘景被人羡慕地称为“山中宰相”。

陶弘景在本行业内也无愧于这个称号，鉴于道教神系混乱的情况，他把各路神仙分为七个等级，排了位置次序。当然由于陶弘景并没有实际当宰相的从政经验，他登顶仙阁后宰制的神仙朝班有点乱，儒家人物与道家人物同朝为官，可谓是儒家与道家齐飞，翅翼展长天一色。

至此，佛道两家都出现了世俗宰相，一个是宋慧琳和尚的“黑衣宰相”，一个是梁陶弘景的“山中宰相”，两家都借着谈空说无踏上了名位权力巅峰。

那么，此时儒学的生存状态如何呢？

第三十二回

裴松之独自加密《三国志》
沈休文一己鼓吹四声诗

很不幸,这时的儒学已不再是一家独尊的局面了。

在宋时的国学大讲堂里,宋文帝立了儒学、玄学、史学、文学四门课。

老二玄学在魏晋时曾风光一时,但到了晋宋之交,已是明日黄花,倒是史学、文学正在茁壮成长中。

宋朝的史学,我们就先从范晔(yè)说起吧。

范晔字蔚宗,他的爷爷就是《春秋穀梁传》的注者范宁,他的父亲是刘宋时期的重臣,历任显职。范晔家世完全可以称得上"显赫"二字。

除了大字"蔚宗",范晔还有一个小字"砖",这是由于他母亲到厕所时产下他,额头被砖所伤,所以给他起了个小字作纪念。

不幸的是,范晔最后的人生结局也由大字变成了小字,他并没能够光大宗族(蔚宗),而是也成了茅厕里的砖头,又臭又硬。

由于亲生母亲是妾，范晔在家中的地位不高。他长大做官后，又行为不检点，在彭城王母亲王太妃丧期，不但不忧伤默哀，还深夜酣饮，喝多了打开北窗户听挽歌取乐。这种免费下载偷听音乐的方式惹得出品方彭城王大怒，把范晔贬到了宣城当太守。

就在当地方官感到不得志时，范晔著了部《后汉书》。

范晔对自己著的这部史书评价很高。他后来因谋反罪被关押在狱中，给甥侄们写信，说自己《后汉书》中的一些绪论笔势奔放，实天下奇作，不下于贾谊的《过秦论》，就是比起班固的《汉书》来也不惭愧，一点也不落后。自古体大而思精，没有超过这部书的。

范晔的《后汉书》自有它的价值，他写的这个书评大家也不要太认真，就让他尽情说吧，班固的棺材板有土给压着，不用担心吵架问题。

范晔写这封信时身在狱中，他也承认自己是称情狂言，说这番话是为了引起当今人的注意，自己炒作自己。

我始终相信，只要自己足够强大，就不会被人踩在脚下。

范晔长得身不满七尺，又胖又黑，眉毛胡须稀秃，可以说和帅哥的形象差了一大截，可他是个穷还追星、丑还颜控的人。他为了贪小便宜，稀里糊涂就上了别人的黑船，要去谋反，结果还没行驶，就被人告发，跌进了沟里。

范晔本是个神灭论者，写过无鬼论之类的文章，南朝神灭论的主角范缜是齐梁时的人，论时代还在他的后边。要是这样坚持下去，范晔最起码也是个打鬼英雄，可他被人告发翻车后，又推翻了自己的无神论思想，给告发他的人写信，要和人家在地下打官司，死拼。他又给人传话说："告诉某某，世上绝无佛鬼。若有灵，我自当相报。"说话前言后语背乱如此。

这就是所谓的说最狠的话,打最夙的脸。

然而范晔想在监狱里找到长期饭票也很难,他最终被处决,死时四十八岁,比北魏的崔浩早四年被杀。崔浩在去刑场的路上被卫士浇小便,让人感觉很不是滋味,范晔的刑场场面也让人看得心里酸溜溜的。在往刑场的路上,范晔的脸皮厚得像块耐火砖,在一干人中走在最前面,几个同案犯一路上嘻嘻哈哈,称他为“贼帅”取乐。这些同案犯中有他的大儿子和外甥,范晔也意气轩昂,又说又笑,大有老少爷们上法场的气概。

到了刑场,老母亲来看他,哭着拿手打他的脸和脖子,恨他丢下老母,他不哭;妻子来看跟着他受死的儿子,骂他枉杀子孙,他也只是干笑;等到他的妓妾来和他作别时,他仿佛有了定时跳转功能,突然情不自禁,悲涕涟涟,哭了出来。

恨重重,怨重重,人间易哭是情种。

范晔又有才气又有傻气,对于他的结局,实在让人说不出什么滋味来。他的悲剧,应该首先是一个性格分裂者的悲剧。

范晔对史学界最大的贡献不是他对自己创作的吹嘘评论,而是他那部实实在在的《后汉书》。范晔的《后汉书》和《史记》《汉书》《三国志》被后人称为“前四史”,成了史学界的四大名著。

在范晔的《后汉书》中,还第一次列出了《文苑传》。

它透露出一个积极信号,那就是文坛的地位升高了。

此时刘宋的文化市场上有一本新书,他是临川王刘义庆组织人编撰的,名叫《世说新语》。

刘义庆虽身为王，却生活朴素，吃穿上不讲究，但因为好佛，供养了许多和尚，为此糟了他不少钱，也没听说弄出个什么结果，倒是他供养的许多文学士，搜集前代逸闻轶事，给他编写了这部《世说新语》。

《世说新语》语言简练有趣，因是记录前人轶事的，被看作是志人小说的代表作，和东晋干宝的那本志怪的《搜神记》一起成了早期小说的双璧。

此外，刘宋还出现了一部史学名注，它就是裴松之的《三国志注》。

宋文帝让裴松之为《三国志》作注，裴松之并没有按常规套路去为《三国志》作疑难字词解释，而是纠合传记，广增异闻，为《三国志》增加了不少逸闻趣事，大大丰富了原著的内涵。

裴松之的注文比原文还多，他创立了注解中的一种新方式，那就是“增广见闻”。

刘备对诸葛亮说：“你还是跟俺干吧，俺取消你的农业税。”

诸葛亮说：“好吧，主公，我这里倒好，只是你这么多年老是被人割韭菜，交的智商税也太多了，智商现在有点儿低，我回去写一篇隆中对，先给你加持一下。”

《三国演义》中的许多故事就是罗贯中先生从裴松之的注文里汲取的，要是只有陈寿的《三国志》，明显养分不够，罗贯中也爆炒不出这部名著来。

在裴松之后几十年，这种注体方式的著作中还有一本名字更加响亮的，那就是北魏郦道元的《水经注》。

裴松之的注奏上后,宋文帝高兴地说:“裴松之这回可以不朽了。”

裴松之的儿子裴骃又接着为《史记》作注,他用的是注解中的常规手法:注音释义。

父子二人的注解今天都还在高频使用,都堪称不朽。

裴骃的儿子也传承了父亲的儒史家业,裴家可说是史学世家,可是到了齐梁时代裴骃孙子裴子野时,他见到一部《宋书》,上面却说:“裴松之之后,他的子孙已无闻了。”

裴子野生气了,这不是睁眼说瞎话吗?自从宋文帝说裴松之可以不朽之后,裴家一直都很努力。且不说裴骃的注与《史记》同行,共为不朽,就是裴骃的儿子,也就是裴子野的父亲裴昭明,那在齐代也是响当当有名的清官。他做了大半辈子官,连老家破院都无钱修理。连齐武帝都感动地说:“我不读书,不知古人中谁可和裴昭明相比。”

说裴家子孙无闻,难道写《宋书》的这人故意选择性失明吗?

这不是对自己家世的一种有意无意的埋没吗?

再一看封面,这本《宋书》的作者是沈约,字休文,是在齐永明末年写的这部史书,刚出版不久。

这沈约又在玩什么梗?

裴子野心想,你能写史,我就不能吗!你这真是关公门前耍大刀,来裴家门前讲故事,找对门了,我们家的故事还少吗?今天我就和你来个小裴说事!于是裴子野又重撰了部史书,名叫《宋略》。在书中他把沈约的老家底都翻了出来,以牙还牙,说:“淮南太守沈璞,因不跟从义师而被戮,全家差点儿死光光。”

沈璞是沈约的父亲，意思是沈约的父亲因不追随前代皇帝的正义军队(义师)而被杀，死得活该。

沈约见了《宋略》里的这段往事，光着脚就急忙跑到了小裴家道歉，说自己写《宋书》前没有仔细调查，打算重写裴松之这一段，同时也请裴子野在《宋略》里写到自己父亲时多加斟酌，在字词上委婉一些。

石灰是白的，它是怎么白的呢，烧白的。

今后我们开始互粉，你负责貌美如花，我负责天天来夸，好吗？

两家最终达成了和解。

沈约的父亲确实是在王室内乱中被杀的，当时沈约才十三岁，母亲带他赶紧逃往他处，后来大赦才免于流亡。

沈约虽然流离孤贫，却笃志好学，靠刻苦攻读成才，在齐时曾任太子家令、国子祭酒等职。他和萧衍是朋友，劝萧衍发动政变，取代了齐，建立了梁朝。

沈约和裴子野吵架就发生在齐代末年。萧衍建梁后，他成了梁武帝萧衍的股肱大臣。

沈约位高才大，还是当时的文坛领袖，实际上的梁朝作家协会主席。他和当时的几位作协会员如谢朓、王融、周颙(yóng)等人作诗时大力推广四声韵，完善了一种与此前的古体诗不同的新诗体，这种新诗体最早产生于齐永明年间，所以又称“永明体”。

永明体的诞生，意味着我们如今熟知的律诗的诞生。

说起四声，它跟佛教传入有很大关系。人们在翻译佛经时，对上面的外语要考文审音，对声韵有了认识，就有人发现了四声，即平上去入四声。

我们现在小学生学的“一声平、二声扬、三声拐弯、四声降”就起源于此。

沈约论作诗文要讲究四声，说：“要想使宫羽相变，低昂互节，就得前有浮声，后有切响。一简之内，音韵尽殊；两句之中，轻重悉异。只有妙达此旨，才可以谈文章。自有骚人以来，经历了许多年代，这个秘密仍未被发现。”

不是吹，我真的是牢牢掌握了诗歌流量密码的人。

这里的宫羽是古代音乐乐音术语“宫商角(jué)徵(zhǐ)羽”五个音阶(五音)的简称，在此沈约的意思是说写诗作文的时候，每一句都要注意声调高低的变化(宫羽相变，低昂互节)，比如前边用了平声，后边就要用仄声提上去；前边用了仄声，后边就要用平声找回来。这就是前有浮声，后得有切响。

律诗里的平声大致相当于汉语拼音四声里的一二声，仄声大致相当于三四声。

拿后来唐朝杜甫的诗句“无边落木萧萧下，不尽长江滚滚来”来说吧，它的音韵是“平平仄仄平平仄，仄仄平平仄仄平”。平平仄仄平平仄就做到了“一简之内，音韵尽殊”；而上下句的平仄对应也做到了“两句之中，轻重悉异”。

只有妙达此旨，才可以谈文章。杜甫是作律诗的高手，写的诗沉郁顿挫，和四声配合得很好，把四声玩得炉火纯青，这也是他被人称为“诗圣”的一个原因。

如果杜甫不擅长四声，他就不是诗圣了，而是“诗生”，生瓜蛋一个。

沈约的“四声”论一出，立刻收到一封读者来信，是一位文艺小青年陆厥写来的。他对沈约这么自负显然不满，不被拒绝一下，你还真以为自己是万人迷，在信中反驳沈约道：“魏文帝曹丕写的文论里已有‘气之清浊有体’，可见前人早已认识‘宫商角徵羽’五声，说‘这个秘密未被发现’，近于说瞎话了。”

沈约回信道：“自古词人是知道‘宫商角徵羽’这五音的差异，可是其中四声的参差变动，他们未必知道。所以我才说这个秘密未被发现。”

在本来就有的五音之外又弄出个四声，拿着当宝贝，难怪让人迷惑。

这都是弄啥嘞？

这身自制的文化假领和披风你一个人穿吧。

不只陆厥这个文艺小青年困惑，当时很多人都弄不明白。

沈约曾撰《四声谱》，说：“过去的文人上千年也没弄明白，今天让我独得胸衿，穷其妙旨。”口气确实不小。梁武帝就搞不懂这些文人哪儿来的这股鼓捣声韵的劲头，问他的机要秘书长周捨：“什么叫四声？”

周捨答道：“天子圣哲，这就是四声。”

这个回答十分巧妙，天子圣哲正好是“平上去入”四声的代表字，既回答了领导的问题，又让领导听得舒服，当时就被人称为妙对。

这个四声问题由周捨回答，也很合适，因为周捨就是四声权威周颙的儿子。

周颙也善于语对，出言无穷，辞韵如流，使听者忘倦。他在钟山西有别墅，下朝回家就回到那里，独处山舍，清贫寡欲，终日吃蔬菜。有人问："你在山中吃的是什么？"周颙说："赤米白盐，绿葵紫蓼。"把绿色食品说得华彩迭出，让人想望。

成功的人吃青菜叫养生，失败的人吃青菜叫寒酸。

不过你在家偷偷吃就行了，还挂着幌子出来嘚瑟。搞山寨版夜宴啊！

这不，找事的人来了。

据说当时的著名作家孔稚珪为此写了《北山移文》，里面揭底说有个周子本来在山上当隐士，等到一有人来招他出来做官，他就形驰魄散，志变神动，眉轩席次，袂耸筵上，假隐士的丑陋嘴脸露了出来，惹得南岳献嘲，北陇腾笑，最终周子隐居不下去了，只好灰溜溜地逃跑了。

于是人们对号入座，说孔稚珪移文讨伐的这个周子就是周颙。

再说沈约在梁朝秉政当权后，成了政治、文化的中心人物，万众瞩目的政坛、文坛两栖明星，粉丝团也迅速形成。

一日外出，正行进间，有一人手里拿着书拦住车驾，要找沈约品鉴。护卫要驱赶，沈约止住，命取书来，书名《文心雕龙》，打开一读，开卷就是：

"文之为德也大矣，与天地并生者何哉？日月叠璧，以垂丽天之象；山川焕绮，以铺地理之形……"

沈约顿时被吸引住了。这本书起笔不凡，一下子把文章提到和天地并生的高度。

这说的是什么呀？

乾坤大挪移啊！

经过交谈，沈约知道此人名叫刘勰，和自己一样，父亲也当过中高级军官，也是早就死了。并且和沈约一样，刘勰也是笃志好学。

由于家里穷，刘勰就到寺院里居住，跟着当时的名僧僧祐学习。僧祐著《弘明集》，收集了许多佛教理论。刘勰在寺中读了大量的书，也写了本关于做文章的理论书，可是书成后并不被当时人看好，认为没多大价值。

有些鸟天生是关不住的，刘勰认为他们不识货，想到了作协主席沈约，想听听沈约的评价。可自己只是个无名小子，身末名卑，要见到沈约很难，琢磨了半天，最后想出了这个招，把自己打扮成卖书的小贩，拦住车驾，以引起沈约的注意。

沈约读完刘勰的《文心雕龙》后大加赞赏，认为“深得文理”，把书陈放在几案上，有时间就读读。刘勰从此声名鹊起。

和刘勰同时又有一位文论家，名叫钟嵘，他写了一本《诗品》。

钟嵘做过记室参军这类小官，他也曾去找过沈约，想让沈约给自己揄扬一下声誉，结果他没有刘勰那样幸运，被沈约拒绝了。沈约可能没看上钟嵘当时写的东西，或者两人的观点有冲突，沈约死后，钟嵘写了这本《诗品》，把古今诗人做了品级鉴定，沈约被列在了中品，配的评语是：“沈约的五言诗写得还行，文章写得就不怎么样了。沈约能独步一时，是正好赶上当时大才子江淹江郎才尽，其他人名分又卑微，所以就露出他来了。”

这话也不完全是打击报复，官品高，未必诗品文品就高。诗文这东西往往是这样，本来作者很有才华，可后来官做得越高，发言吐论往往越不接地气，越不着调，写的文章可读性就越差。

不去借钱你永远不知道自己人缘有多差，不去告白你永远不知道自己有多大吸引力。

不走心的努力，都是在敷衍自己。

对于沈约自称的声律发明权，钟嵘也并不认同，他在《诗品》中吐槽说："是王融创其首，沈约、谢朓（tiǎo）扬其波。"指明发明人是王融，沈约不过因为身份高，才成了代言人。

对于四声，钟嵘同样不感冒，认为没什么用，说千百年来，也没听说过四声，写的诗不也挺好吗？有了四声限制，只会让人写起诗文来拘束，伤了真美。

在声律的发明人上，沈约在文章中强调还没被人发现过，严守自己那份四声产权，结果被一个文学小青年陆厥给撅了一顿，弄得这位文坛领袖赶紧回信辩解。如今钟嵘又来找碴儿了，沈约已死了多年，无法起来发音吐论，为自己的四声辩解，只能留给后人议论了。

陆厥这个文学小青年不久陷入了一场家难，他父亲在政治斗争中被杀，陆厥悲伤感恸而死，只活了二十八岁。

尽管如此，这位少有风概而还没有来得及发挥才华的流星男仍在钟嵘的《诗品》中占据一席之地，不过被列在了下品，配的评语是：

陆厥诗写得不怎么样（自制未优），但还是很懂文纬的（具识情状）。

懂文纬可能就是夸陆厥驳斥沈约的时候露出来的文艺才能。

《诗品》总共写了汉魏到齐梁的一百二十二位诗人，陆厥排第一百一十八名，尽管在《诗品》中陆厥排名几乎位居最后，但也总算登上了汉魏到齐梁的诗人前二百强。

陆厥由一介草根终成一时网红，如此看来，也行了。

《文心雕龙》和《诗品》两部著名文学评论在梁代前后脚出现，并不是偶然的，它充分说明了此时文学地位真的高了，我们正朝着一个文章大国的目标前进。

稍后出现的这本书对于这个目标具有里程碑的意义。

第三十三回

阮孝绪沉心著书作《七录》
魏蛱蝶受命要闪撰《魏书》

这个里程碑式的书就是梁太子萧统的《昭明文选》。

刘勰被沈约夸奖出名后，走上仕途，当过秘书、县长一类的官，最后被一位爱惜人才的大人物看上了，这个大人物就是梁武帝的太子萧统。

萧统爱好文章，招揽了许多文人，常常在一起论诗作文。萧统对此乐此不疲，赏爱无倦。他组织这些人编撰了一部《文选》，是继秦相吕不韦、汉淮南王刘安、宋临川王刘义庆之后又一位文化帮主。

萧统说他选文章的标准是那些“综缉辞采，错比文华，事出于沉思，义归乎翰藻”的作品，而对于孔子六经、诸子百家，则一篇不选，他所选的是那些有文采的文学作品。

文学在此时已经一枝独秀，走出了自己的独立行情。

萧统虽贵为太子，却不畜声乐，不喜欢声色狗马的生活。他曾经和宾客们泛舟游后池，有客建议：“此中应该叫些歌伎，再奏些女乐。”想拉太子下水，一块儿取乐。太子不回答，只是吟咏东晋大诗人左思《招隐诗》中的句子“何必丝与竹，山水有清音”。

你有你的声色犬马，我有我的淡若天涯。太子当时才二十多岁，就能说出这么老到的话，那个人听了脸上羞惭，才知腐化堕落的生活方式不被太子喜欢，赶紧停止了自己的挑逗行为。

萧统太子性格宽和，又怜贫惜老，人们都知道太子仁爱，可惜萧统太子不等继位就死了，死时才三十一岁。消息传出，朝野震惊，京师男女老少，奔走宫门，号泣满路，为他们失去了一位仁爱的储君而恸哭。

萧统太子死后被谥为“昭明”，他的《文选》也被后世称为《昭明文选》。

萧统死后，刘勰对做官也失去了兴趣，到寺院里当了和尚，最终死于寺院中，终身未婚。

哪个年轻不风流，哪个开车不加油。刘勰三十八岁踏上仕途，按说有钱过日子了，可他却终身未婚，原因并不是他娶不起媳妇，而是他生活在门阀士族风气正盛的南朝，高不成低不就，生怕婚宦失类，找个大家闺秀吧自己岁数已经大了，找个邻家小妹吧又会降低自己的门第身份，被人更瞧不起，最后只能当一辈子单身贵族了。

看来还真是出名要趁早，要不门阀观念耽误人呀。

最后告诉大家一个脱单的秘诀吧：不要老充老大做锅，做一双筷子就不孤单了。

看到这条朋友圈的人，三十年之内脱单，如果不灵，回来找我，我为你叹口气，唉，太不争气了。

南朝除了有名的“四百八十寺”，还有两部著名的“七作”，一部是齐代王俭的《七志》，一部是梁代阮孝绪的《七录》。

这是两部目录学著作，这哥俩儿的先辈就是西汉刘歆的《七略》。

《七略》是第一部目录学著作，到了南朝齐代，王俭作《七志》，著录当时图书，他的模板就是刘歆的《七略》。

王俭家世显赫，他的祖辈是东晋丞相王导，父亲是当朝驸马。王俭一岁时父亲遇害死，由叔叔抚养长大，七八岁时被封为县侯，和他父亲一样，长大后也是娶的公主。王俭在齐高帝代宋时，立有大功，升迁为尚书右仆射，位居一品，这时他才二十八岁。

王俭七八岁时封的县侯是侯爷的高级职称，列侯的等级分县侯、乡侯、亭侯。侯爵下边有个关内侯，不算列侯。一般人捞个关内侯就不错了，比如王粲鼓动主子刘琮和他一起归顺曹操后就是封的关内侯，关内侯是个虚侯，没有封地。

关羽斩颜良立了大功后封的是“汉寿亭侯”，这亭侯就有了块小地。

乡侯、县侯就更别说了，一个比一个地多……

看了王俭同学的工作简历，不禁让人感叹，还是王俭同学厉害。

王俭又掌管吏部，管人事，皇帝对他掌人事权很是放心，他所奏用的人员，皇帝全部批准。

王俭参掌选官多年，从一点上就可看出他并没有让别人从他手里买官，那就是他死时家无遗财，车服尘素。这在一位极品大员身上是很难能可贵的。相对于那些只是一个小小的乡下小吏就坐豪车、开名车，座驾超标,车服尘素四字对他们来说太遥远了。

王俭还执掌着当时的教育考试。他大力提倡儒学,发言吐论,必依儒教,当朝理事,断决如流。又常常头巾解散,簪子斜插,仪容随意,惹得朝野羡慕,争相仿效,常对人说:“江左风流宰相,只有谢安。”人们都知道他是把自己比作一个羽扇纶巾的风流宰相。

谢安四十岁才出山做官,可惜王俭死时刚三十八岁,二人没有可比性,只能说如果王俭再多活几十岁,可能精彩将继续。

藕虽有孔,却出淤泥而不染;竹本无心,却能节外生枝;人生如梦,梦却不遂人愿。

谁也不知道明天和意外哪个先来,王俭死后,齐武帝很是伤悼,礼官打算比照着东晋名相王导来给王俭定谥号,也谥为“文献”,吏部尚书王晏不同意,结果定成了“文宪”。

王晏对于王俭掌管选官很不满,认为应由自己负责这份儿美差,把人事权抓在自己手里,于是和王俭开始了明争暗斗。王俭一死,王晏便在谥号上开始了发难。

我只是重新定义了一下你的生平经历,这不算公报私仇吧?

谥号代表对官员一生的综评,相当于盖棺论定。虽然“文献”和“文宪”只一字之差,但意义却大不同。想想汉朝河间王刘德,实事求是地搜集图书,最后得了个美谥“文献”,而王俭也是大力提倡儒学,广集图书,作目录学著作《七志》,谥为“文献”似乎更适合他,没想到被这个腹黑的王晏给搅了局。

《七志》的兄弟是阮孝绪著的《七录》。

《七录》的作者有一个很大的特点，那就是他不像《七略》和《七志》的作者那样都是政府高官、封侯拜相，而只是一个普通处士，用现代话说就是普通老百姓。

这位普通老百姓在梁代的普通年间干了一件不普通的事业，那就是作了一本著名的目录学著作《七录》。

阮孝绪和那位在王俭死后不肯给王俭定"文献"谥号的王晏是表兄弟，但两人性格志向大不相同。阮孝绪小的时候就露出不一样的志趣，他性格沉静，弱不好弄，和儿童们游戏时，总是以穿池筑山为乐。

也许有人说，小孩儿们穿池筑山也就是弄水和泥的水平，算不得什么事，不足为奇。

但底下发生的事就是常人难以做到的了。

十五岁时，他父亲问他的志向，他说："愿意迹松子于瀛海，追许由于穹谷，这样才能保短促的人生，以免尘累。"

儒学祖师孔子就说他是十五岁才有志于学，阮孝绪在十五岁时就开始向往赤松子、许由这些传说中的神仙、大隐，这在儒家教育系统中很是少见。

更令人惊异的是，他把继承来的一百多万财产全部给了王晏的母亲，王晏屡次登门去见他，想表达一下敬意，他都逃匿不见，不和这位显贵外兄来往。

我有几千万，大哥几千万像素啊？

更绝的是，他的姐姐是鄱阳王的妃子，鄱阳王曾经命驾去看他，他听说后猝不及防，拾起了小时候穿池筑山的功夫，从墙上凿了个窟窿逃跑了。

他那位王爷姐夫在外面听到屋里叮咕隆咚的声音时，还以为小舅子正在凿墙头，大开城门迎接他呢。

还有许多王公大臣想见他，或招他出来做官，他都拒绝了，安心过他的读书日子。

他是那个时代真正的隐士。

在他的《七录》序中，他描述著作《七录》时的读书生活道：

“孝绪少爱坟籍，长而弗倦。卧病闲居，傍无尘杂。晨光才启，缃囊已散。宵漏既分，绿帙（zhì）方掩。尽管如此，犹不能穷究流略，探尽秘奥。”

缃囊、绿帙都是指书的外包装精美，画面美得让人歆羡。

已散、方掩这些词也在轻描淡写间把阮孝绪一天的读书平静生活描写了出来，具体动作神态可观察观察我们身边的学霸们。

每当我读到以上这段时，就被阮孝绪描述的这幅优容的读书画面所深深陶醉。可惜我从小不爱读书，配不上他所说的日月光华。

如果生命只剩三小时，我会在第一时间赶到学校，不是因为我有多么好学，而是因为，只有在那里，我才后悔错过的似水年华。

那么阮孝绪说的坟籍又是哪种书籍呢？

原来坟籍是指中国古老的图书，在《左传》中有“三坟五典、八索九丘”这些话，是指中国最早的书籍，具体是哪三坟五典已经说不清了，大概可对应常说的三皇五帝时代的书吧。八索九丘有说是指八王法、九州志的，有说是指周代八卦、九刑的，更是缭乱得让人不知具体所指，这些书也早已看不到了；索丘二字看上去也怪怪的，让人弄不清到底算哪座山头的。

如果你实在看不懂也没关系，据说火星人在火星上砌砖盖房子也得三七错缝，差不到哪儿去。

阮孝绪说的坟籍，尽管不是坟里的书籍，但对于一个著作目录学的人来说，把阅读书籍说成是在坟里扒拉书籍一点也不过分，这是一项很枯燥的工作，对每一本书都得精心耙梳，写出中心要点，分类整理，如果沉不下心来是办不成的。

《七录》就是一部完全由个人完成的图书目录。

下面把中国图书目录史上三部著名的“七作”列叙于下，从此可看出图书分类的变迁：

刘歆《七略》：一、六艺略，二、诸子略，三、诗赋略，四、兵书略，五、数术略，六、方技略，七、辑略。

王俭《七志》：一、经典志，二、诸子志，三、文翰志，四、军书志，五、阴阳志，六、术艺志，七、图谱志。

阮孝绪《七录》：一、经典录，二、记传录，三、子兵录，四、文集录，五、技术录，六、佛法录，七、仙道录。

请大家仔细看看以上这些目录，因为它们每一个的生命都是美丽的，再小的花也不拒绝开放。

这三部目录书中最像后世经史子集四部分类、最具有现代味儿的是阮孝绪的《七录》，他的《记传录》其实就是史录，他的前四录也就是“经史子集”四录。

从《七录》中还可看出，佛、道书此时已蔚然成林，和经史子集书开始并立。

史部书也坐稳了第二把交椅。

史学的繁荣到来了。

梁武帝在位年间，南北无事，外交活跃，使者来往频繁。一天北朝来了一支访问团，为首的团长名叫魏收。梁武帝接见魏团长时，魏团长应对起来辞藻富逸，发言成章。梁武帝和群臣都十分敬异，总以为北朝是文化沙漠，没想到还有这样的人才，感慨地说："北朝人才如此，不知后来的又该如何？"

这位魏团长是北朝有名的大才子，为人生性轻薄，人送外号"惊蛱蝶"。蛱蝶翩翩起舞，才子文采翩翩，都是光彩照人，令人喜欢的，不过要是只惊蛱蝶，癫狂柳絮，轻薄桃花，天天一惊一乍地飞舞开来，人们可就眼晕了。梁武帝接见仪式完后，魏收在梁国逗留期间发生的事可就不怎么光彩了。魏收见江南女子秀丽，乘机买了一些想带回去。这事在当时闹得沸沸扬扬，负责魏收下榻旅馆的服务员都因此获罪。

魏收哪管这个，这只蛱蝶在回去的路上又翩翩起舞，作了篇《聘游赋》，描述此行见闻，写得辞甚美盛，大意无非是"我美呀美呀美呀，我醉了醉了醉啦"。这篇赋今天已找不到了，里边有一句遗落到现在的歌词，是歌咏一口在梁国见到的周代铸造的破大钟的，不堪启齿，算了，不说了。

我要从南挣到北，还要从白赚到黑。

魏收在词中虽没描述自己的浪荡行为，回国后却惹起祸端，上司跟他要此行走私的货品(南货),魏收不给,上司就指示御史台弹劾他,说他出访江南时和商人交易,类似我们现在所说的利用离岸公司洗钱,搞非法买卖。魏收被御史台扣押了好长时间,才被释放。

高洋代东魏建北齐后,给他派了个修撰魏史的工作,并对他说:“好好用直笔,该怎么写就怎么写,我终不作魏太武杀史官。”

魏太武帝杀史官崔浩这件事,弄得人人害怕。北魏崔鸿作《十六国春秋》,描述了北魏统一北方前五胡十六国的历史,是第一部为少数民族国家立传的史书。写作这部史书,崔鸿是个体经营,他付出了巨大的人力物力,耗尽了家产和工资,最后甚至连买纸的钱都拿不出。

尽管如此,由于没有经营许可执照,害怕文网罗织罪名,崔鸿写完此书后没敢公开。皇帝听说他写了部国史,向他借书看,他的书才渐渐传开。但还是直到他死后,他儿子才把书奏上,献给朝廷。

魏收写的魏国史名叫《魏书》,写到魏国崔浩被杀这段历史时,也是愤愤不平。然而崔浩之死并没有让这位惊蛱蝶式的人物收敛翅膀,他反而弄出了许多修史史上争议最多的篇章。

先是这位魏总编在用人上就令人不满,他手下所用史官,也不管是不是史才这块料,适不适合当编辑,只要依附自己,就加以录用。这些人在写到自己的宗祖姻戚时,也不管值不值得载入史册,都把他们录了进去,并且还多多美言。

总编大人魏收也是这样,对和自己有怨的和看不上的,能贬就贬一下,把他们的好处隐没一些,或忽略不计。

对于那些敢有怨言的,魏收就放出话来:“何物小子,敢共魏收作色!

我举你就能让你上天，按你就能让你入地。”

你们都在《山海经》哪一页，活成这样真不是你们的错。

魏收的史书惹得舆论大哗，前后投诉的有一百多人。要知道这些人可不是平头老百姓，他们都是有身份地位的人，要么是世家子弟，要么是在职官员，他们投诉是直接找皇帝告状。

不要自以为臭美就乱蹦跶，我们可以惯着你，但照样能换了你。

快把他收了吧。

高洋于是让魏收在尚书省召开记者招待会，和这些人当面对质。这些人和魏收辩论，有的说魏收不收录他家，有的说魏收诋毁他家祖宗，有的说魏收把他家的家世职位给弄丢了，或者给变小了，把公爵改成了侯爵，或侍郎弄成了侍中。

对于这些投诉，魏收都一一作答。但是这些人并不满意，有人直接说魏收的史书不直，魏收听了不胜其愤。

爱看你们就看，不看划走，哪儿来的这么多事！

人要脸，树要皮，史书最怕的就是说不直，这等于否定了这部书。他干脆不再一一回答，向皇帝报告说，这些人想谋害自己，都是这些自媒体乱带节奏把事弄坏了。

皇帝高洋听了闹心得很，心想魏收是我钦定的史官，说他不直，这不等于说我歪吗？于是亲自召见那些说史书不直的人家，把魏收也叫来，当面说清。结果听着听着，高洋也觉得魏收有点强词夺理，看来那么多人告魏收也不是毫无根据。

把好看叫撒娇，丑叫撒野，你确定你没有记错吗？

但高洋说过不杀史官，加上惜才，不想加罪魏收，下令《魏书》暂时不要发行，先让史官们议论一下。这一议炸了窝，众口喧腾，大家把《魏书》叫成了“秽史”。魏收也抵挡不住，只好把《魏书》又修改了两遍，才是我们现在见到的样子。

尽管如此，魏收还是因为修史得罪了人，北齐灭亡后，他的坟墓被人挖掘，骨头被抛到了外边。

魏收字伯起，小字佛助。《魏书》有一个不同于以往史书的新亮点，那就是第一次设了《释老志》，给佛、道两家在正史里开辟了专栏。

这是此时佛、道强盛的又一标志。

历史就是给强者作的。

世上没有遮天树，只有一物降一物，《魏书》中的《释老志》在历史上首次为佛道立传，说明佛教、道教要和儒教试比高了。

还说那位灭佛的周武帝，他给这三教按个头高低排了排座，最后确定儒教为高，其次是道教，佛教最后。道教成了二等，佛教成了三等，佛道两家自是不高兴。

然而不久，道教连二等也做不成了，被取消了等级资格，佛教的三等也被没收，政府不再给他们发放免税优惠许可，和尚、道士统统还俗，佛教经像全部砸毁。

这是中国历史上的第二次灭佛事件，来势异常猛烈。

第三十四回

周武帝重儒举全力灭佛
刘将军贪财拿书籍造假

在灭佛运动中，僧人又祭起了他们的核武器——报应论来恐吓对方。

一位僧人问武帝："佛是救世主，陛下取消佛道，不怕将来受罚吗？"

周武帝说："只要百姓幸福，国家兴盛，我宁可上刀山，下火海，受尽苦难。"

请不要说我黑，那是为了暗中保护你，不喜勿喷。

就这样，周武帝顶住了僧人们的劝说，冒着死后下地狱的风险，硬生生把佛教给办了。

这次灭佛不再那么野蛮，不杀僧人，共还俗僧人三百万人，减轻了农民负担，增加了国家税收，更重要的是，增加了军队的人数，使招兵政策更易于施行。

接下来，周武帝把精力放在了灭北齐这件事上，经过两年多的征战，虽然也经历了失败，周武帝还是在"死中求生""败中求胜"的决战中一举获胜,消灭了北齐,基本上统一了北方。

周武帝既灭北齐,在一片凯歌声中,进入北齐首都邺城。处置完军务后,武帝命驾,前去拜访一人,此人名叫熊安生,是北齐大儒。

熊安生当时已八十多岁了,在北朝为一代儒宗。

熊安生年轻时曾跟徐遵明学习,徐遵明是海内大儒,学子们都十分敬仰。只是这位徐教授给人们留下个特别喜好敛财的印象,他收取学生的丝帛谷物,明码标价,暂时交不起的也要留下衣服财物做抵押,称为“影质”。

徐遵明的这种做法都说有损于读书人的风度。

这要是按现在的眼光来看,徐教授做的都是很符合资费标准的。他也就只是把传经授业作为一个收入点,他并没有收学生黑钱的不良记录。至于留下衣服财物做抵押,这也是助学贷款的前身,没有什么大惊小怪的。

真正让徐教授最为人诟病的是他的强辩硬解,有一次讲课时,他把“书以八寸策”误作了“书以八十宗”,虽然讲不通,两者意义差了十万八千里,他还是对着学生曲说了半天,给人留下了笑柄。

不好意思,徐教授的代入感太强了,他一喊草原我就趴在地上啃草了。

到了他的学生熊安生这里,也是趣事不断。

熊安生跟随徐遵明学习了多年,后来也成了一位有名的教授,四方跑来跟他学习的人成百上千。这么一位大教授也出过洋相,闹过低级笑话。有人诳他说:“某村有个古墓,是晋朝河南将军熊光的墓,到今天已七十二世了,过去墓上有块碑,也被村里人埋到地下了。”熊安生听了信以为真,于是掘地十尺，干起了考古的事业。他用那个年代的铲车、勾机鼓捣了老长时间，也没发现石碑，就找那个人说理，把那个人以散布虚假信息罪告了。打了几年官司，双方都为有没有古石碑争执不清。

最后还是一个法官开了窍，判决如下："七十二世，乃是羲皇上人；河南将军，晋无此号。原告诉非理记，埋应败诉。所有诉讼费用和挖掘损失由原告承担。"

你会不会算数啊，一世三十年，七十二世是多少年，跟晋朝能搭得着吗？你是不是脑回路有问题？

宣判完后，熊安生率领一家人向着古墓哀号，为自己被涮而痛心疾首，借着泪水为自己雪耻。

这个故事真假已难查。后人总结南北朝时期的儒学状况说："南人约简，得其英华；北学深芜，穷其枝叶。"从熊安生挖地十尺，不见石碑不死心的故事来看，说北人治学深芜，是有一定道理的。再从他的老师硬着头皮解"书以八十宗"，不把八十宗的八辈祖宗挖出来不下课的例子来看，也是个穷其枝叶的老学究。

熊安生的大名传入北周，让周武帝知道，倒不是因古墓发掘这件事。当时北周建立后，很重视儒学，儒学中有一本书又开始吃香。

这本书就是人生，不，书生戏剧性很强的《周官》。

注意，以后不许乱叫了，人家已上升为经，"官"做大了，咖位高了，从此彻底改叫《周礼》。

《周礼》因为和北周都姓周，两家又开始了认祖联宗，在北周大受重视，北周按照《周礼》上的官职编制来设官分职。

《周礼》在当时成了北周的热门学科，各级官员都要认真学习。

北齐、北周建立外交关系后，北周国防部的尹公正到北齐国访问，其间谈到《周礼》，北齐人竟回答不上来。

这也太丢份子了，堂堂一个国家，连个精通《周礼》的都没有！

这个问题反映上去后，齐国安排熊安生到宾馆去和尹公正继续谈。

尹公正仗着口才好，精通《周礼》，没等熊安生反应过来，就连连发问，前边几个人就是被尹公正的这种迫击炮轰走的。

熊安生见他来势汹汹，不慌不忙地说："《礼》义弘深，自有条贯，如想升堂睹奥，应当一件件来，怎能越过门子上炕。咱们先理一遍，你刚才说什么了？"

你不要自鸣得意，其实无论什么行业做久了都会到炉火纯青的地步，就像我老表哥那样，他做服装穿线全凭感觉，从来不看针眼。

尹公正只好把问题一个个再说一遍，熊安生全都为他一一分析，拿出了入地十尺的深芜本领，为他深究根本，尹公正没想到北齐还有这样的礼学高人，大为叹服。他哪儿知道上穷碧落下黄泉，深挖硬刨找东西，正是熊安生的强项。

尹公正回去后向周武帝诉说此事，武帝听了大为钦重，记住了熊安生的名字，在消灭北齐后就到熊安生家拜访。

还没到门口，熊安生已远远迎接，说："陛下尊道重儒，必将来见我。我早已告诉家人打扫干净院舍，恭候陛下。"

周武帝听了大笑,下诏不许熊安生下拜。这位三十多岁的皇帝手拉着八十多岁的老儒生在门口合影留念,向世界透露重儒信号。然后和熊安生到屋里坐下。武帝说:“连年战争,朕未能去兵,深感惭愧。”熊安生说:“黄帝尚有阪泉之战,况陛下恭行天罚呢?”并把周武帝和周武王做了比较,认为胜过周武王。

周武帝听了十分高兴,赏赐熊安生米三百石、帛三百匹、住房一套,令随驾入朝,拜为博士,让他领衔重塑儒学。

熊安生在晚年荣誉达到了顶峰。

周武帝把下一个目标瞄准了北边的突厥,打算把突厥赶跑后再回过头来收拾南朝,没想到突然得了病,死在北伐路上,当时才三十六岁,没有实现他统一天下的志向。

熊安生在周武帝死后也打了辞职报告,回老家去了。

儒学兴盛昙花一现。

南北朝的国学史就这样结束了。

周武帝死后三年,他八岁孙子的皇位被杨坚夺去,隋朝建立。

统一天下的大业落到了隋文帝杨坚手里,他渡江南消灭了陈,结束了南北分裂的局面。

几百年的动荡分裂,当时的书籍散失很多。秘书监牛弘上表,请开献书之路。他在表中列举了自孔子编书以来,书籍遭受的五大灾难,也就是他说的“五厄”。他说:

“秦始皇吞灭诸侯,焚书坑儒,是第一厄。

“王莽末年，天下大乱，书籍大多焚烬，是第二厄。

“董卓造逆，都城被迫西迁，用布帷包着图书，装了七十大车，到西京大乱时，一时烧尽，是第三厄。

“西晋末年，战乱频仍，书籍失坠，是第四厄。

“周师攻打后梁时，后梁把国家的书籍全部烧毁，这是第五厄。”

书中代言，五厄之后，书籍后来的厄运还没完，还有几厄。

最大的一次是清朝编《四库全书》时，把认为反动碍眼的书大量烧毁。

书籍的悲惨往事我们这里就不说了，再说下去我们的悲伤就会逆流成河。

先说点儿高兴的。

为了弥补书厄造成的损失，牛弘向杨坚建议征集天下图书，献书一卷，赏缣一匹。献书赏格传达后，各地献书者踊跃而来，交易状况异常火爆。

然而谁也没想到，这里面出了点问题。

有人上告说：“有人伪造了书一百多卷，录上送官，已经领赏而去。这些书名有《连山易》《鲁史记》等，都是一些古书名。”

这还了得，这些人造假能力也太强了，想钱都想疯了，还什么都敢造，都能造，杨坚立即责成有关部门展开调查，一查这些书都是一个叫刘炫的人所造。

能造古书的和会造导弹的都不是简单人物，最起码是个高知。

这刘炫就不简单。

说起刘炫，就得说起他的另一个搭档刘焯（zhuō）。

一炫一焯，二人都是那个年代一起闪烁的学术明星，被人并称“二刘”。

这二人猛一看，外人还以为是亲兄弟呢。其实不然，二人并不是一个地方人。刘焯是河北冀县人，刘炫是河北献县人，他们是不是远亲不得而知，二人因求学走到了一起，结盟为友，这是事实。

他们还都是熊安生的弟子，却不等熊安生给他们发毕业证就退学了。这不是小看熊安生，他们俩跟谁都是半途而退，认为天下没有值得跟着一直学下去的人。他俩更多的是自学。两人关起门来读书，邃密群科，十年面壁，打下了扎扎实实的学问功底。

二刘天生长相也不一般。

刘焯长得犀额龟背，望高视远。犀牛额和乌龟背到底啥模样，你可以想象一下。由于个子高额头突，望高视远是肯定的了。

刘炫的大黑眼睛更是可圈可点，他的眼睛生得乌黑发亮，能看太阳而不晕眩。

黑眼珠子如此闪亮，能直逼着太阳看，能有这种眩日本事的还有魏晋时代的王戎，也就是那位竹林七贤中的小老弟。

如果这个你还不喊漂亮，那漂亮就不是你们的极致。

除了眼睛光亮，刘炫还有个超人之处，那就是他能同时干五件事，一样不耽误。具体来说就是他能左手画方，右手画圆，嘴里背东西，眼睛数着数，耳朵听人讲，五事同举，无有遗失。

记得小时候老师和家长天天教导我们：“一心不可二用。”和刘炫比起来，我们这些学生真是差远了，人家能一心五用，并且强记默识，记忆力超人。

要是我们也有刘炫这种本领,那我们学生时代就幸福多了,最起码能一边听老师枯燥讲课,一边在下边搞些小动作,调剂调剂。

一心不可二用这话是套不到刘炫身上的,难怪人家不等毕业就谢师而去。

然而就是这样一个超级天才,在走上社会后却事事不顺。刘炫先是在地方政府当办事员,有了成绩后,被调到尚书省和人同修国史,不久又调到门下省当顾问,后来又到内史省考定群言,搞文字工作。内史省长官很欣赏他。然而刘炫虽遍值三省,在中央三大最高权力机构都历练过,竟不得官。

做不了官倒也罢了,老家县里还催他交公粮,做劳役工。刘炫受不了了,就向正在上班的单位内史省陈诉,说你们借调我在这儿上班,我老家还催我交公粮,做劳役,你们不能老拿我顶包使呀。

内史省的领导对这件事很重视,把他的诉求送到了吏部。吏部尚书韦世康问他有什么能力,刘炫自己陈诉说:"《周礼》、《礼记》、《毛诗》、《尚书》、《公羊》、《左传》、《孝经》、《论语》、孔、郑、王、何、服、杜等注,我都能讲授。《周易》《仪礼》《穀梁》,即使用功不多,我也能对付。史子文集,嘉言美事,我都能记诵在心。天文律历,我也能穷核微妙。至于公私文翰,搞个写作,从来不用找别人。"

这可不是说自己是英语几级、计算机几级式的大学生求职简历,这是个通才自述,一个才华富溢却没有背景的落魄士子的哀诉。如果所言求职简历不假，那他可是个百年不遇的人才。然而吏部却没有去详细考试一下刘炫，把刘炫给搁了起来。

这时的吏部尚书是韦世康，这位掌管选拔官吏的尚书天生就是做官的材料，做事沉敏有气度，一辈子仕途顺达，没受过什么挫折，正是饱汉子不知饿汉子饥，刘炫面对的就是这样一位吏部尚书，他听了刘炫的自我陈述后，也不安排对刘炫单独考试，竟没了下文。

刘炫此时想骂大街的心都有了，心说好啊，我都摆摊公开叫卖了，你们这帮人也不往前凑凑，看看我卖的货如何，都躲得远远地，把我晾起来了。你韦世康还号称选拔官吏平允呢？都说在你那儿请托行不通，如今我请你考我都行不通，连个机会都不给！

什么人呢！

鱼那么喜欢水，水还是把鱼煮了；树叶那么喜欢风，风还是把树叶吹落了；我那么喜欢你们，你们还是把我伤了。到现在我才发现，煮鱼的不是水，而是火；吹落树叶的不是风，而是秋；伤我的不是你们，而是我的自作多情。

刘炫没有等多久，朝中的知名人士就站出来替刘炫说话了，十多个人担保刘炫所陈述的不假，他确实是个大才，应当重用。

就这样，吏部研究后，给了刘炫一个殿内将军的职位。

这是一个八品官，官虽不大，总算跨入官员行列，不用交公粮、做劳役了。只是让他这么个大儒顶着个八品将军的头衔，却不会拿枪扛刀的，听起来有点滑稽，并且他的工资也不高，只够一家子吃喝。

在牛弘上表请朝廷征集天下图书时，眼看着别人把家藏的古书拿出来送上，抱着一匹匹细软回家，刘炫沉不住气了，只怨自己祖上积古少，又不甘心这样白白丢了机会，怎么也得搞点创收呀。他一口气伪造了一百多卷古书，也成功地把大捆大捆的细软搬回了家。然而没高兴多久，就被人告发，经过立案调查，刘炫对造假一事供认不讳，他被判处死刑，后经过赦免，刘炫被朝廷除名，罢官，回家教书去了。

聪明人都说自己傻，傻子却喜欢说自己聪明。

可以说，如不是被人告发，刘炫伪造的古书一旦流入市场，那可就贻害无穷了。就有这么一本书，被人当经典误读了一千多年，后来被人识破身份，哪里是什么上古经典，全是东晋时人伪造。

这本书就是大名鼎鼎的《古文尚书》，它的涉案问题以后再讲。

和刘炫齐名的刘焯仕途也不顺利。他被借调到门下省当顾问，给他授了个员外将军的官衔。没有像刘炫那样吵嚷就给了官做，这点上似乎比刘炫强。不过也就这点上强而已，他的员外将军比刘炫的殿内将军还低，是从八品，不过也还不错。

底下就不那么妙了。刘焯后来又多次在国内重大学术场合抛头露面，和诸位儒学博士讨论古今疑难问题，当着宰相杨素、吏部尚书牛弘这些朝中大佬的面，刘焯一人舌战群儒。群儒也不甘失败，论难蜂起，都不能让刘焯屈服。杨素、牛弘等人无不服他精博。

知识分子是很容易受伤的一族，一旦他们感觉颜面尽失，自尊受到伤害，他们就会化辱为毒。

刘焯浑然不觉，后来在一次讨论会上，他和刘炫二人与群儒讨论礼义，一个刘焯就够这些博士受的，再加一个刘炫，火力更猛，那谁能受得了。二刘深挫诸儒，这些人全都让“AK47”击中，斯文扫地。于是仇恨妒火像麦克白的毒牙一样生出，诽谤诬告刘焯的信件像雪片一样飘来，刘焯被飞章击中，除名为民，丢了官，回家教书去了。

这刘焯在家倒不气馁，一边教书糊口，一边勤于著述。儒学、数学、历书、天文、地理，无不核其根本，穷其秘奥。他的名声越传越远，不远千里，前来质疑受业者不可胜数。都说数百年以来，博学通儒，没有能超过刘焯的，刘炫也要稍往后靠靠。

可以说，刘焯开了个私立综合性学校，里边什么知识都可学到，唯一让当时人不满的是，刘焯学校的盈利模式受人诟病，他在招生简章上着急地把学杂费放到了所学专业的前边，来听他课的要先交学费，如果交不起，就别往下念了。

其实我们可以原谅刘焯，刘焯又没造假书，他只是老老实实教书挣钱，传播儒学，糊个口而已。

当时的人尽说风凉话，不这样，人家喝西北风去呀。

二刘的大名传遍了天下，朝廷让他们二人去侍奉蜀王杨秀。二刘不像董仲舒那样好说话，让伺候哪个王就乖乖地去伺候哪个王，他们借口道远，腿脚不方便，不去。

杨秀是隋文帝杨坚的四儿子，为人有胆气，又武艺高强，朝臣们都怕他。杨秀听说二刘嫌远，不愿意到他的隋帝国四川分王国上班，很是生气，说好啊，腿脚不方便，没事，我这儿有车，不用买票，不过是装犯人的，得委屈委屈，恭喜每人亲提手镯一副。命人把他俩脖子上带上枷，押送了来。

来后给他俩安排了个好差事，让二人手里拿着根木头棍子在营帐外当哨兵。

这真是丢官不是难堪日，丢人才是大问题，可以想象一下两位将军被迫站岗拿着棍子眼睛四处游弋时的心情。

莫与小人为仇，小人自有对头；莫与小人为友，小人太多朋友。

我这是哪一世的冤仇啊，遇到这个！

杨秀让两位八品将军、当世大儒拿着木头棍子给他站岗，确是滑稽，时间长了，他也觉得不好意思。本想对男神莞尔一笑，没想到天冷，弄了个鼻涕冒泡破颜而笑。杨秀于是后来给他俩找了个适合的岗位，让他们去典校书籍。直到蜀王杨秀被杨坚废掉，二刘才回到京城。

隋朝刚建立时，皇家秘府书籍稀少，牛弘建议向天下开献书之路，不到两年，书籍大增。牛弘也因修这条高速路受到封赏，加官晋爵。相比之下，刘炫将军却在这条路上翻了车，因开套牌车造假而被吊销了驾照，撵回老家。经过一番挫折，刘炫才被朝廷征用。

但这时隋文帝杨坚已经不喜欢儒学了。他废除了州县地方各级学校，只留下京城太学，里面有两个老师，七十二个学生，刚好凑两个小班。刘炫上书言学校不宜废，百年大计，教育为本，说得词泪俱下，但杨坚不听他的。

后来人们分析原因说，这是杨坚素无学术，又偏听偏信导致的。他晚年不但把学校废了，又听信谗言，把太子杨勇也废了，几个儿子也都没有好下场，父子离间，骨肉亲仇，让败家子杨广做了太子。刘炫此时跟他讲百年大计，考虑得太远了，隋朝也就剩十几年了。

刘炫这时在朝廷的表现不错，他认为不可攻打辽东，劳民伤财，徒劳无功。事后证明，他的想法是正确的。牛弘又向他请教政事繁杂舞弊的原因，他提出“省官不如省事”等一些简政放权的建议，这些话放到今天还有借鉴意义。

牛弘性格宽和，他对刘炫这位给自己的献书之路添堵的造假大师也很是宽容，对刘炫造假书一事表示可以理解。但牛弘也只是认可刘炫的建议，而不能施行。

就算我不同意你说的每一句话，我也誓死捍卫你说话的权利。

尽管碰上牛弘这位随和的上司，对刘炫还算重视，但刘炫实在是官运不佳，后来有人保荐他，偏有人又在隋炀帝杨广面前提起他造假书这事，说他品德无行，杨广把他撵回了老家。

我这一辈子咋就这么难，谁把这痛苦带到人世间，当时正是隋朝末年，天下大乱，刘焯和牛弘也已经病死。在故友飘零、门徒雨散的悲凉境况下，刘炫总结一生，说他生平只有一恨，那就是“世路未平，学校尽废，道不备于当时，业不传于身后”，他只有衔恨泉壤了。

刘炫最终在大乱中，在一个寒夜里冻饿而死于野外。

时间正是隋炀帝大业年间，复兴儒学的大业在隋朝没有完成。然而，复兴儒学大业的拐点也正是在隋朝这短短的三十七年中出现了。这个拐点不是二刘完成的，二刘对儒学多是整理和传述，要复兴儒学大业更多的应是“作”，而不是“述”。

这项工作是由一个非常诡异的人来完成的。

第三十五回

上千年真真假假王孔子
一时间闹闹纷纷儒释道

在隋朝，有这么一个人物，他影响了以后的学术方向，他以孔子第二自居，决心要担当起振兴王道的责任。可是他的身份被人放大了，放大到无法登录个人身份证计算机识别系统，以至于后来有人怀疑这个人是伪托的，不存在。

这是学术史上最吊诡的一个人。

此人名叫王通。

王通是隋朝河东郡龙门县通化镇人，也就是今天的山西省运城市万荣县通化镇人。他只活了三十多岁，可是他的学术能量理论上却大得没边。

我们还是从头说起吧。

如果你没听说过王通，那我们把镜头再往后拉伸一下，你肯定听说过他的孙子，唐朝诗人王勃。

王通就是王勃的爷爷。

王通的祖上几代都是搞儒学的，到他父亲王隆时，教授门徒千余人。隋文帝刚建立政权，召问王隆："朕是个什么样的主呢？"王隆回答："陛下有尧舜的风姿，只是终以不学为累。"

隋文帝听王隆说自己不学，不学往往与无术相连，沉默了一会儿，说："先生，是朕的陆贾呀，拿什么来教朕呢？"王隆回去后奉诏写了几篇谈论兴衰的文章，文帝和当年刘邦看陆贾的《新语》一样，也是每看一篇，称赞一篇。然而王隆却没被重用，只做了几任地方上县令一类的小官。

在隋文帝开皇四年(584)，王通出生，他爷爷给他起名"通"，说："这孩子将来必能通天下之志。"

王通十几岁时，一天吃饭时，父亲王隆唱起了《诗经》上的《伐木》一诗，上面的歌词有大家比较熟悉的几句，如："伐木丁丁，鸟鸣嘤嘤。出自幽谷，迁于乔木。嘤其鸣矣，求其友声。"

王通听了脸色一变，赶快给父亲跪下，说："敢问父亲您在想什么呢？"

王隆说："自古以来，从天子至平民百姓，没有不交朋友而能成事的。在亲师友三义中，师占据其中之一。可是道丧以来，师道也已荒废很久了。小子你可要多加留意呀！记住这四个字：翔而后集。"

想要开淘宝，先要学会做链接啊。

王通从此以后有了四方之志。他离开了家乡，不远千里，四处拜师，勤奋学习，开始了他通天下之志的生活，六年不曾脱衣睡觉。

十八岁时，他西游京师长安，见到了隋文帝，献上了十二篇谈论太平治国的策论。文帝看了大喜，二十年前，他召见王隆，如今王隆的儿子也成才了。文帝说:“你是上天赐给朕的礼物呀。”把王通的奏策交给下边讨论。

可底下的公卿大夫们反响很冷淡,对皇帝的礼物不热心。王通一看没人喝彩,朝中无人莫做官,别在这儿讨没趣了,挤不进去的世界就不要挤了,碍了别人的眼累了自己的心,还是自己走吧,又开始了他的游学生活。

王通后来回到家乡,开始授徒讲学著书。他续写了孔子六经。这点上他的视野就比汉代的扬雄目标宏大开阔,扬雄只是模仿孔经,王通却踏着孔子的脚印,继续编写六经,实现了向孔子第二的转轨。

朝廷后来几次召王通出来做官,他都不去,坚守他的著书授徒生活。要命的是,他的学生中有很多人成了隋朝的掘墓人。据他的学生编辑的记录王通言行的《中说》一书记载,他的学生中出名的有:

杜如晦,唐朝著名宰相。

杜淹,唐太宗的吏部尚书,杜如晦的叔叔。

房玄龄,唐朝著名宰相,与杜如晦齐名,他两人的聪明能干被人称赞为“房谋杜断”。

李靖,唐朝名将。

魏徵(zhēng),更不用说了,大名鼎鼎,辉光可鉴,都知道他是唐太宗李世民的镜子。

其余的儒学名臣还有:温大雅、陈叔达、窦威、薛收等人,就连造反大王李密也来向王通问英雄。

如此看来,王通的学生可比孔子的七十二贤弟子厉害多了,一下子培养出了那么多的治世能臣,王通堪称中国历史上空前绝后的大教育家。

而王通只活了三十六七岁，不及孔子的一半年龄。

性价比太高了。

《中说》一书可以说是王通的《论语》，在此书里，王通被描绘成和孔子一样的教育家、思想家，王通的言行几乎可以和孔子相媲美。

这比西汉末年的扬雄强。扬雄也模仿《论语》写了本《法言》，可是扬雄没有学生，只有一个得意弟子侯芭，也不出名，没有人给扬雄抬轿子，只是扬雄自己一个人在家里琢磨，把《法言》弄成了自己的随想录，在当时既没人论，也没人语，独处玄默。相比之下，《中说》的内容声情并茂，里边热闹多了。

拿同时代的刘焯、刘炫相比，王通既没有贪财造假书的劣迹，也没有交不起学费就不让你上课的糗事，他志存高远，决心以孔子自任，他被当时人称为“王孔子”，从气魄上就先压住了二刘这两位老前辈。

王通和二刘的教育理念大不相同，他们不是在一个教育体系里。王通重点阐述的是“王道（可简单理解为王者之道）”，他把王道与师道这两个产业搞得有声有色。

可是，就是这么一个大儒，在魏徵主编的正史《隋书》里，却只字没提。而刘焯、刘炫两位，在《隋书》的《儒林列传》里，却是赫然在目，更别提那些不是腕儿的小儒了。

要知道，王通可是个地地道道的隋朝公民。他生于隋朝初年，死于隋朝末年，与隋朝相始终。再说写《隋书》的又是他的学生魏徵，以他的段位，怎么也得被学生写上自己几个字吧。

可魏徵偏偏对他是只字未提。

王通的事迹实在让人想不通。

要说魏徵不知道王通，那是纯粹的假话，他曾在王通家住了一个多月，两人共同探讨了许多问题。据王通后代说，两人并不能算朋友，而是师徒关系，是魏徵来问学于王通，做了王通的上门弟子。

据史料记载，唐朝建立后，王通兄弟王凝当监察御史时，曾得罪过魏徵等人。魏徵这帮人后来负责修《隋书》，人们猜测魏徵可能对王凝不满，怀恨在心，所以在写到王通时只字不提，直接把他略去了。

曾经的山盟海誓，现在的擦肩而过。

那么，是魏徵封杀了王通吗？

这跟人们想象中的魏徵的光辉形象大不相符，在我们的印象中，魏徵那是大公无私、直言敢谏、光明磊落的高大上形象。

文人对人怀恨在心，报复人时有三种笔法：最下是口诛笔伐，在文章里骂你个狗血喷头；其次是含沙射影，在暗中把你刺得鲜血淋漓；最高级的是绝口不提你，杀人不见血，让你死得干干净净，无影无息。

杀人于无形，这就是杀人的最高境界。

所以假如有一天王通真要被确诊出是隋朝一位有影响的大儒的话，在整部隋史里魏徵对其却只字不提，那我们只能说魏徵这些人是史上最酷的报复大家。

在《中说》中，王通曾问魏徵志向，魏徵回答说愿意把进谏当作一门职业，这显然是魏徵以直言进谏出名后，编书者的马后课。

《中说》中，这样的马后课有好多处，不由得让人怀疑，《中说》所言是真的吗？谁改动了王孔子的《论语》？

这改书的人中，最有重大嫌疑的就是王通的三儿子王福峙，也就是王勃的爸爸。

王福峙很可能在把自己父亲打扮成孔子形象时化妆过度，捧杀了父亲。

《中说》一书中的王通就是读起来让人觉得太高大了，甚至被人认为世上根本不可能存在这样的人。可见夸人也要有度，否则也会把人夸没了。

顺便说一下，唐朝著名诗人王勃就是在写完《滕王阁序》一文后，继续南下去看望他在海南岛做官的父亲王福峙，结果在渡海时掉了下去，被捞上来后惊惧病死，就这样没了的。

有时候，我们就像鱼缸里的鱼，想说的很多，没想到一开口就化成了一串省略号……

不说加盟海底世界的大诗人王勃，还说他的爷爷王通，是不是确有其人其事？

其实，其人确有，其事没有那么神。

实际上，王通的门生著名的只有三个：薛收、杜淹、温彦博。

还有一个董恒是王通的得意弟子，就像是孔门中的颜回，王通把复兴王道的重任寄托到了董恒身上，但就像颜回一样，董恒死在了王通前面，弄得王通悲痛得终日哭泣，说："老天也不帮助道呀！"

而像房玄龄、杜如晦、魏徵、王珪、李靖这些后来的政坛大佬都只能算是和王通交往过，被王通的后代写进书里，压缩得太紧密了，其实和王通没那么贴。就好像我们平时常听人说他和某某大人物关系如何如何好，是铁哥们儿，可找他去求某某办事时，却一下子松了。

即使你着急看闪电，我也不敢拿菜刀砍电线。

那么王通的丰功伟绩在哪里呢？

原来自汉代董仲舒提出天人感应说以来，学术界乌烟瘴气，什么祥瑞、图谶、纬书、预言这些天人感应论的徒子徒孙满天飞。而如今，人间正道是沧桑，八百年的天翻地覆后，王通慷慨站了出来，提出要以人道的主宰替换掉天道的主宰。

如何替换，答案是，得人心者得天下。

要从老百姓最切实、最关心的问题抓起。

王通从儒经的《周易》这本书中拈出了一句“穷理尽性以至于命”，把它尽力揉搓摔打，鞭鞭直指人心。因为他已看出，心，不是别的，是可用来穷理的，他们都在一个通道中。

于是，从王通开始，中国儒学进入了一个新的时期，即隋唐儒学的变革时期，它的特点是左右开弓，举起左手打倒以董仲舒天人感应为代表的旧儒学，举起右手打出以“心性理命”为标志的新儒学。

也就是抛开天，只拿人来说事。

为什么要这么做，因为自汉以后，佛道兴起，靠给人看生死，做终极关怀，拉走了不少人脉，这使儒学的地盘大大缩水，儒家的有识之士已意识到问题的严重性。

生存还是毁灭，这确是一个问题。

是把佛道像对待敌人一样消灭掉，像魏太武帝和周武帝做的那样，还是另想办法。

事实证明，两位武帝向佛道动武，并没有消灭他们，反而让他们像雨后春笋一样又长出一片。

于是王通指出，动武的结果只能是推波助澜、纵风止火，要文斗，不要武斗。

正确的解决问题的方法应该是：三教可一。

当然了，是统一在儒教中。

王通想让儒释道实现互联互通，可是理想很丰满，现实很骨感，他只活了三十六七岁就死了，他只做了个倡导者。

王通死后，他的门人给了他个私谥“文中子”（私谥不用报隋朝政府批准）。这样，《中说》一书又被后人称为《文中子》。

王通的六经续集今已失传，只有他的这部“论语”——《中说》保存了下来。

自先秦百家诸子之后，我们已经好久没有见到有影响力的“子”了。在隋朝，如今就突然有了王通这样一位黑马王子。

然而，王通的大名在唐初又突然从人们的视线中消失了，在出现了间歇性休克后，从唐朝中期又突然冒了出来，并且名声一下子如日中天，全线飘红，被抬到了孔门产业链的重要位置，成为孔子—子思—孟子—董仲舒—扬雄—王通—韩愈这一孔门产业链上的重要一环。

要不怎么叫他黑马王子呢！

好了，时空转换，现在是李唐时间，儒家产业能否在唐做大做强呢？

李渊建唐后，又恢复了国子学和郡县各级地方学校，并在国子学立了周公、孔子庙。刘炫生前的愿望得以实现。

不过唐高祖李渊的兴趣并不在儒，儒学成长乏力，这时却有一支力量一下子蹿红，这就是道教，道教因祖师老子姓李的渊（缘）故，而和皇室攀上了亲。

这是佛教徒没法比的，谁让自己一家子都姓释，是外来务工人员呢。

高祖李渊又命儒道佛三家讲论短长，举行辩论。李渊亲临现场，主持听证会。有儒家讲《孝经》，佛家讲《波若经》，道家讲《老子》，讲论完后，再由著名儒学大师陆德明对他们分别质询。

陆德明此时已是一老儒了，他一生经历了陈、隋、唐三个朝代，说他是三朝元老是实至名归，说他是三国儒学大佬更是恰当。他在陈时就是儒学翘楚，在隋时是令人仰止的高山，如今到了唐朝，刘焯、刘炫等人已死，他更是当时的儒学泰斗了。

真正让这位儒学泰斗垂耀后世的是他在隋朝时写的一部《经典释文》，此文除了给儒经释义注音外，还给《老子》《庄子》这两部道家书籍注释音义，儒道一视同仁，同称经典，确是胸怀博大，内容精深。

在这次辩论中佛教肯定很受伤，你想想三家辩论，《孝经》是讲孝顺的，是谁听了都没意见的。一个人再不孝顺父母，在别人说孝时，也不敢反驳。

儒家对抗佛家的一个有力武器就是《孝经》，且不说佛家被人攻击说弃父母家人于不顾，本身就是最大的不孝，单是《孝经》中的一句名言“身体发肤受之父母不敢毁伤”，佛家的剃发一项就被说成是一大硬伤。

加上总评委陆德明是儒家，和讲《孝经》的都是一伙，道教是李唐王朝的亲戚，只有佛教和李唐既不沾亲，也不带故，唯一有的一个道士编的释迦牟尼是老子私生子的说法也让自尊心强的僧人们否了，自然在辩论会上没人呵护，下行风险系数明显增大。佛教在李家王朝这个新家里看来不受欢迎，难免要磕磕绊绊过日子了。

方向不对，努力白费，果不其然，没有多久，就有一个人站出来坚决反佛，此人名叫傅奕。

傅奕把目标瞄向了佛教，他建议应对佛教徒大幅裁员，增加国家机器运转的生产效率。

他说："现在僧尼十万，如果把这十万人配成对，让他们生儿育女（**晕不晕，和尚尼姑配对成亲，真亏他想得出**），十年后，粮食生产增加了，再过十年，兵员人数也增加了。这本账可得算清。"

给你们普及一下什么是亏损，假如你预计收入一百亿，实际收入四十亿，就相当于亏了六十亿。

人才啊！

傅奕连连上书，说得言辞痛切。李渊被打动了，他把傅奕的建议交给大臣们议论，结果全体反对毁佛，其中最激烈的是萧瑀。

傅奕对萧瑀，萧瑀怼傅奕，不是冤家不碰头啊！

萧瑀可说是信佛世家，他门世显赫，高祖就是那位佞佛的梁武帝，曾祖是昭明太子萧统，父亲是后梁明帝，姐姐是隋炀帝的皇后，即那位著名美人萧后，一家几代都信佛。出生在这样一个信佛的华丽皇族世家，天天求神佛保佑还来不及，碰上有人反佛，就仿佛抽了他的魂，情感极度缺失，自然十分反感。

他和傅奕在李渊面前争论。萧瑀说："佛，那也是我们应该尊敬的圣人。傅奕非圣无法，应该对傅奕严加惩罚。"

傅奕说："佛逾城出家，私自出走，他连孝顺都不顾，怎能谈得上对人亲。萧瑀不是僧人，却尊信佛言，是个不孝无亲的人。"

萧瑀辩不过傅奕，只好双手合十道："地狱所设，正为这个人。"耍起了小孩儿脾气，开始诅咒傅奕。

好好保养吧，别在孩子结婚的时候输给你的亲家。

这次会议傅奕以少胜多，使李渊也倾向于傅奕的建议，他下令把僧人道士中那些不好好守戒律修炼的开除了一些，整顿了一下僧团队伍。但还没深入开展这个工作，玄武门之变就爆发了，他的二儿子秦王李世民在玄武门杀了哥哥太子建成和弟弟元吉。

一个用上了降龙掌，一个用上了擒拿手，一个用上了绝命腿，兄弟仨都不是善茬。一家子互相残杀，让李渊大伤元气。早在前几天，傅奕就向他递过一个密奏，说："太白星见于秦地上空，这是秦王当有天下的兆头。"他当时也没当回事。现在事变酿成，太子也死了，求神佛保佑也晚了，李渊只好传位给李世民。

傅奕说的太白星也叫金星，在古人的观念中是主杀伐的意思，在孙悟空大闹天宫时他难得当了一回和事佬，这次他没能让兄弟们媾(gòu)和。

李世民当皇帝后，把傅奕召来一块儿吃饭，说："你前一阵儿上的那个秘密奏折，泄露天机，差点连累我死，幸亏没有传出去。好了，过去就算了。

朕来问你一个问题，佛道玄妙，报应显然，多次都有征验。你看天象如此准确，为何却不悟佛家玄妙的道理呢？”意思是提醒傅奕小心遭佛家报应，悠着点。

对于李世民的提醒，傅奕毫不在乎，他说：“佛是胡中的大猾，欺诳那些夷狄，开始只限于西域，后来渐渐流到中国，糊弄得那些孅（qiān）儿幻夫们模写庄老来文饰佛幻，于百姓无补，于国家有害。”

傅奕说的“孅儿幻夫”相当于我们现在骂的那些“神经蛋们”，李世民听了只是惊异，但他并没有去对佛教动手。试想李世民既然有了佛家报应思想，哪还能再去吞吃佛家这个因果呢。

而且十几年后，佛教界还发生了一件轰动中外的事件。

第三十六回

颜师古理古书一心师古
孔颖达解经文绝代达人

这个轰动中外的事件就是玄奘和尚取经回国。

佛不东来，我便西去，在小说《西游记》中，玄奘出国前，唐太宗率文武百官送行到十里长亭。其实，玄奘一开始并没有这么脸大。他曾向当时政府申请出国留学，然而唐太宗并没有理会他的多次请求，他没有拿到出国签证。第二年，他混入逃难的灾民中出关，历经险阻，踏上了印度国土。

他在印度学习了十几年，并以他的佛学学问和识见赢得了胜利，成了佛学界的超男，有当地的十八个国王皈依为弟子。玄奘回国时带回大量佛经。

早在玄奘之前，东晋时的法显和尚就已西行到印度求法。那时的佛教刚在中国开始普法，法显成了到印度取经的第一人。玄奘取得的名声比法显更大，他回到于阗（tián）国时，向太宗上表，说明自己这么多年在海外留学的情况及盼望回国报效祖国的心情。

太宗听说了玄奘的壮举，也是感动，真想不通，这么帅气的大师怎么会走上这条路，尊严在哪里？责任在哪里？位置在哪里？联系方式又在哪里？太宗亲自下诏说："听说大师访道殊域，今日学成归来，欢笑无量，可即速来和朕相见。"一路上派人鞍马伺候，到京师后，玄奘受到了唐太宗的亲切接见。

玄奘的壮举在当时引起了极大的轰动，哪知这时萧瑀嚷嚷着也要出家。

萧瑀儿子娶了唐太宗女儿，太宗给予了这位亲家相当大的官职，也很照顾他的信仰，曾经赏赐他绣的佛像一躯，并把萧瑀的像也绣在佛像旁边，作供养的样子，考虑得够周到了。

可这位亲家有点小心眼，说话急躁，和同僚们的关系没处理好，见太宗也不怎么偏向自己，心里有点失落。

玄奘回国掀起了学习佛教的高潮，受这一消息提振，萧瑀也来凑热闹赶潮，嚷嚷着要出家。这么虔诚的人肯定是带着前世记忆来的，太宗立刻批准了萧瑀出家。可第二天萧瑀又跑来说："臣想了想，不能出家。"太宗被忽悠得心里很不平衡。不久萧瑀又说自己脚上有毛病，有时到了朝堂，望望又不进去。

让我为你激动了许久，结果却被戏弄了，太宗终于忍不住了，对侍臣说："萧瑀难道还嫌不自在吗?"太宗亲自写了封诏书教训这位七十三岁的老顽童，说："佛教本来就是弊俗的虚术，求其道的，未曾验福于将来；修其教的，却先受罪于既往。看看你的高祖梁武帝，穷心于释氏，最后乞食不能，饿死台城，落了个什么下场。

“现在你萧瑀身为宋国公，却践覆车余轨，袭亡国遗风，还往你祖宗翻过车的道上狂奔。修炼几辈子殃源，只为祈求自己一身的福本。前几天告诉朕要事佛出家，朕立即答应，不一会儿就又反复不用。一回一惑，只是瞬息之间；自可自否，竟在朝堂之所。身为栋梁大臣，做事竟像个孩子。真是不作死就不会死（乖栋梁之大体，岂具瞻之量乎）。现命你立即离开朝廷，出牧小藩，到商州当刺史去吧。”

唐太宗借着对亲家翁的气闷，把他内心对佛教的真实看法也抒写了一番。他警告萧瑀说梁武帝萧衍敬佛都已经出过安全事故了，你这里还要把他的破轨接上，开历史倒车。

唐太宗说佛教本来就是弊俗的虚术，这是埋藏在这位著名政治家内心深处的想法。他表面上对僧人玄奘隆重接待，其实敬佩的是玄奘的学识和勇气，是英雄间的相惜，而不是信仰上的倾慕。

就在唐太宗教训萧瑀的六年以前，唐朝第一反佛斗士，也就是萧瑀信仰上的老对手傅奕就死了，终年八十五岁。萧瑀曾经诅咒他下地狱，说地狱就是为他开设的专场，那年傅奕已七十岁了。后来的这十五年中，他是该吃嘛吃嘛，该喝嘛喝嘛，地狱也没有对他张过口，啥事没有。傅奕根本不拿着萧瑀的话当回事，在一次醉卧中，他猛然坐起说：“我快死了。”然后拿来纸笔，大笔一挥，自己给自己写了份墓志铭，上写：“傅奕，青山白云人也。因酒醉死，呜呼哀哉！”

傅奕称自己是青山白云乡人，才不进你佛家开设的地下卖场呢。哈哈，八十五岁醉死，爽！

傅奕是历史上自撰墓志铭的先驱者。他认为佛教是妖胡乱华，感叹人们被迷惑，一百多年后，又有一位反佛斗士接过他的大旗，向无辜的佛教开了更猛烈的一炮。

这位炮手就是大文学家韩愈。

太宗既然把佛教视为虚术，他就更加做些务实的工作，那就是对儒学的扶持。

早在当秦王时，李世民就特别留意经学（锐意经籍）。即位后，唐太宗又大征天下儒士，授予学官，数次视察国学，增加教育基础投资，翻盖新建学舍，广置生员，弄得朝鲜、日本、西域诸国都派遣子弟来中国留学，第一次把孔子学院发展到了国外，济济洋洋，儒学兴盛，古所未有。

这期间，有两位学术达人，他们对唐以前的儒学进行了整理、总结，对后世影响很大。

一位是颜师古，他是北齐颜之推的孙子。颜之推官做得并不大，他写的一本《颜氏家训》却非常有名，颜之推家训的后果是出了一个响当当的孙子颜师古。

颜师古的儒学专长是精于训诂，也就是精于注释字义，这跟他爷爷的家训有一定关系。颜之推在《颜氏家训》中有很大篇幅讲训诂这些不为多少人看得上的事，其中的《书证》《音辞》两篇比《教子》《治家》等篇都长很多。

颜师古在隋朝时的第一份职业很有意思。他经人推荐，当上了安养县（今湖北襄樊）的县尉。尚书左仆射（相当于丞相）杨素见颜师古年纪不大，身体瘦弱，跟个小鸡仔似的，就问："安养这个大县，治安状况很不好，你能胜任吗?"

哪知颜师古一改他瘦弱样子，朗声说道："割鸡焉用牛刀。"

你不勇敢，没人替你坚强。杨素听了惊奇，不由对颜师古另眼相看。

颜师古的大话说对了对象，那杨素就是个敢说大话的人，不过杨素并没有食言，后来他在战场上率军英勇死战，屡建大功，向人证明了他杨素绝不是吃素的。

活鱼会逆水而上，死鱼才会随波逐流。如今颜师古面对的就是这样一位生猛首长，他的大话很让杨素受用，他也没有食言，到任后雷厉风行，果断出击，把一县治安治理得很是不错。

归唐后，颜师古迎来了他学术上的春天。唐太宗没让他到司法部门任职，而是给了件更适合发挥他专长的工作，让他到秘书省去考定五经。

校订书籍，哪有那么容易！在颜师古的爷爷颜之推做的《颜氏家训》中有这么一句话："观天下书未遍，不得妄下雌黄。"

五行山的封条是指纹识别，只有如来能揭，考定五经这活儿也只有颜师古这样有家学渊源的人能干。等到颜师古把五经文字厘正完后呈上，唐太宗召集儒士们讨论，没想到却引起了不小的抵制。这些儒士对旧本耳熟能详，如今见了颜师古改定的文本，念起来很不舒服，纷纷说："这改正的都是什么呀，你怎么知道一定是这个字？你怎么知道你不是信口雌黄?"颜师古一看，是时候把本尊的颜值给大家亮出来看看了，于是引用晋宋古本给他们一一回答，有理有据，无不出乎人们的意表，诸儒无不叹服，这事才算定下来。

经过多年的战乱和数百年对儒经的不重视，经书上的字已有好多错乱不同。今逢盛世，颜师古的工作明显很有意义，标志着又一个大一统时代的到来。

唐太宗很高兴，给颜师古升了官，涨了工资，把他所定的经书颁行天下，作为新课标，让天下士子们使用上了完整、准确、统一的新教材。

这套书又叫“五经定本”，它使颜师古在学界的名声大振。

唐太宗又给他分配了个差事，拜他为秘书监，负责刊正皇家秘府藏书里的字。颜师古凭借他深厚的学识，把那些众人都弄不明白的奇书难字，刨根问底，好好整理了一番，化解了古字的过剩产能，成功实现了古字的转型升级和平稳对接。按形势发展，颜师古把藏书校正完后，又能升升官，涨几级工资，可没想到，颜师古差点栽在这个工作岗位上。

原来颜师古被人告发，在选择助手时搞萝卜招聘，把秘书监弄成了他安排关系户的后花园，招的子弟非富即贵，一般寒门子弟他都不要。

颜师古受到降级处分，被贬官到外地。

在临走前，唐太宗找他谈话，颜师古承认了错误，叩头谢罪。唐太宗撤销了他的外放令，又让他继续当秘书少监。经过这件事，颜师古很灰心丧气，一世鹰名毁于兔，真是不值，从此关起门来，一心师古，只在搜求古迹和古器上下开了功夫。

颜师古注定是要不朽的。东宫太子找上门来，给了他一项工作，让他把班固的《汉书》注解一下。

《汉书》一直是本让人难以读懂的书，这是因为班固在写《汉书》时，可能是为了谢天才，表学问，用了许多奇字、难字、生僻字和古字，从它成书之日起就让人读得很累，很难理解。

没办法，那个年头到处都是错别字：人情事故、姿意妄为、蛋丸之地、一泄千里、红烟知己……

在颜师古之前，已有二十多位大家注释过《汉书》。颜师古的订注超越了各家，解释详明。颜师古也被后人誉为《汉书》的功臣。

另一位学术达人叫孔颖达，他是冀州衡水人，和刘焯是一个郡的。

刘焯名重海内，孔颖达慕名来访。刘焯见人多了，也拿这孔颖达不当回事，刚见面时，在礼貌上有点欠缺，爱搭不理的。在言谈时，孔颖达问了刘焯几个学术问题。刘焯被问得有点出乎意料，没想到这个毛头小伙子这么厉害，在学术研究上达到了这样的深度。

刘焯于是一改他权威专家的面容，和孔颖达亲切交谈起来。孔颖达在刘焯家学了一段时间后，请求回家。刘焯好容易碰着个高分学生，为了提高升学率，打出刘氏学校的招牌，死活不让颖达同学走。刘焯是有名的不掏学费就别来上学的教育工作者，为了挽留孔颖达，这次开出了相当优厚的条件。但孔颖达坚持要走，刘焯坚持要留，拉扯了一段时间后，刘焯没办法，只好放孔颖达回了家。

隋炀帝时，孔颖达考取了博士。在一次学术辩论大会上，孔颖达再次脱颖而出，锋芒毕露，以他丰富的学识大败各路诸儒。

当时孔颖达还是个年轻的博士，这些儒官博士都是他的爷爷、父亲辈的，这让这些老家伙们很没面子。公开辩论不过孔颖达，这些儒士背离了儒家宗旨，他们使出了阴招，干起了黑社会的勾当，暗地里派遣刺客要刺杀孔颖达。这就违背了道德操守，失去了做人底线。孔颖达最后躲到隋朝猛人杨素的儿子杨玄感家才幸免于难。

归唐后，孔颖达受到唐太宗的重视，在和诸儒召开的学术讨论会上，孔颖达技压群儒，依旧像他的名字一样，锋芒不减，所讨论的议题结果最后都以孔颖达说的为准，也没有再出过刺杀孔颖达的事件。

水太深，风太大，没有实力少说话。可见只有学术空气清明，学术论争才会走向正常，真正做到百家齐鸣。

接下来，唐太宗又委派了孔颖达一件重大任务，那就是统一经义。

自从汉末以来，魏晋南北朝的激烈动荡，佛道教的崛起，对经书的解释十分混乱，众口纷纭，各执一词，统一经义已是势在必行。

要统一经义，首先要整理经书的众多义疏。

受魏晋玄学家们挖掘义理和佛教讲经的影响，南北朝时出现了一些解释儒经的义疏。

义疏就是从文章、句子的义理上对经书进行阐释，这和汉代单纯解字释词的训诂大不一样，代表着时代的进步。这些义疏今天大部分已失传了，有一本梁朝皇侃的《论语义疏》是清乾隆年间从日本觅回的，硕果仅存。

现在孔颖达要完成的就是对南北义疏的统一工作。

这是一项截断众流的工作，具有深远的意义。他和助手颜师古等人完成了这一统一经义的任务，受到唐太宗的嘉奖，赞扬他做了件不朽的事。这套书后来起名叫《五经正义》，成了科举取士的标准教辅，也是后世《十三经正义》的首义之作。

孔颖达在七十岁退休时，唐太宗给了他份儿厚礼，把他的画像弄到了凌烟阁。在凌烟阁里，唐太宗悬挂着他二十多个功臣的画像，这些人大都是凭着马上拿“枪杆子”登上凌烟阁的，如今，孔颖达凭借笔杆子也攀上了凌烟阁。

听听中唐诗人李贺写的这首诗就知道靠笔杆子爬阁子的不容易了：

男儿何不带吴钩，收取关山五十州。

请君暂上凌烟阁，若个书生万户侯。

请你到凌烟阁看看，有几个书生成了万户侯的。孔颖达凭借笔杆子攀上凌烟阁，实在是毛颖传里的标杆了。在他的画像旁边有“赞”道：“精义霞开，掞（yàn，美艳）辞飚起”，他的《五经正义》后来确实如霞光万道，照耀在了中国的学术长河上。

唐太宗之后，指数上涨最快的是道家。唐太宗把老子追封为太上玄元皇帝。当年李耳在周朝低层的位置上窝圈了一辈子，他做八辈子梦都没想到死后能升迁得这么高，能被追封到皇帝。

道教的地位似乎是牢不可夺，在李家大院，外来户释先生只能是寄人篱下，委曲求全了。

然而形势很快发生了逆转。

第三十七回

武则天一生气再造明堂
啖赵陆三大儒重注《春秋》

唐太宗之后是唐高宗。高宗死后，武则天改唐为周，成了女皇。道家是李唐的本家，武则天要变唐，就崇佛来和道家抗衡。她命令佛教排在道教之上，僧人、尼姑地位高于道士。武则天是有为之君，对于儒教，也注意放手抓，只是抓得有点走了样。

早在称帝前，武则天就下诏问群臣："调元气当用什么道？"立即有一位站出来，上书武则天，劝她兴建明堂。

此人名叫陈子昂，是四川射洪县人，官拜右拾遗。陈子昂是武则天提拔上来的，自然恪尽职守，积极上书言事，拾遗补阙。

说起明堂，那真是古老建筑，从汉武帝兴儒学那天起就有人建议搞这项复古工程。明堂可说是儒家的政绩工程、标志性建筑，汉武帝、王莽都很注重抓这项工作。陈子昂的建议是这样的，他说：

"陛下要调的元气，那是天地的开始，天地中什么也大不过阴阳。臣听说明堂中有天地的制度，有阴阳的统纪，什么二十四气、八风、十二月、四时、五行、二十八宿，里边无不全备。愿陛下建明堂，和元气，睦人伦，与天下更始。具体可按《周礼》和《礼记》经书上所言而建。”

陈子昂把明堂说得很好，里边好像安了大自然的中央空调，无所不包。

其实在有些人的概念中，明堂就是个草房子，四面没有墙壁，周围环水。据说汉武帝就按这个样子盖了明堂，那才叫四通八达，四时、八风、十二月、二十四气全能接受。盖成这样，才符合大自然中央空调的出厂标准。

这样的明堂女人一般是接受不了的。女人嘛，对自己下手要狠一点，更别说武则天这样对谁下手都狠的女人了，此女只应天上有，是谁赶她下凡间，她要的房子要大大地超出别人。

于是，唐代一场明堂热闹戏开始上演了。

先看两条儒家原始记录。

在《礼记》一书的《月令》篇中有“天子居明堂左个（左室）”“天子居明堂右个（右室）”等等天子按月令举行活动的记载。

《礼记》中又有《明堂位》篇说：“周公朝诸侯以明堂之位。”

由此看来，明堂就是我们现在理解的国家大会堂，这很好办，找个设计院好好设计一下，再找个建筑队按图施工就行了。

可是就是这么个明堂，从汉代一直吵嚷到唐代，在儒家设计院里老是统一不了方案。

就拿唐代来说，早在唐太宗时就想盖明堂，魏徵、孔颖达二人就争执不清。还是颜师古开明，他说：“明堂嘛，全在陛下您的圣情创造，您想造什么样就是什么样，一造出来就是咱大唐的明堂，何必在有多少窗户、多高多宽的台阶上争执。”

尽管如此，唐太宗时代也没弄出个结果。

高宗即位后，又继续议论，这次又因明堂到底该盖几室而争执不休。有说五室的，有说九室的。唐高宗最初也认为九室为是，于是初步定了九室，命令有关部门详细拟定，结果拿出了九室样后，群儒又纷纷议论开了。有说九室不好，还应是五室的；有说五室不好，还应盖成九室的。

高宗命令按九室、五室各造样子，完成后亲自和朝堂官员们到设计院看楼盘，问道：“现在按你们两家说的各设计了一次，到底哪一个好呢？”

画家阎立本的哥哥阎立德是工部尚书，曾长期担任将作大匠一职，他说：“两方所议，都有典故。九室似乎有点暗，五室似乎有点明。到底如何取舍，全在陛下考虑。”

我是个纯洁的人，我只会默默地看着老司机们如何开车，并默默地为他们点赞。

这位工部尚书的话实在滑头，他把皮球又踢给了唐高宗。

高宗这次又认为五室也不错，房间面积大，明明亮亮的，那才像个明堂。谁知反复议论了半天，还是没定下来。

直到唐高宗死，也没盖起明堂。

武则天时，这群儒臣又继续上言盖明堂。武则天这次霸气外露，干脆不再听他们七扯八拉了，自作主张建明堂。她把东都洛阳的乾元殿毁掉，在其原址上起盖，动用了士民数万，不到一年，明堂就建成了，起名“万象神宫”。全民女神武则天经常在明堂举行政务活动，又让洛阳女性和各州父老到洛阳参观明堂，不掏门票，管吃管喝，有酒有肉，热闹了好长时间。

经不经典我不管，我只喜欢这一款。

明堂是儒家的专有标志性建筑，武则天却在明堂中开起了联合大会，把僧人道士都叫了来，和儒臣们一块儿论议。又在明堂后造天堂，里边安着一百多尺高的佛像，准备让儒佛两家发展睦邻友好关系。正在施工时，忽然一阵大风吹来，出了安全事故，把佛像给掀倒了。众人费了九牛二虎之力才把佛像吊扶起来，谁知正月里又出了安全事故。一天夜晚，天堂着火了，火一直延烧到明堂。到第二天早晨救灭时，两堂都烧成了灰烬。

武则天打算避正殿责备自己。避正殿是皇帝暂时避开正殿办公，对自己工作上造成的失误表示贬抑的一种姿态。哪知宰相姚崇拦住说道：“这是人火，不是天灾，用不着避正殿。”

武则天听了实在羞愧难当，原来这火是武则天的男宠冯小宝放的。冯小宝因武则天另有新欢，吃醋上火，晚上一把火烧了天堂，失火的天堂接着又把明堂也引燃了。

情妇反水，情夫放火，水火无情，一个个都这么不懂事，让官人情何以堪呀，最后只能武力灭情了。武则天羞恶难当，命令女儿太平公主带了一帮女汉子，把养了多年的汉子冯小宝给活活打死了。

人艰不拆，看来还是不要轻易招惹生气的人。

整完了男风，武则天下令依旧重造明堂，完工后，改名“通天宫”。又用五十七万斤铜铸造九州鼎，共九块，每鼎都近一丈八尺高。铸成后，从玄武门外拽入，令宰相、王侯们率领卫士十多万人，加上牛、象一起共拽（**看来相**

爷姚崇这回得和牛象一起使劲儿了)。武则天还自作新词《曳鼎歌》,让这些人拽绳子时互相唱和。

优秀的戏子即使“面瘫”也能拿奥斯卡,问鼎金马。

如果此时有人能创作一幅《玄武门外的纤夫》的油画,那场面绝对宏大热闹。

后人评说陈子昂劝武则天兴明堂,说得很好,弄得结果却很搞笑。拿这么严肃的事,和妇人谋划(谋及妇人),怎能弄好。把儒家神圣庄严的王者建筑搞成了妇人的欢乐场,真可谓向女人荐献圭璧这些宝贝,却被她们用脂粉污漫一番。

陈子昂虽多次被武则天召见,让他进献建议,但也一直没受重用,最后他在幽州台上留下一声叹息:“前不见古人,后不见来者。念天地之悠悠,独怆然而涕下。”

到了唐玄宗时,博士们奏议说:“明堂本来是墙壁不装修,木头不雕镂。则天太后建的明堂穷侈极丽,在经书上找不到出处,应该毁了它。”于是又把明堂改为乾元殿,这场热闹才平静下去。

陈子昂的明堂建议虽不成功,但他在唐初独标“兴寄”,对卿卿我我、叽叽歪歪、软弱无力的齐梁病态绮靡宫体诗风提出强烈批评,引领唐诗向活泼硬朗的“汉魏风骨”看齐,拿上了新时代的创作健康证,功不可没。

说到唐诗,在此我们说一首佛教界的唐诗,这是一首四句偈(jì)子。

偈子又叫“偈颂”,大多数是用诗的形式写的,可以说是僧体诗,又叫“偈诗”。

我们现在说到的这首偈子非常有名，它的缘起故事也很出名。说是佛祖释迦牟尼在灵山会上传教，拈起一朵花，一句话也不说。别人都不明白他的意思，面面相觑。

老师上课时突然拿起一朵花来，作娘娘样，怎不让学生纳闷。

只有大弟子摩诃迦叶破颜微笑。佛祖说："我有精深佛法，涅槃妙心，难以言说，不立文字，教外别传，现传给迦叶。"于是摩诃迦叶一笑成名，成为西方最早的蒙娜丽莎微笑，定格在千万禅宗佛教徒的心中。

迦叶也因此成了后世禅宗的初祖。

老师，只因为在人群中多看了你一眼（憨笑，憨笑）……

传到菩提达摩时，已是二十八祖了。这位外祖在南朝梁武帝时航海到了我国的广州，又北上到都城建业（今南京），会见当时官职最大的佛教徒——梁武帝。然而这次会谈没有成功，崇佛皇帝没有禅宗所说的灵性，两人言语不和，无法沟通，达摩只好又坐着小船过江北上，别寻法门。佛教徒为此传言说达摩是"一苇渡江"，仿佛轻轻松松踩着一根芦苇就能过了江似的。

在儒家的《诗经》里有"谁谓河广，一苇杭之"的诗句，佛教徒们可能就是受此启发，才给达摩编出来了这么个飘逸故事。

别人的屋檐再大，都不如自己有把雨伞；别人的船再大，都不如自己有根芦苇，靠谁都不如靠自己。

达摩越境到达北方的魏国，后到嵩山少林寺，面壁九年，把衣钵传授给了慧可。达摩也就成了中国禅宗的初祖，慧可三传到弘忍。

弘忍有一天让弟子们每个人写首偈子，目的是看看谁的悟性高，考察物色一下接班人。大弟子神秀作的偈子是:“身是菩提树,心为明镜台。时时勤拂拭,勿使惹尘埃。”正在后房用杆子舂米的惠能听到什么“惹尘埃”“勤拂拭”后,大不以为然,心想老是这样拼命给自己加杠杆,这也太累了吧?这么累哪能见着本性!给他改成了:“菩提本无树,明镜亦非台。本来无一物,何处惹尘埃。”

此偈子一经贴出,僧徒们无不惊讶:惠能是何许人也?水平这么高,这不是来了个肉身菩萨吗!

五祖弘忍见众僧惊怪,怕人伤害惠能,用鞋擦了这首偈子,说:“也没见性。”

众人也都赶紧说是,哪有这么容易让他见性的!

性是什么呢,让佛家禅宗如此重视。

在出这道题前,弘忍对众僧说:“世人生死事大,你们终日只求福田,不求出离生死苦海。自性若迷,福何可救?你们各自回去,运用本心的智慧(般若)之性,各写一首偈子。”

并且特别叮咛,能够见性的人,当下就能写出来,思量是没有用的,最好即兴发挥。

神秀思索半天写完后,弘忍告诉他写的还未见本性,他的觉悟还在大门外徘徊,还没有见着菩提这个无上觉悟。而要想见着无上菩提,必须言下就能识自本心,见自本性。

神秀听了思量数日,也写不出更好的偈子来。正在这时,干完活出来逛的惠能做出了他自己的偈。神秀看了也佩服得顿时泄气。

可以触摸的痛苦是什么？就是觉得肚子饿扁了，一摸还是一坨肉。

弘忍晚上把惠能偷偷叫到屋里，给他说法："不识本心，学不成佛。要想成为佛，必须识自本心，见自本性。"

弘忍传授了惠能顿悟法门后，取出衣钵，说："当年达摩大师，初来此土，人们都不相信他，他于是传下此衣作为信物，代代相承。佛法是以心传心，全靠自悟自解的。自古佛佛只传本体，师师密付本心。衣为争端，拿上此衣，赶快离去吧，以防有人害你。"

就这样，惠能含泪感激离开了五祖弘忍，南下打工，最终创业成功，成了禅宗六祖。

惠能幼年丧父，靠打柴卖钱养活母亲，没上过学，完全是个失学儿童，就是这样一位文盲和尚，靠口述完成了一部中国佛经，名为《六祖坛经》，这是中国僧人中所作唯一能称得上经的著作。

自孔子儒经、老子《道德经》后，这位草根和尚弄成了佛经，成就了一段东方传奇。

惠能《六祖坛经》中煲的两味大料是心和性，这也是后世儒家的心灵鸡汤。禅宗讲究明心见性，立地成佛，简化了到天堂成佛的手续。而唐僧玄奘取经回来后创立的唯识宗以烦琐分析为特征，硬是坚持一类人不能成佛，显然有点固执。难怪猪八戒在灵山上跟如来佛吵吵嚷嚷，要如来封自己为佛，最后也没如愿，只做了净坛使者。

说到底，这只怪猪八戒跟错了人，费了千辛万苦，也没成了佛。要是跟上惠能，守着一部《六祖坛经》，吃不清，喝不清，不用费劲上西天去，就能弄个佛号,何至于落个净坛使者,听起来就跟还得给人洗锅刷碗似的。

八戒未成佛,实属不年轻。惠能创业成功晚玄奘三十多年,看来八戒出世还是太早,他的生不逢时从阴差阳错投胎为猪那刻起就决定了。

说完了佛教,再看道教,它此时还在上行通道中。到唐玄宗时,对道教更为青睐,在各州都建了老子的玄元皇帝庙,又设置了崇玄学,把《老子》《庄子》《列子》《文子》堂而皇之搬进了大学教堂,让天下士子们学习,还开科取士,选拔老庄人才。

又让天下每家都藏《老子》一本,做到家喻户晓。唐玄宗亲自注解《老子》一书,没想到注解完后刚颁行天下,还没有开始宣讲实行,安史之乱就爆发了。

别人家的东西好看,听说当年老安也是这么想的。安史之乱是安禄山、史思明前后发动的叛乱,一共折腾了八年,唐朝由此一蹶不振,开始走下坡路。

此时跟着一块儿下行的还有儒学。孔颖达的《五经正义》借壳上市,统一了南北经学,使经的解释定于一尊,实际上也僵化了经学。他作《五经正义》时的一个重要指导原则是"疏不破注",意思是他的疏解不能和前人的注解相抵触,思想明显太僵化呆板,没什么创新。《五经正义》定本后,经学也真成了一堆做梁栋用的木头,好看实用,只是再也发不出新芽来。儒教虽还被帝王提倡,却是过时的美人,早已无人喝彩。

是因循守旧,还是另起炉灶。

给出回答的是一个叫啖助的小人物。

啖助是河北赵县人，安史之乱起，他滞留在江东，担任过丹阳县的主簿（bù）一职。他在主簿的官职任满后，就在丹阳住了下来，粗衣淡食，开始了著书生涯。

孔子当年不得志而回家著《春秋》，有意思的是，这位啖助先生当官不得志，回家治的也是《春秋》。

《春秋》一书可说是儒家祖传的陈酿，不高兴时喝上两口，借酒浇愁，得意时喝上两口也可发力。在历史转折关头，儒者往往拿《春秋》说事。

啖助治《春秋》，并没因袭古人，他把原来的《春秋》三传（《公羊传》《穀梁传》《左传》）抛开，重新给《春秋》作传。他指出，《春秋》原来的三传已失去了《春秋》的原意，传统经学也“悖理诬圣”，很有必要推倒重来。

我没有故事可讲，我只有最醇的酒和最热的杯。

你若举杯，我必陪醉。

啖助四十七岁时死了，他的高徒陆淳继续秉承他用己意解经的理念。

赵匡也是个《春秋》学专家，在啖助生前曾到丹阳拜访过一次啖助，和啖助一起探讨《春秋》。

中唐啖助、赵匡、陆淳三先生对《春秋》的解释点燃了后世重新解经的火花。

陆淳继承啖助的《春秋》学思想，把《春秋》看成一部救世之书。他的学生中有两个高才生，一个是吕温、一个是柳宗元，他们都对啖、赵、陆的新《春秋》学有兴趣，啖、赵、陆直面现实的解经对他们触动很大。

不得不说，看到这样新鲜的讲义，我们反手就给了一个赞。

唐德宗死后，太子登基，这就是唐顺宗。顺宗在登基前就中风偏瘫了，勉强登基后又不能理政，一切都由王叔文掌管。王叔文虽无什么文化，但很有干才，他让韦执谊担任宰相，由王伾传达宫中命令，又引进凌准、韩泰、韩晔、程异、陈谏、柳宗元、刘禹锡等人，其中尤其重视柳宗元、刘禹锡二人，形成了“二王、刘、柳”主政的局面。

这时柳宗元才三十三岁，刘禹锡三十四岁，就已参赞朝政，进入了权力核心圈。

历史上著名的改革运动——永贞革新开始了。

永贞革新革除了一些弊政，如废除宦官到民间强买强卖的宫市、惩治贪官、抑制藩镇、取消苛捐杂税等，在当时都是很有积极意义的。

然而王叔文等人依靠的偏瘫皇帝唐顺宗是不牢靠的，主政刚几个月，改革措施就受到宦官、藩镇、守旧官僚的阻挠。就在这时，偏偏王叔文母亲死了，王叔文又没有当年王莽的实权，能硬扛着找借口不回去奔丧守制。王叔文这一走，宦官和藩镇勾结起来，乘机发难，逼迫偏瘫皇帝唐顺宗退位，扶持太子李纯即位，这就是唐宪宗。

真理永远在弓箭的射程之内。唐宪宗早在当太子时就对“二王、刘、柳”这些人不满，他一上台就把柳宗元、刘禹锡、韦执谊这些人全部贬为远州司马，让他们滚得越远越好。“二王”则在他登基前就已遭贬斥。

哥，你知道长江吗，那里面有我思念你而流下的泪水。

这就是历史上著名的“二王八司马”事件。

“二王”中的王叔文被贬后不久被赐死，王伾病死。

新《春秋》学啖、赵、陆三先生中的集大成者陆淳在他的学生和战友被贬两天后死去。

陆淳的学生、革新思想的传播者吕温在前一年被派到吐蕃（bō）（今青藏高原）出远差，没有赶上这次贬职，要不然就是“二王九司马”了。

永贞革新只五个月就失败了。

老鼠提刀，到处找猫，吕温回来后继续战斗，说宰相李吉甫交通术士，和不三不四的方士来往，抓住李吉甫的小辫子不放，被宪宗一脚踹到了湖南道州，和柳宗元做邻居去了，三年后死于湖南衡州。

柳宗元十分佩服吕温这位战友，在哭悼他的诔文里说他“麟死鲁郊，其灵不施”，最后落了个“佐王之器，穷以郡符”，既是为吕温叫屈，也是哀伤自己。

你们看得见我打在屏幕上的字，却看不到我掉在键盘上的泪。

吕温说李吉甫交通术士，可能是个误判，历史上的李吉甫还是很办事的（注意和唐玄宗时的那个口蜜腹剑的奸相李林甫区别开），他喜好读书，博学多才，利用工作之余编了一部地理志大著——《元和郡县图志》。各位如果想查查二王八司马贬所的山川地理、物产厚薄，这本书就是当时最翔实的第一手资料。

我能追上时速二十公里的跑马，却追不上二十出头的你；我能喝下三十七度的酒，却牵不到三十七度的你的手。

永贞革新虽然失败了，但它的两位主角柳宗元、刘禹锡仍还健在，他们在国学史上的贡献才刚要开始。

第三十八回

谈道统韩愈反佛责皇帝
引性情李翱任情斥宰相

啖、赵、陆之后，一心想振兴儒学的是韩愈。

韩愈是今河南孟州人。当时儒家门庭冷落，而佛家却门庭若市。两相对比，这一切深深刺激了韩愈。他振兴儒学的决心很大，借用他自己的话说就是“障百川而东之，回狂澜于既倒”。

有人怀旧是因为看不到未来，有人恋新是因为盼望将来。

他仿照佛教传法世系的“法统”，提出了著名的儒家“道统”说。

佛教的法统是释迦牟尼传法世系，韩愈的道统是儒家的传道世系。

韩愈的道统说道从尧舜开始，传于周公、孔子，孔子又传给了孟子，但孟子之后就失传了，结果佛老像洪水一样泛滥开来，现在自己的使命就是力挽狂澜，恢复儒家道统，把它发扬光大。

韩愈挖掘得很深，他把孟子从历史的深井里提了出来，说孟子之后，儒家道统就断交了，而自己隐然就是道统的建设者，这是历史赋予自己的重大使命。

有了肩负建设儒家道统的重大历史使命感，韩愈对把儒家挤进慢车道的佛就十分厌恶，反佛十分坚决。

下面这件事差点要了他的命，也成就了他反佛斗士的名声。

这事发生在宪宗元和十四年(819)。

宪宗就是当年训斥陆淳多说话的那位皇太子。宪宗刚即位时，慨然发奋，打掉了一些割据势力。在一片大好形势中，元和十三年(818)十二月，宪宗令人拿着香花，到陕西凤翔县法门寺迎接佛骨到京，把佛骨在宫中供奉了三天，送回寺时，王公百姓奔走施舍，唯恐落后，还有的废业破产，烧头顶、灼身体而求供养。

我问我们是否有缘，他们告诉我说刷钱。

因为所以，果不其然。那年的冬天很热闹。

有一个人却是十分着急，他就是韩愈。

韩愈本不信佛，见了国人这种疯狂，他的气不打一处来。他给宪宗上表说，中国没有佛之前，黄帝、尧、舜、禹、商汤、周文王、周武王都活了九十多岁。汉明帝把佛引进，他只在位十八年，从此以后，乱亡就开始了，皇帝在位都不长。宋、齐、梁、陈、魏，谁对佛越恭敬，谁的年代就越短促。现在陛下迎佛骨，把老百姓引逗得一个个跟疯子似的，伤风败俗，传笑四方。请赶紧把这些佛骨头撂进水火里，永绝根本。

这疏奏上后，宪宗不看则罢，一看气得七窍生烟。他把韩愈的奏疏拿出来让宰臣看，愤怒道："韩愈说我奉佛太过，这我还可容他。至于说东汉奉佛以后，帝王都短命少位，为何说话这样乖剌(là)？身为人臣，竟敢这样狂妄，固不可赦。”

这家伙就是那给点水就泛滥的人，我决不轻饶！

宪宗要对韩愈加极法，处以死刑。经过大臣求情说话，最后才将韩愈减刑，由刑部侍郎贬为潮州刺史。

韩愈的刑部侍郎来得并不容易，当了多少年官，一直是沉沦下僚，后来随着裴度去打淮西藩镇，立了点功，升至刑部侍郎，家庭条件刚刚改善，却因反佛又被贬了下来。

韩愈反佛的代价也很大，自己经过几位宰相求情说好话保住了命，可全家却在寒冬腊月被赶出京城，正生病的十二岁的女儿在路上被折腾死了，伴随韩愈的一个侄孙子后来也死在袁州。

生活再难，也要找到它笑脸相迎的仪式感，韩愈到了离长安四千里外(**曲线距离**)的潮州(**今广东潮安**)，给宪宗上表，哀谢不杀之恩，并表示愿意以后再用手中的笔为陛下效劳。宪宗的气这才渐渐平息，有了想把韩愈调回的想法。谁料没有半年，宪宗竟被宦官害死于宫中，死时才四十三岁。真应了韩愈短命少位的话。

聪明人不看广告看疗效，下面说说韩愈的儒学贡献吧。

除了提出儒家道统这些理论创新，韩愈还丰富和发展了儒家的理论学说，最出名的是他对儒家“性论”的发挥。

性困惑一直是盘绕在儒士们头脑里的问题。儒家讨论人性发端于孔子，他提出了“性相近，习相远”的观点，首发在《论语》这本经典语录上，后来又被南宋朝的一本普及读物《三字经》转载，弄得妇孺皆知，连三岁娃娃都能张口说出。

可三岁娃娃们不知道的是，这几个字两千年来一直困惑着儒家学者，不知道到底怎么解。

孔子之后的孟子、荀子就在性善还是性恶上统一不了。到了汉代，董仲舒没有在性善或者性恶上走极端，他提出了性有上中下三个档次。

东汉王充也自言自语讨论过这个话题，在他的《论衡》一书中他说人性就和九州田土一样，有好有坏，有善有恶，有“上中下之差”。并把性和当时常说的气联系起来，说人禀土地之性，怀五常之气，有个三六九等很正常（命有贵贱，性有善恶）。

只要快递还在路上，就感觉这生活还有希望。

王充论性看来还是个乐天派。

魏晋的玄学家也谈性情，但并没有深入下去，他们的兴趣不在此。

到了唐代，韩愈接过了董仲舒“性三品”的大旗。虽然“性三品”并不是韩愈的发明专利产品，他也并没有开发出性四品、性五品等新型产品，但他在引用时对“性三品”进行了横向改造。他在谈“性”的时候引入了“情”，把具有“喜怒哀惧爱恶欲”七种特性的情也分了上中下三品，给性赋予了情的张力。

这在现代的我们听起来很普通，什么人什么性情脾气是我们评论别人时经常挂在嘴边的话题。但在儒家性的话题上引入情却是个开创性的成果，这就仿佛是在解数学几何图形题时引入一根虚线，它是解开这道数学题的钥匙。

接过韩愈“性情论”大旗的是李翱(áo)。

李翱是韩愈的弟子,他把韩愈的性情论改造了一下,提出了“性善情恶”的理论,说人的“性”本是好的,就是被一些七情六欲给带坏了。

为此李翱提出了“复性”说,要求去掉邪恶之情,恢复人的善良本性。

李翱在人身上设置了性善和情恶两个装置,为了防止性善被情恶引爆,就要拆除情恶这个打火开关(妄情灭息,本性清明)。

李翱的研发成果后来被宋朝理学家吸收,从而提出了更为有名的“存天理,灭人欲”口号,影响后世深远。

上天为你关上一扇门,也同时会为你打开一扇窗。

李翱写了《复性书》,可他却因性子刚急,议论起来无所顾忌(论议无所避),得罪了上级,所以久久不能上调级别(久次不迁)。

论议起来无所避就是直性子,在人们跟前想说什么就说什么,当自拍狂魔,哪还能有你的好。

李翱觉得凭自己的才学,怎么也得当上个知制诰(皇帝文秘)什么的,于是就去找宰相李逢吉。本来是跑官要官来的,可李翱啥也没带,空手也还罢了,他性子正直,见了李逢吉,话题转到了他的当官劣绩上,竟当面教训起李逢吉:“贤人不得进用,小人充斥朝廷,都是你的过错。”

李逢吉干了半辈子,还没见过这样跑官要官的,空着两只手,蚂蚱也不带一只,就想来蹦跶,还捎带着一张嘴来夹人。我长这么大,还没见过这么嚣张的。李逢吉被数落得一下子脸红下不了台。

李逢吉那是什么人,就是靠整人治人排挤人当上宰相的。李翱这么做，可见是个性情中人，在官场上还显得太嫩。李翱指责完了，心里也觉得不安，知道李逢吉阴险狡诈、诡谲(jué)多端、妒贤伤善，我手拿流星弯月刀，痛快来了个水上漂，可林子大有好多的鸟，江湖危险快点跑。

李翱越想越不妙，知道接下来自己没有好果子吃，会输得很难看，于是回去请了假，不去上班了。

但躲了初一，躲不了十五，按照规定，请假百日就要停官，不但跑官要官的事成了泡影，连现官也当不成了。就在李翱回家等着任由宰相大人宰割的时候，谁知李逢吉却向皇帝奏报，授予了他庐州刺史这样一个官职。

李翱做梦也没想到，李逢吉非但没有收拾自己，还给自己找了个外地市长工作干。

这可能是李宰相复性，没把事做绝，所以李翱捡了个便宜。

而韩愈同志却没这么幸运。他在不知不觉中当了一回冤大头，成了李逢吉的枪杆子。

李逢吉为了把李绅排挤出去，调任韩愈为京兆尹，兼御史大夫。

韩愈此前因反对唐宪宗迎佛骨而遭贬，唐宪宗死后，又回到了京城，官职越来越大。

而李绅当时担任御史中丞，是韩愈的副手。

李绅长得短小精悍，人称“短李”，是当时的著名诗人，当时人多传唱他的诗。他有两首短小精悍的诗，今日人人还传唱，其中一首是：“锄禾日当午，汗滴禾下土。谁知盘中餐，粒粒皆辛苦。”

李逢吉要干掉的就是这首诗的作者，虽然没和作者同在唐朝的一片天空下锄地，但我们还是不由得为他捏把汗。

可李绅也不白给，他深受皇帝的宠爱。李逢吉把韩愈调到御史大夫这个位子上，可谓招数毒辣。谁不知道，韩愈当年一篇谏议皇帝不要迎佛骨的文章，把宪宗皇帝气得打摆子，以至于后来韩愈走到哪儿，手下人都在背后指点说："可不要惹他，他就是那位要皇上把佛骨头烧掉的那个韩愈，他连佛骨头都敢烧，我们这把骨头可要小心点儿。"

李逢吉看中的就是韩愈这股子猛劲，他要把韩愈当冲锋枪使，干掉李绅。他知道李绅性子刚褊(biǎn)，也不是个受气包，把韩愈、李绅调到一起共事，就仿佛把两匹烈马拴到一个槽子里，迟早要碰头尥蹶子，干上一架。

在通向二货的路上，我总错把油门当刹车，一不留神就冲在了前头。

果然不出意料，韩愈、李绅两人不久就因鸡毛蒜皮的台参问题吵了起来。

什么是台参呢？原来唐朝政府规定，新任命的文武百官都要参见台官。台官就是御史台的官。御史台是管纠察文武百官的，总长官是御史大夫，但不常设，实际上管事的是次长官御史中丞(正五品下)。

韩愈这次的官职是京兆尹兼御史大夫，京兆尹是主管首都的最高长官，正四品上，比御史中丞高，但也要参见御史中丞。

可是韩愈还有一个官衔，那就是御史大夫，这是御史中丞的上级。虽说御史大夫是个虚衔，没有直接管着御史中丞，但毕竟名义上是上级。这本不是大事，可李绅这个人也挺有个性，你别看他写的诗挺平淡通俗易懂，可做起事来就不那么平淡了，史称"务为威烈，或陷暴刻"。他跟韩愈这次较起了真儿,说你按规定就得参拜我。韩愈也不示弱,说我的任命诏书里说了,不用参拜。二人争执开了。

李绅说好啊,既然你是御史大夫,又是京兆尹,那你管事吧,便把御史台拘押的囚犯送到韩愈那儿,让韩愈处置。韩愈说我的京兆尹府里地方小,盛不下,又把囚犯解了枷锁,送了回去。

有人说,参拜个李绅又不涉及民族大义寡廉鲜耻这些问题,要那么认真干吗?

其实韩愈坚决要求不参拜,可能也是不愿在李绅这个曾经的学生面前低头。韩愈过去当四门博士时,曾经向主考官推荐过李绅,虽没帮上什么忙,但名义上是李绅的老师,所以他这次要抗颜为师。

"无贵无贱,无长无少,道之所存,师之所存",这是韩愈在他写的《师说》里的一句话,写过《原道》、自居道统的韩愈对老师一职自是当仁不让的。

格式化自己,只为删除你。家人们谁也别拦我!

韩愈三岁丧父,李绅五岁丧父,俩人从小都缺乏父爱。韩愈性格木强,言辞不逊;李绅性格褊急,说话简直。韩愈和李绅争执,弄得满朝都知道两名御史台大人吵架。

韩愈、李绅二人并没有仇,但二人说不到一块儿也是很有可能的。韩愈写诗追求的是险怪,带着孟郊、张籍一帮子兄弟,语不惊人死不休。李绅和朋友白居易、元稹搞的是新乐府运动,要求写的诗歌通俗易懂,老妪能解。

看人之短,天下无一可交之人;看人之长,世间一切尽是吾师。这一路走来，是朋友是敌人还是老师，都由心态决定。

不等韩、李二人到相看两不厌的地步，看人下菜碟的宰相李逢吉就跟风扬尘，趁机罢了他俩的官，他把韩愈任为兵部侍郎，调李绅为江西观察使。谁都能看出，兵部侍郎仍是在京当官，把李绅弄到江西当观察，是把他撵出京城。

接下来就看出李绅不白给了。穆宗皇帝知道李绅要到江西出远差，命人拿着玉带到李绅家慰劳。李绅对着皇帝的使者哭诉自己的遭遇，说四海无闲田，李绅受排挤呀。穆宗这才知道事情真相，把李绅改授为户部侍郎，留了下来。

人争闲气一场空，尽赴南柯一梦中，一年后韩愈死去，年五十七岁。

反了一辈子佛的斗士最后也落入了佛家所说的空空中。

不过这不是他的错！

李绅接着又跳着脚跟李逢吉斗了若干年，最后到底斗不过老谋深算的李逢吉，被他说了坏话，贬为端州司马。

不过李绅后来也当上了宰相，这已是多年以后的事了。

李翱去骂李逢吉，可能就跟李逢吉挑拨韩愈、李绅不和这件事有关，顺便替韩愈出气。

性情可爱的李翱同志后来仕途很顺，官做得很大，做到山南东道节度使，节制襄阳九郡，也算个政府高官了。

李翱年轻时中进士，混迹官场一辈子，最让人难忘的就是他跑官时面数李宰相过失这一段，他的性情观使当时灰色的官场多了一抹亮色。

韩愈、李翱这两位中唐时的儒学思想大腕儿一个上书责皇帝，一个当面骂宰相，把性情发挥到了极致，性情论由他二人撰写，再合适不过了。

除了韩、李，此时还有两位思想界的大腕儿，他们是柳宗元、刘禹锡。

还从老大哥韩愈讲起吧。

韩愈字退之，自称“郡望昌黎”，昌黎是他的“郡望”，郡望跟老家还不是对等关系，郡望顾名思义就是某地某郡的名门望族，自己的老家未必在此，自称郡望还是门阀士族思想的残余在作怪。

韩愈十九岁时进京赶考，参加礼部主持的进士考试。唐代的科举考试还不是明清的三年一考，是年年都有科场，但你必须通过当地的考试，取得乡贡资格。韩愈乡贡考试很顺利，却没想到接下来连考了三次，都没有考上进士。直到二十五岁时才考上，并在第二年结婚。

“三十老明经，五十少进士”，这是当时人们的看法，是说你三十岁考上明经就是很老的了，五十岁考上进士也是年轻的。唐代科举的明经科考试主要考对经书的背诵能力，要的人数也多一些，而进士科考对策、诗赋，最能看出一个人的实际学问水平来，加上名额有限，每年也就要二十几人，有时只要几个人，最是难考，难度相当于武士们骑马绣花了，所以五十岁考上也不赖。

但损的是，在唐代，你考上了进士，只能说是取得了做官的资格，也就是说取得了“出身”证，但能不能做官还要经过吏部的考试，如通过才有官做，才能脱去平民百姓服，穿上官服，这叫“释褐（hè）”，是说你从此是官人了。

韩愈没想到，他又一口气连续考了三年，最终结果：没考上。

韩愈此时郁闷极了，这就相当于现在的大学生取得了毕业证却无法就业，人事部不分配。老是这样考下去，没人给发工资，连饭都吃不起了。韩愈最后只好离开居大不易的高消费城市长安，投靠到汴州宣武军节度使幕府，担任掌书记，这是个秘书性质的工作。

也就在此时，韩愈认识了李翱。

李翱是陇西成纪人，也是连续考了四次进士都没考上。韩愈一见李翱，很是喜欢，把堂兄家的侄女许给了李翱，并勉励他继续努力。

以后跟着我混吧，只要我有一口饭吃，就有你一个碗刷。

李翱也决心以韩愈大哥（以后就得叫叔叔了）为学习榜样，发奋努力，第二年，果然一举考上了进士。

韩愈在汴州一共三年，直到他投靠的刺史大人死了，才护丧离开汴州。他刚走几天，汴州兵乱，杀死了刺史的从官们。韩愈要是在汴州，估计也会吃一刀。

假如生活一定要出卖我，我也希望他们不要论斤卖，因为我长得瘦。

无可奈何的韩愈又投靠到徐州幕府，后来觉得徐州也不是久留之地，于是带领全家离开。刚走几天，徐州兵变，又是一番屠杀，韩愈又侥幸逃脱一刀。

如果不是我跑得快，身上挨过的刀片估计可以击沉一艘帆船了。韩愈亲身经历了藩镇割据的危害，逃脱了两次大难，他决心还继续返回到政治中心长安发展，虽说京城东西贵点，但毕竟不像地方藩镇这么乱，并且机会还多些。皇天不负苦心人，经过两年的吏部考察，韩愈终于得到了一个四门学博士的官职。

总有人间一两风，填我十万八千梦。

四门学博士归属于国子监，是从七品，虽说是个七品芝麻官，但得到它也是韩愈求爷爷告奶奶费了半天劲儿弄来的。由于此前韩愈文章名声就传了开来，到相当于中央大学的国子监当老师，韩愈可说是如鱼得水，师生关系高度密切，上门求教者络绎不绝。韩愈也是有问必教，拿起了老师的派头。没想到这一下子惹得舆论大哗。

怎么回事呢？

这是因为师道已不传很久了，谁要是再像孔子、孟子一样传道授业，带着一大帮子学生转悠是会让人笑话的。

韩愈既然要恢复儒家道统，就要先从师道抓起，奋然不顾流俗所笑，只能任人们大惊小怪了。

船停在岸边最安全，但那不是造船的本意；人待在家里最舒服，但那失去了做人的价值。

我难道是来凑数的吗？

贞元十九年(803)，韩愈迁监察御史，在这里，他碰见了柳宗元、刘禹锡两位同事。

三位大思想家的名字将在这里同传，不过是以他们谁也没想到的样子传播。

到底是怎样的终点，才能配得上这一路的颠簸。

请看下回。

第三十九回

刘柳韩三友悲乐谈天命
唐武懿二宗恨爱待佛神

韩愈、柳宗元、刘禹锡以前在京城早就认识。柳宗元字子厚,是贞元九年(793)的进士;刘禹锡字梦得 ,比柳宗元大一岁,和柳宗元是同一年的进士。柳宗元二十六岁踏上仕途,刘禹锡二十八岁踏上仕途,如今在仕途上几经辗转,三人又走到了一起共事。

韩愈和柳宗元的古文创作思想一拍即合,都对追求对仗、讲究形式的骈俪文深深不满,要恢复秦汉时期自由的散文写作。

监察御史为正八品,品级虽然不高,但负责监察百官,被人称为“八品宰相”。当时柳宗元、刘禹锡刚刚三十岁出头,韩愈也才三十六岁,都是意气风发的年纪,可以想象当时三人的愉快心情。

但是好景不长,不久就有人从这个位置上摔了下来。

失足者是韩愈。

起因是韩愈给唐德宗上的一份论抗旱救灾的疏，韩愈做梦也猜不到他这一封关注灾情的上疏得罪了谁，他从监察御史的位置上被一竿子撸了下来，打到广东阳山的穷山沟里当县令。

早知春梦终成空，莫如当初不相逢。韩愈卷起铺盖离开了京城，他一直怀疑是柳宗元、刘禹锡二人把他的事泄露了出去，因为尽管三人关系不错，但他们并不是一个政治阵营里的。柳宗元、刘禹锡和陆淳的学生吕温等人走得近，接收了啖、赵、陆新《春秋》学变革思想的熏陶。而韩愈主要和一些守旧官僚来往，相对来说思想保守，他没去听过陆淳讲课，也不和吕温等人交流，还沉浸在他在后来《进学解》一文中所说的"《春秋》谨严，《左氏》浮夸"的老套路中。

殊不知这时《春秋》已让啖、赵、陆等人披上了活泼的外衣，成了他们心中变革弊政的思想武器了。

韩愈被贬后两年，唐德宗死，太子李诵即位，这就是唐顺宗，永贞革新开始了。

在韩愈眼里，柳宗元、刘禹锡二人在此时出尽了风头，大权在握，而他却在遥远的南方穷山里吹着长安飘来的西北风，小心翼翼恭候上命。韩愈心里好不是滋味，当初的同事和自己在仕途上判若云泥，人比人气死人呀。

熟人你不好意思下手，生人你不好意思开口，落到今天也是活该。

然而几个月后，永贞革新失败，柳宗元、刘禹锡一落千丈，在呼风唤雨的政坛上被新皇帝唐宪宗踹了下来，贬到南方的险恶州郡当司马，而韩愈却从阳山一步步量移回来，形势发生了逆转，让他又不禁窃喜起来。

量移是当时的公文语言，是指被贬官员遇赦迁到离京城较近的地方，待遇条件逐步好转。

唐宪宗深恨“二王八司马”这帮人，因为他们当初阻挠自己当太子。什么都可以原谅，唯独阻挡自己前进的不可原谅。什么都可以碰，唯独自身利益这根线不能碰。

唐宪宗在颁发的诏令里明言，对“八司马”这八人永不饶恕（纵逢大赦，不在量移之限）。

司马这官是个闲置官，谁都看得出，唐宪宗这是要把这“八司马”都窝到那里当死马了。

而韩愈却一步步量移回到了京城，并且仕途越来越通畅了。

韩愈、柳宗元、刘禹锡这三人很有意思，尽管他们是朋友，是古文创作的提倡者，但在双方倒霉的时候，都没为对方奔走呼吁求情。

人性最大的缺点就是恨你有，笑你无，嫌你穷，怕你富。人与人第一次见面就是打量你的身价和身份，然后再选择怎么相处。韩愈、柳宗元、刘禹锡这三位文学大师也不能免俗。

就在柳宗元被贬七年后，韩愈给他的古文创作的同道朋友、老同事柳宗元写了封信，信中他大谈天命。

过得好的人跟受难中的人谈天命，是对他们命运的嘲弄。

我的朋友圈仅他俩人可见，我的目的就是要气死他们。

韩愈是怎么说的呢？他说：

你知道关于天的学说吗，我给你说说吧。现在人一有了疾痛、倦辱、饥寒，就仰而呼天说：“老天爷呀，怎么会是这样子呀（何为使至此极戾也）!?”

像这样穷哆嗦的人，全是不知道天的（若是者，举不能知天）。

东西坏了，就长出虫子。元气坏了，就生出了人。虫生出来后又咬又钻，让物体变得更坏。而人生出来后破坏元气阴阳也更厉害，他们垦田伐林，凿地挖井，掘墓送死，筑城郭，疏沟洫，垒茅坑（穴偃溲），烧木头，熔金属，祸害元气阴阳，比虫子还厉害。

看看那一片片被文明糟蹋过的天地吧，这些文明人是天地的仇人（繁而息之者，天地之仇也）。

现在那些人不能知道天，所以碰到不高兴事时就呼喊抱怨。

我认为天要是听见了他们的抱怨叫唤，那些祸害元气阴阳的还得受更大的惩罚。

你认为我的话怎么样啊（子以吾言为何如）？

柳宗元看了韩愈的来信，第一个感觉就是韩愈是不是受刺激了，怎么说出这么反人类、反文明的话来。但细细一想，又觉得韩愈好像话里有话，是不是要说自己搞永贞革新落的今天这个下场呢。

我是不高兴，可也没有呼天喊地抱怨呀。

用鼻孔看人，用脚尖走路，我一直以为这是比喻句，没想到这还是真的存在。

看来韩愈是思想有问题，得跟他说说，顺便灭灭他的幸灾乐祸的心理。

柳宗元于是写了篇《天说》给他寄了过去。

《天说》是这样写的：

你大概是真受了刺激了吧（子诚有激而为是耶）？听你说的吧也像那

么一回子事(则信辩且美矣),但我还是有要告诉你的(吾能终其说)。

你听着:天地、元气、阴阳虽大,也和瓜果、疙瘩、草木一样,都是物,你还能指望它们像人一样,有报有怨,赏功罚祸吗。

功和祸都是自己弄来的,想指望天地阴阳赏罚的人是愚蠢的。那些叫唤天地阴阳,想指望它们赏功罚祸的那就更愚蠢了。

你要是相信你的仁义并游玩其中,那你就在里边游玩吧(生而死尔),又何必把生死得失寄托在那些和瓜果、疙瘩、草木一样无知的天上边呢?

柳宗元的意思是天地和你手里的瓜果一样,不过是体积比它们大点儿而已(天地,大果蓏 luǒ 也),你还指望有吗事时一个大瓜果救你,你就太大傻瓜了。

世上有许多瓜是可以吃的,包括苦瓜,但有一种瓜是绝对不能吃的,那就是傻瓜,你知道吗?

而韩愈的意思是天地是不会帮你们这些人的,你们是天地阴阳元气的破坏者,不收拾你们就不错了。

韩愈是把天看作有神的,柳宗元是把天看作物,既没有神仙,也没有救世主,只能自己救自己(功者自功,祸者自祸)。

柳宗元的《天说》很短,就几句话,鲜明地亮明了观点,和韩愈的神学思想严重对立,但话里边也透露出厌倦,表示不愿和韩愈继续讨论下去,没意思。

你说的再好也没人怕你,但只要你说穷,连鬼都怕你。

《天说》的最后一句话是这样的：

"你要是信你说的你就信吧，又何必把生死得失置于瓜果草木这些东西上呢！"

我是不行了，仕途上几乎断绝了念头。只要富于春秋的唐宪宗在一天，我就别想翻身。你韩愈会混就混吧，好好过你的日子往上走吧，又何必神经叨叨地谈天道地给我讲课呢？

从这句话可看出柳宗元的极度厌倦。

再好的刹车，也刹不住回忆；再好的发动机，也转不回当初；车开久了，人的眼里便没了悲欢，只剩离合。

柳宗元把他和韩愈关于天的论战告诉了刘禹锡，刘禹锡一看，韩愈这是要嘲弄我们穷呼抱怨吗？我们还没有这么迷茫！得了游走性神经痛的倒是韩愈你自己，看来很有必要对韩愈的植物神经紊乱思想进行纠正。

刘禹锡嫌柳宗元的反击回信写得太短，于是一口气写了三篇关于天的文章，起名《天论》。

在《天论》里，刘禹锡首先把关于天的说法进行了分类，说世人说天有两种。

一种说法是说天与人确实互相影响，有罪天就给降祸，有善天就降福，穷厄时呼天天就能听到，隐痛时祈求天必有可答，这种说法叫"阴骘(zhì)之说"。

"阴骘"一词出自《尚书》中周武王攻灭商朝后的一句话，他说"惟天阴骘下民"，司马迁等人把骘字解作"定"，阴骘就是暗中决定。

另一种说法是说天与人没有交际，被雷劈死的牲畜树木，它们未尝有罪。春天滋润有毒的乌头草和苦菜是一样待遇，并不择善，这种说法叫“自然之说”。

而我刘禹锡对于天和人的看法是“天与人交相胜”。天的能耐，比如打雷下雨（水火伤物，木坚金利），人固然是没有。但人的能耐，比如让它制刀造枪[斩材窾(kuǎn)坚，液矿硎铓]，天也干不了。

所以我说天与人交相胜。

得到了不该得到的得到，就会失去不该失去的失去；忍受了别人不能忍受的忍受，就能享受别人不能享受的享受。

那么人为什么最后能胜过天呢，那是因为人间有法。

法所到处，公理流行，人道大胜。人们有了吗事也不会呼天喊地，因为人们知道这都是该发生的。

当法理不行时，人道大乱，人间没有了是非，碰到什么事就会呼天喊地，把人生的苦难都推于天命，这时候想胜天，是痴人说梦。

说完了天与人交相胜，刘禹锡还提出了天与人还相用，说天和人都是万物之尤，天人两个大国可以互相借鉴利用对方的长处和优点。

不求被全世界宠爱，只求这一生我是你的例外和偏爱。

刘禹锡兴致勃勃地把自己的《天论》寄给柳宗元看，没想到柳宗元看了后给他回信说，刚收到你这三篇《天论》时，我挺高兴，以为有什么来开导开导我，我详细读了五六天后，也没发现有什么新意。你说的也不过是天不干预人这些道理，都是对我《天说》的注释。你一个劲儿地说要帮我说话，并说还有和我不同的说法，可我看了几天，也看不出你说的天和我说的天有何不同。

刘禹锡看了柳宗元的回信只翻白眼，费了半天劲儿，无人喝彩，感觉很委屈，可又不能说什么。

现在咱俩在南边同顶着一片天，没人疼、没人问的，你说咱俩说的天没区别就没区别吧。

人活着发自己的光就好，何必吹灭别人的灯。

韩愈收到柳宗元的《天说》回信后也没了下文，他感到不能再议论下去了，免得刺激柳宗元和刘禹锡二位老朋友。自己也是从难处走过来的人，何必对人穷追不舍呢。

那么凭良心说，刘禹锡说的天和柳宗元有不同吗？

当然有。

柳宗元可能当时志虑恍惚，没看出刘禹锡的《天论》的新意。

天和人的关系是老早就有人关注的。司马迁受了宫刑后给人写信，就把“明天人之际，通古今之变，成一家之言”看作他写《史记》的最高追求。

可见天人关系是许多人迷惑不解、努力探索的大问题。

孔子、孟子、庄子、墨子都是相信天对人冥冥之中有影响的，这就是“天人合一”观念。

董仲舒的“天人感应”更是“天人合一”关系的升级版（也是神级版）。

除了天人合一，还有一种学说是天人相分，它代表了人类思想的进步，那就是不再对天盲从迷信。

荀子第一个提出了“天人相分”的理论，他说“天行有常，不为尧存，不为桀亡”，不管你是好人尧还是坏人桀，天没有意识，不会考虑人间的这些情感问题，它该怎么运行还怎么运行。

反对谶纬迷信的王充也主张天人相分。

把天与人拆分得最干净的是柳宗元，他强调的是天与人互不干预，老死不相往来。

但最能辩证看天与人关系的是刘禹锡，他的想法比较全面积极，他把天人关系说成是“交相胜，还相用”，极大提高了人的主观能动性。

而悲观主义正浓的柳宗元没看到这一点，即使看到了也认为说得不对。

对于刘禹锡的“交相胜”，柳宗元认为，天又不和你来往，为何要一心想着胜过人家呢（彼不我谋，而我何为务胜之耶）？

一个红包就能回到当初，你是不是眼窝太浅？

相对于刘禹锡，柳宗元此时已被磨得失去了战斗锋芒。

至于刘禹锡的“还相用”，柳宗元认为更是八竿子打不着，他对刘禹锡说，你说天的能耐是生植，人的能耐是法制，这不结了，天和人各管各的，谁用谁啊。

尽管你是青铜，我是废铁，但不都一样没用吗？

古代这么危险，我们还是睡着过去吧。

从论天上，可看出刘禹锡是个乐天派，而柳宗元显然是有点消极。

在流放十年后，柳宗元、刘禹锡等人终于等来了朝廷召回他们的诏书，几个人兴冲冲回到了长安，没想到只有三个月，柳宗元、刘禹锡等人又被打发了出去，名义上是好听点了，给他们升成了刺史，但贬的地方更远。

极为嘲弄的是，柳宗元因为姓柳，把他分配到了广西柳州，比上次的湖南永州离长安还远。

那人家要是姓于，就得把人家打发到西边的于阗吃沙子吗，没这么拿人开涮的吧。

你这最后一脚刹车，把车轱辘都弄冒烟了。

柳宗元憋着一肚子怨气走了，他最终没有回来。

可见唐宪宗对二王、八司马是多么痛恨，对他们当年不立自己当太子永远不能原谅。

柳宗元没熬到唐宪宗死的那一天，四年后，他死于柳州刺史任上，年仅四十七岁。

柳宗元死后两个月，唐宪宗就被宦官害死于宫中，年仅四十三岁。

唐宪宗死后，刘禹锡处境渐渐改善，后来换了好几个地方，离京城越来越近，曾一度回到朝中任职，一直等待着朝廷重用自己，最终也没有等上，但还是吟着“沉舟侧畔千帆过，病树前头万木春”的积极乐观诗句，活到七十一岁时才死去。

我要让他们知道，我不但有房有车，还是带着帐篷自行的！

刘禹锡不愧是个乐天派，晚年还和白居易唱和，满怀豪情地唱道：“莫道桑榆晚，为霞尚满天”，比字“乐天”的白居易还名副其实地乐天。

而柳宗元在这方面就差多了，他贬到柳州后的诗句“惊风乱飐(zhǎn)芙蓉水，密雨斜侵薜(bì)荔墙”，明显心理上对老天不堪重负了。

从韩、柳、刘论天的故事可看出，乐天还是很管用的，起码能多活几年。

让我们再重温一下刘禹锡的话吧：

我一直坚持认为（吾固曰）：万物之所以为无穷者，交相胜、还相用而已矣。

天与人，都是万物中的尤物，最漂亮的一对（天与人，万物之尤者耳）。

除了在对待天的态度上不同，韩、柳二人在对待佛道的态度上也大相径庭。

韩愈主张灭佛，对佛教采取三光政策：把他们的人还俗为民，赶光（人其人）；把他们的佛道书都撂火堆里，烧光（火其书）；把他们的寺庙、道观全部改造成民宅，扒光（庐其居）。

柳宗元不这么看，他认为佛教也不是一无是处（浮图诚有不可斥处），应吸取对方的优点，来补充自己一方的不足。

柳宗元对佛道的方法被后世宋儒吸取，这才是对待佛学、道学的正确方法，毕竟这都是人类智慧的结晶。

顺便说说，韩愈主张人其人，让僧人、道士还俗，虽没有人响应，但由于韩愈见人就唠叨，还是有成绩的，最著名的是对贾岛劝返。

传说贾岛因推敲诗句误闯韩愈车队，从此认识了韩愈，这只是编的美丽的诗话，不足信。

实际情况是贾岛考了许多次也没考上进士，穷愁潦倒当了和尚，又通过孟郊、张籍认识了韩愈。韩愈说咱当什么和尚，过正常人的生活吧（人其人），劝贾岛还俗，贾岛听了他的话，脱掉僧服，回去又当上了学生，重新参加科举考试，但当和尚和做学生难易程度不一样，考了几次又没考上。

贾岛最后考上没考上，我没查到，只知道他当过长江县主簿，相当于今四川蓬溪县办公室主任。不过这时秋风吹渭水，落叶满长安，韩愈、孟郊、张籍这些朋友都已经死了。

中晚唐时又有唐武宗灭佛，他听信道士的话，大毁佛寺，让僧尼还俗。这是继魏太武帝和北周武帝后，又一位灭佛的皇帝。武宗不久就变得喜怒无常，人们说是佛家报应，其实是他自己吃错药了，吃了本家道士的金丹，变得精神失常，在灭佛半年后死去，年仅三十三岁。

贾岛死在唐武宗会昌年间，这时唐武宗已逐渐对僧人下手。贾岛死后没两年，武宗就对僧人动开了武，实行人其人、火其书、庐其居的三重政策，虽说没有韩愈理想得那么彻底，但也打痛了佛家。贾岛要是还活着，就该佩服韩愈老师劝返的先见之明了。

唐武宗死后，佛家开始反弹，又有唐懿宗大张旗鼓迎佛骨，以表示对佛的高度崇拜。有人提醒说："当年宪宗曾迎佛骨，不久就晏驾了，可见佛骨不吉利。"唐懿宗说："要是朕活着时能见到佛骨，死而无恨了。"

这位懿宗皇帝也是位骨灰级的佛教粉丝，他把佛寺进行了大装，用金银为刹，珠玉为帐，佛骨迎到长安时，这位皇帝激动得眼泪止不住流下来。

皇上如此，老百姓那就更疯狂了。那一天是四月八日，长安街上彩棚夹道，念佛之音震耳欲聋，人山人海，你推我挤，比大年三十抢电子红包的微信群、节日里搞低价促销的超市门口热闹多了。有的甚至为了表示自己是佛家骨粉，截指断臂，流血满道。

世间已无韩昌黎。

三个月后，懿宗一病不起，宫车晏驾，死时年仅四十一岁。

韩愈说的谁崇佛谁就年促命短，二次应验，恐怕唐宪宗、唐懿宗在地下也会骂韩愈乌鸦嘴。

灭佛也罢，崇佛也罢，唐朝皇帝以自己的亲身实践，再一次证实了儒家所说的生死祸福与佛无关的言论。

从此之后，佛教与皇帝间的生死狂热开始降温。

第四十回

论修史刘知幾愤然辞职
兴儒教周世宗抄底灭佛

唐代值得一提的是“文选学”的兴盛。

梁昭明太子萧统编著《文选》后，《文选》成了投资蓝海，从隋代开始，出现了一股文选热，研究《文选》成为热门专业方向。

文选学的兴盛跟科举考试有很大关系。隋代结束了九品中正制的选人办法，实行科举考试选拔人才，士子们为了写好考试作文，自然得向古代好文章学习，萧统当初编文选时选的就是那些“综辑辞采、错比文华”的有文采的文章，正符合考试的评判标准，以至于后来有了“文选烂，秀才半”的说法，是说你把《文选》背得滚瓜烂熟了，秀才“职称”也就快拿到手了。

现在一般认为首先实行科举考试的是隋炀帝杨广，他父亲隋文帝除去了九品中正制束缚人才的条条框框，他又用科举考试开始做取景框选人，但由于他是亡国之君，也没听说他在科举制度上面沾什么光。真正尝到甜头的是唐太宗李世民，他看着鱼贯前来拜见他的新科进士们，高兴地说：

“天下英雄，都进了我的圈内了[入吾彀(gòu)中矣]。”

祝贺、祝贺！如果我没猜错的话，在座的当年都是长跑冠军。

隋唐开始的科举考试是用人史上的一大进步，尽管录取名额很少，但它毕竟给了大家一个进身机会，士子们拼命学习备考，海量用户搞得系统过热，各种辅导资料接踵而来，注解《文选》就是其中很热门的一项。

这里边首先要提到一位一百岁的发烧友曹宪。

曹宪是隋朝时的著名学者，到唐朝时，已快一百岁了。唐太宗每当读书碰到有不懂的难字，都写到纸条上，派人去问。曹宪都为他注明音训，详细解答，学问渊博得让太宗很是惊奇。

曹宪活到一百零五岁时死去，是学者中的长寿之王，他所注的《文选音义》一书，承载了很多人的记忆，很受人们重视。不料后来又有一人，他注的《文选》竟然超过了长寿王曹宪，成为至今流传的《文选注》，到今天已被人传看了一千三百年，可算是名副其实的长寿了。

此人名叫李善，他的学问有多大，从人们对他的称号“书簏”上就能看出来。人们常说某人懂得多，是本“活字典”，这显然不能和李善相比。试想想，一个书簏里能放下多少本活字典，只从容积上就能知道高下。李善把他的《文选注》献给朝廷后，收到了一百二十匹绢的稿酬。

李善的注引经据典，广引天下图书，让人看了不得不佩服李善的学问渊博，学识广大。李善把书注成后，让儿子李邕(yǒng)给提提意见。

李善的这个儿子李邕，在唐朝可比李善的名气大多了。李白在和朋友王十二深夜喝酒时，历数起当时的名流，说：“君不见李北海，英风豪气今何在?"这个李北海就是指的李邕,他曾做过北海郡的太守。

李邕的学问并不在他父亲这个"书簏"之下,他曾被召拜为左拾遗。有一天议事,武则天不同意大臣们弹劾他的情夫张昌宗,大殿上的气氛异常紧张。李邕官小,离皇帝还老远的位置,他就在台阶下大声喊起来:"大臣们说得对,陛下你当听!"这一喊,武则天忽然开窍,还真听了。大老远就冲着皇帝喊话,硬够着摸天花板,教训自己的顶头上司,李邕英风浩气的名声逐渐传开。

不过咱能不能趁人不在的时候说,别把人家女皇的面子当鞋垫子。

李邕后来文名满天下,前来拿着金帛找他写文撰碑的很多,李邕也拿钱拿到手软,挣的稿费按史书上的说法是,共有"巨万"之多,比他父亲《文选注》的那一百二十匹绢的稿酬多多了。当时人们议论说,自古卖文为财的,谁也比不过李邕。

李邕给他父亲李善《文选注》提的意见是"释事而忘义",也就是解释时用典太多,直接释义太少。李善仗着有才,任性,"簏"里的东西多,时时掉书袋,用历史古典来直接解释字词。这就像一个高明的作者,他只管摆出事实来,而不多去阐发,让读者去领会其中意思。

这也可说是《文选注》的一个特色,李邕也就是和父亲谈谈个人看法而已,但偏偏有五个人跳出来跟李善叫板,指责他为什么"释事而忘义"。

这五个人分别是:吕延济、刘良、张铣、吕向、李周翰,他们是唐玄宗时的五个大臣。

李善献书献给的皇帝是唐高宗,当时人除了佩服也没什么意见。到了唐玄宗时，这五位对李善“释事而忘义”的注解不满，提出要给李善的《文选注》补偏救弊，他们重新注解了《文选》，完后受到唐玄宗夸奖，他说：“朕近来留心看了看《文选》，又见到李善的注本，上面只引事，不说意义。又略看了五臣这本新注，确实很好。”

这位皇帝的批注只是显得自己水平不高，奈何自己少文化，只能从上赞到下，人们对自己不是很擅长的东西看来最好还是少往深处评论，扯扯闲话永远不会被人笑话。

这五位官员的注后来被人称为“五臣注”，他们的学术水平远不及李善的注解，且还有望文生义等低级错误。它的好处是通俗易懂，很适合唐玄宗这类水平的人阅读，但注解的“含知量”就差多了。

但我们也不能抹杀“五臣注”，毕竟这五位还是认真的，只是力不如人而已。

顺便感叹一下，写作这个行业，人多并不占优势，三个臭皮匠，是顶不上一个诸葛亮的。

名著往往都是一个人炼成的，合作著书只能说明你才力不逮。

《文选》这本书虽强盛，但毕竟只是一部古代文学作品的单飞，更大规模的是唐代史学有了大的发展。

唐太宗以史为鉴，非常注重修史工作。唐朝初年，史学修撰有了一波高峰，正式形成了修史书的机构。除了官方修史，还有李延寿个人修的《南史》《北史》。总的来说，像过去司马迁、班固、陈寿、范晔那样跑单帮、个人修正史的时代已经过去了。唐代官方修撰了南北朝的几部史书，史学工作表现不错。

但也出现了许多问题。

唐玄宗时，一位著名的史学家站了出来，对官修史书发表了不同看法，对当前的修史工作提出了强烈批评。

此人名叫刘知幾，是江苏徐州人。他在史馆工作前后长达二十多年，对史馆修史制度有看法，最终向长官萧至忠递上了辞呈，并说出了史馆修书的几大弊病，大概意思是说一大群人共修一部史书，上边又有一群长官监修，十羊九牧，人多口杂，托门子、拉关系、说好话等不正之风盛行。监修的人有隐情，写史的人又心怀鬼胎，互相推避，白白耽误岁月。

这封辞呈里说的话可说是拳拳到肉，针针见血，呈上去后，萧至忠看了，感到惭愧。刘知幾反对的那几位监修大臣确实是有问题的。

让品德不好的人去修史，三观不正，那还不颠倒黑白，胡乱褒贬，哪有什么书品可言。

我最怕的就是他拿九齿钉耙给我梳中分，执方天画戟削苹果，用传国玉玺砸核桃，扯根钢丝给我弹东风破。

知道了以上几位监修的品行，刘知幾的满腹牢骚也就不难理解了，摊上这么几位长官，哪是干事的人呢？

早在写辞职信的前几年，刘知幾就已完成了他那部传世著作《史通》，这是中国第一部系统论述修史的著作。

怎样修史此时已上升到了理论高度。

对于史书的体裁，刘知幾提出了著名的“六家二体”说，这六家一是《尚书》家，二是《春秋》家，三是《左传》家，四是《国语》家，五是《史记》家，六是《汉书》家。这六家要么记言，要么记事。要么一个国一个国地分开叙述，叫作“国别”，要么上下几千年通吃，称为“通纪”。但不管什么手法，最后都可归结为两家，也就是以下二体。

刘知幾所说的“二体”是纪传体和编年体。

把经书《尚书》和《春秋》列为史书，或者说降为史书，这也是刘知幾此论的一大特点，以前人们没这么干过。

以经为史，把经书拉下神坛当史书来看，是社会发展的进步趋势，直到清代章学诚喊出最为响亮的那句“六经皆史”的口号。

刘知幾还提出史官的必备素质，那就是有史才、史学、史识，三者缺一不可，否则就不配当史官。

这么看来，刘知幾之所以辞职，不和那些人为伍，是有他的理论根据的。

刘知幾可能不好意思提长官的品行问题，几百年后，章学诚在他的《文史通义》里又加上了“史德”一项。

值得一提的是，刘知幾父亲教子很严，刘知幾兄弟六人，全都成了进士，在乡里传为美谈。

并且更绝的是，刘知幾也有六个儿子，也全都成了进士。

这个一家子都是进士的成绩单绝对是考试界的天花板，六六大顺，本来挺美的事，可惜的是，刘知幾的大儿子当太乐令，也就是中央音乐学院院长时犯了事，被发配到外地。刘知幾觉得冤，去找宰相给儿子评理。唐玄宗听说后大怒，认为刘知幾是私自上访，干扰司法，把刘知幾贬官为安州别驾。刘知幾这个别驾当得闷气，到安州不久就驾鹤西去。

你让我滚，我滚了。你让我回来，对不起，滚远了。

刘知幾死后，唐玄宗听说他写了部《史通》，命人到他家抄写，看了连连称善，十分欣赏，但刘知幾已驾鹤远走，一去不复返，于是追封他为工部尚书，作为赠礼。

刘知幾的故事就讲到这儿吧，有时候，不是故事的结局不够好，而是我们对故事的要求太多。

刘知幾这个大儿子的儿子后来当了大唐朝的宰相，刘知幾在地下若知道孙子中也有了当宰相的，想想当年找宰相评理的不愉快，也该含笑九泉了。

刘知幾像个老人一样，把修史的问题唠叨了个遍，但这些问题有的未必是问题。在历史题材的写作上，其实是最有开拓空间的。在刘知幾之后，史学又继续发展了许多。

比如他的另一个儿子刘秩，就对写史体裁做了开拓，他写了部《政典》。

这是著书这一行业中的又一种书体，叫典制体政书。

这种新的体裁是刘知幾没想到的，让他的儿子想到了，并且一口气写了三十五卷，写完后受到当时人的好评。

让刘秩也没想到的是，他的书让当时一个年轻官员看到后，大受启发，做出了更大的成就。他把这种典制体政书扩展延伸，写出了一部二百卷的《通典》。此书一出，立即确立了典制体政书的地位，彻底掩住了刘秩《政典》的光芒。

而刘秩的那部《政典》最后也失传了。

正如英国一位很牛的先生所说,牛人就是知道站在巨人肩膀上往远处看的人。

《通典》这部书的作者是杜佑。

杜佑是官宦子弟,没有参加科举考试,靠父亲的名位关系走上了仕途。他走上仕途后一路顺风,一直做到了宰相,是儒学名臣中难得的仕途通达者,和晋朝的杜预先生有一比。

杜佑非常勤奋好学,白天办公,晚上灯下读书,孜孜不怠,他后来接触到了刘知幾儿子刘秩写的《政典》一书。刘秩的《政典》很被当时人称赏,杜佑看了之后,经过深入思考,觉得《政典》条目还不够完备,还大有开拓的空间,于是又加了几条,最终全书共分九典:食货典、选举典、官职典、礼典、乐典、兵典、刑典、州郡典、边防典。

这九典把食货典排在第一,现在的吃货们一看就高兴了,真是舌尖上的古老中国啊!

不过咱先说清,长得瘦吃不胖的还可以看看“食货典”,长得胖还喜欢吃的就最好不要看了,以免经不住诱惑。

确实如此,杜佑是把“民以食为天”放在了首位。

十年笛子百年箫,一把二胡拉断腰。从九典的排名也可看出各典的先后轻重。杜佑认为,要行教化,必须先让人民吃饱穿暖(**食货典**),然后再选拔人才分设官职(**选举典**、**官职典**),然后再制礼(**礼典**)、作乐(**乐典**)、建军(**兵典**)、立刑(**刑典**)、保家(**州郡典**)、卫国(**边防典**)。只看题目你就知道这是一部很务实的著作。

这是中国第一部典制体通史著作。

把典章制度单列出来写，刘秩是最早的私人著述者。为什么说是私人著述呢，因为在他之前不久，有一部官修《唐六典》已经成书。但写一部典制体通史，杜佑却是第一个有此雄心壮志的人。

那么《通典》是怎么编排这些典制的呢？这里告诉你一个写作诀窍吧，那就是要敢于想象。比如你想一夜暴富吗？你想身家过亿吗？只要咱俩在一起好好想，这样就会多想一个亿。

并且在咱俩发大财之前，你还要先想想怎么花你这一个亿。

这样你就脑洞大开，会编了。

《通典》的具体做法是："以类相从，举其始终。"比如《兵典》里的"兵机务速"这一条吧，杜佑就列举出曹操擒吕布、司马懿退诸葛亮、司马懿急行军擒孟达等等好多历史上的兵贵神速的事例。

如果这本书是现在编写，肯定也会收录红军飞夺泸定桥之类的事例。

把同一类的政治典章制度按顺序编排到一起，共同说明一个类题，这就是典制体史书。

《通典》完成后，影响极大，后世一些"通"书陆续出炉，唐宋元每代都有人写一通，清朝更是疯狂，一下子弄了六通，通书积累到了九部。从唐宋元的"三通"到清代的"九通"，一直扩展到了中华民国的"十通"。

《通典》也就成了"通书"之首。

杜佑为这部书的编撰用去了三十五年时间，在六十六岁时献给朝廷，这时的他已是淮南节度使，是淮南地区的最高军政长官。献书后第二年，杜佑就被调到了中央部门任职，不久担任宰相。

当时的皇帝唐德宗就是看中了他会治国理财这一点。

唐德宗死去，“永贞革新”开始。在革新期间，杜佑由同平章事（宰相职）兼领度支盐铁使，继续发挥他的经济特长。

刘禹锡刚考上进士时，杜佑把他招进幕府，他亲眼见到了杜佑编著《通典》，深受杜佑务实作风影响。在永贞革新期间，刘禹锡在朝中任职，很出风头，杜佑虽为宰相中的一员（当时是宰相集体负责制），但默默无闻，悄悄做事，对革新派和宦官藩镇两边都不得罪，直到他看明方向，看出了宦官、藩镇这一派拥护的太子即将得势，才果断和革新派划清界限。

日出东方催人醒，不及晚霞懂我心。永贞革新失败后，由于和革新派划线划得分明，杜佑也没受什么处分。

刘禹锡被贬后，曾哀求杜佑推荐照顾。杜佑见唐宪宗很恨“二王八司马”这帮人，也就没有为他使什么劲儿。

这就是史书所评价他的“持身有术”，按现在话评说就是个“老江湖”。

我已不再是当年的我，当年吃牛肉块不用切，现在只吃豆腐和猪血。

杜佑七十八岁时死去，唐宪宗为他废朝三日。

什么意思呢，大致就是这三天皇上不上班了，专门用来哀悼他。

杜佑可算是生荣死哀，只是明于政典著书，暗于改革行动，在宪宗的追悼词中恐怕也挖掘不出太多新亮点，在纪念他的同时让人感到有点遗憾。

杜佑孙子中最出名的是杜牧。杜牧禀性刚直，敢于担当，论列国家大事无所顾忌，和李翱的论议无所避一个意思，可惜这样的人是难于在官场上混的。杜牧没有李翱的运气，也没有爷爷的圆滑，由于遭人排挤，长期沉沦下僚。他没有爷爷那样仕途通达，不过他的名气大于杜佑。人们可能不知道杜佑的大部头著作《通典》，但都知道杜牧写清明的那首七绝诗“清明时节雨纷纷，路上行人欲断魂”。

杜牧所处时期已是晚唐，他的好多诗都写得萧瑟悲凉，可说是唐朝的挽歌郎，我们就把他的这首《过勤政楼》放到这里，来为唐朝做结吧：

千秋佳节名空在，承露丝囊世已无。

唯有紫苔（tiáo）偏称意，年年因雨上金铺。

唐亡后，五代相续，它们是后梁、后唐、后晋、后汉、后周。

这五个朝代你去我来，递相兴灭，平均十年一个朝代，成了名副其实的走马政权。

在魏晋南北朝的社会动荡中，佛教、道教乘时崛起，可这一次，佛道就没这么幸运了。佛教在五代末期差点被一位猛人给灭了。

这位猛人就是周世宗柴荣。柴荣即位后，就拿佛教开刀，宣布废掉天下佛寺共三千三百三十六所。当时国家正缺钱，柴荣把拆下的铜像毁掉，熔化成铜水，用来铸钱，搞循环经济。

注重经济什么时候都是应该的，因为你搞不到钱的时候，钱就来搞你。

有大臣劝谏柴荣，请他不要这么世俗，这次一定要不看僧面看佛面，手下留情。

柴荣说：“佛常说身世为虚妄，活着是假的，要以利人为急。如此看来，假如佛还活着的话，只要有利于世，割截自己他都愿意，何况这只是铜像，佛更舍得拿出来了。我这也是体谅佛家济世的一片苦心呀。”

这种以其人之道还治其人之身的话，说得大家从此都不敢为佛说话。

周世宗是自魏太武帝、北周武帝、唐武宗之后对佛开战的第四位猛人，佛家在他手里又遭受沉重打击，这就是历史上有名的“三武一宗灭佛”。

灭佛之后，周世宗又广请儒学文章之士，考制度，定礼乐，议刑统，在文治方面搞得轰轰烈烈。武功方面，周世宗也不次于他的那三位庙号中带“武”字的灭佛战友，他取秦陇，平淮右，兵不血刃收复北方三关，英武雄杰。可惜的是，他只在位六年就病死了，年仅三十九岁。可以想象，假如周世宗就这么干下去，他将实现统一大业，佛道也无法兴盛，起码在他有生之年抬不起头来，儒学或将重新振兴。

但是这一切都因为他的死，成了嘴上抹石灰——白说。

第四十一回

徐兄弟成《说文解字》粉丝
宋二儒为十三经疏收官

周世宗柴荣死后，他七岁的儿子接替了他的皇位，但还不到一年，就被赶下了台。

赶他下台的人名叫赵匡胤，他是周世宗手下的一员武将，借领兵出外的时机，和小老板公开叫板，宣布脱离原来的公司，穿上了自己裁制的黄色制服，开始单干。

赵匡胤带兵返回，占领了公司总部大楼，改名叫“宋”，当上了第一任董事长。

这就是宋太祖。

宋太祖接着又干周世宗没干完的事，那就是贯穿南北，打通长江政治经济隔离带，一统天下。

当时的南方以南唐国最大，国主就是那位著名词人李煜（yù），此时他正和后宫妃嫔过着春花秋月何时了，不知眼前喝多少的糜烂生活，醉生梦死，听说宋太祖要打过来，顿时酒劲儿吓醒了一大半，赶紧派人去说好话。

宋太祖很诗意地告诉他的使者，不过用的不是李煜的醉酒浪漫主义，而是清醒现实主义诗风："卧榻之侧，岂容他人鼾睡！"

李煜听说宋军南下，还不死心，又派吏部尚书徐铉（xuàn）到宋太祖那里求和。

这个徐铉在江南很是有名，他打小就是个神童，十岁时就能写得一手好文章。相传徐铉到了宋朝，考虑到宋太祖武将出身，没什么文化，就在宋太祖面前夸说自己的主人李煜多么有文才，写的《秋月》诗是多么好，请太祖惜才，饶了小李子。

赵匡胤听了打断他说："《秋月》诗有什么好的，说的都是穷小子话（**寒士小家子语**）。"

徐铉不服，他平生最讨厌两种人，一种是插他队的人，一种是不让他插队的人，于是就请宋太祖也做一首诗，连连催促，想让赵匡胤当众出丑。群臣脸色都变了，生怕赵匡胤被人笑话没文化。

赵匡胤微微一笑，说："我也做了首写月的诗，其中一句是'未出海底千山暗，才到中天万国明'，你听听比你家主公写得如何呀？"

一开嗓就五档起步，徐铉听了境界这么宏大的诗作差点晕倒：千军万马未乱我半分心跳，最后竟败给你浅浅一笑。知道这一趟是白来了。

徐铉回到南唐时，南唐军已经和宋军决战完了。城破，李煜出降，被送往宋都开封，徐铉也随行北上。宋太祖见了李煜，指责他不早投降，封他为"违命侯"。见了徐铉，更是气不打一处来，好你个徐铉，表面跟我谈诗作文，背后调兵遣将准备家伙，竟敢跟我耍这个小伎俩，厉声责问："既来求和，为何又劝你家主公出兵？”

徐铉不慌不忙地回答：“臣为亡国大臣，现在国亡了，我有罪当死，其他的就不要问了。”

要杀你就杀吧，亡国和死于国，没啥区别。如果有一天还有后人能说起我时，请记得加上“勇男”两个字，这是我最后的倔强。

宋太祖听了这么干脆直接的话，呆了半晌，感叹道：“忠臣啊！以后跟着我干吧。”

就这样，徐铉留在了宋朝。

徐铉有个弟弟徐锴(kǎi)，也很有才，比徐铉有过之而无不及。可惜的是，徐锴听说徐铉去跟宋太祖谈判，担心哥哥此去凶多吉少，竟然忧病而死。

徐铉徐锴兄弟二人被称为“大小徐”，都善于写文章，人们把他俩比作东吴时的“二陆”——陆机、陆云兄弟。如果徐锴不死，随兄北上，二徐也许会像二陆一样，谱写一段文坛佳话，并且很可能像陆机兄弟北上遇到神鬼一样迷幻。因为徐铉大哥本身就是个喜爱听人谈神说鬼的人，有空就搜集这方面的故事，谁给徐铉讲个鬼故事，都可得到一些款待赏赐，比外出打一天工强多了，为此徐铉没少挨骗。

如果徐铉尽弄这些虚的，我们这里就不写他了。其实，徐大哥还是个很实在的人，他归宋后奉诏与人校订许慎的《说文解字》，把这本字书整理了一遍，他和弟弟徐锴在南唐时就已经在研究《说文解字》这部书了。

《说文解字》自东汉许慎儿子许冲献给朝廷后，一直少有人问津，钻研字学也并不吃香。徐铉严格纠正了《说文》流传中的一些传抄错误，又增加了四百二十九个字。

我们现在见到的《说文解字》就是徐铉校订过的，称为“大徐本”。

小徐在《说文解字》上的成就是作了一本《说文解字系传》，系统解说了一遍《说文》。

在清代段玉裁等《说文》四大家这几个后卫出现以前，二徐是《说文解字》书场上的两大中锋。

遇见你有点晚，但是我会陪你很久。请记住“二徐”。

宋太祖虽是武夫出身，但很爱读书，相传他在太庙中立下誓碑，不杀士大夫及上书言事人，用他的宽容大度给儒生盖了座宋记写字楼，给了他们宽松的学术环境。宋儒在此创造出了一种不同于以往汉学的新儒学——宋学。

宋太祖优待儒士，他的继任者宋太宗在这方面更是做得起劲。他大幅提高了进士的录取名额，文官经过宋太宗的扩招，数量猛增。

与此同时，武将的地位却正大幅下降，全社会逐渐形成了轻武重文的风气。宋朝武功不高的先天不足病根也就此埋下。

到宋太宗儿子宋真宗时，和敌对国契丹（辽国）订立了互不侵犯条约，宋国每年给辽国银十万两，绢二十万匹，化干戈为玉帛，和平得以实现。

但毕竟是用金钱买来的和平，说起来不硬朗，脸上也不大光彩，宋真宗在手下一帮子大臣的鼓动下，开始美化自己，学秦皇汉武搞起了封禅，同时又大搞降符瑞、下天书等迷信活动。

皇帝大佬儿一旦走上了神坛，就会拨弄得举国若狂。

这一天宋真宗的车驾转到了应天府书院，顿时引起轰动，全校师生都争着出去拜见，只有一人动也不动，仍坐在那里安静地看书。有人一边往外跑一边跟他说："快出去见皇上，这是个千载难逢的机会。"哪知此人理也不理，仍旧一动不动，说："以后再见吧。"

果不其然，两年后这位同学考中了进士，在金殿面试时见着了宋真宗。

此人名叫范仲淹。

宋代政界学界大名鼎鼎的范儿爷。

所以各位若是有什么名人到了你们学校或单位，在人人都跑出去争睹风采时，若有人还定力十足，一动不动，该干吗还干吗，你可要对此人另眼相看了。

这家伙，不是傻子就是大神……

范仲淹，是苏州吴县人，两岁时，父亲去世，母亲带着他嫁到了一个姓朱的家里，范仲淹也改名叫朱说。长大后，范仲淹知道了自己的身世，哭泣着离开了母亲，出外求学。

真正的强者，不是流泪的人，而是含泪奔跑的人。这一年，他到了应天府，也就是今天的河南商丘市。在应天府书院，范仲淹刻苦攻读，昼夜不息，五年不解衣睡觉。冬天又冷又困时，范仲淹就用冷水把自己浇醒。没钱吃饭，他就喝稀粥，或切冷粥片充饥。

这对于我们今天抱怨食堂伙食差的学生来说，听了简直会觉得自己是在吃天下最好的饭。

范仲淹的硬汉性格在此时已显露出来。

成功的人就像关羽找大哥，要经历冷水关、汗水关、泪水关、苦水关，刀山火海关，最后才能到达桃花潭水关。

在二十六岁时，范仲淹中了进士，他改回了原来的姓名。

辗转几任地方官后，这一年，范仲淹的母亲死了，范仲淹回家为母服丧，守制三年。这时，应天府知府晏殊向范仲淹下了聘书，请他回应天府书院当教师，范仲淹欣然答应了他的要求。

晏殊是个让后来无数文人都羡慕的人，他当太平宰相，政治生涯波澜不惊，安享尊荣。他辉煌的学习经历古往今来也少有人能匹敌，七岁时就能写出好文章，以神童被推荐，经宋真宗特招考试，嘉赏无比，赐同进士出身。如今他在应天府当知府，大兴学校，延请范仲淹执掌应天府学。

范仲淹在书院很是勤奋，这里是他曾经奋斗过的地方，他在这里延续了他的奋斗精神，每天很晚了还检查学生的学习情况。

被爱的人不会流泪，努力的人从不早睡，也就在这所书院中，他遇到了一个学生，这个学生就是后来成了早期宋学建立者之一的孙复。

在叙述宋学这一新事物之前，我们得赶紧插播一段儒学广告，这些广告属于旧学范围，着急的读者可以跳读。

第一个广告是此时已完成了有名的几部类书。

类书是采集群书中的各种资料，将它们以类相从编成的书。类书之祖可推至三国时魏文帝曹丕命人编成的《皇览》，它本是用来供皇上阅览的，所以叫《皇览》。

类书心语：别担心我们不合适，我百搭啊。

《皇览》之后，又编了许多类似的类书，不过跟《皇览》一样，都丢失（亡佚）了。

到了隋末，有书法家虞世南编的《北堂书钞》，唐朝时有高祖李渊命书法家欧阳询编的《艺文类聚》，有唐玄宗命徐坚编的《初学记》，还有诗人白居易编的《白氏六帖》。

到了宋朝，在宋初又编了四本大书，分别是：《太平广记》，这是一部小说总集；《文苑英华》，它是一部诗文总集；还有《太平御览》《册府元龟》，这才是两本真正的类书。

不怕类书多，就怕类书挤一窝。如果还往下扒拉的话，著名类书还有南宋时王应麟编的《玉海》，明朝时明成祖朱棣命人编的《永乐大典》和清朝康熙年间陈梦雷主编的《古今图书集成》。

类书的把兄弟“丛书”也在南宋出现，它的巅峰之作就是清代乾隆皇帝组织人编纂的《四库全书》。

涨姿势吧？坐好坐好！

插播的另一个广告是《十三经注疏》到宋朝已全部完成了。

我们常说“十三经二十四史”，二十四史是清朝才凑全的，它不包括清史。而十三经早在宋朝就已到齐了。

儒家书籍，在宋朝又提升四经，从汉朝的五经到唐朝的九经，直到宋朝的十三经。

宋朝提升的四经中最惹人注目的是《孟子》。

现在就让这十三经全部出场吧。(**上架建议:经学必读书**)

它们分别是:

《周易正义》:[魏]王弼、[晋]韩康伯注,[唐]孔颖达等正义。

《尚书正义》:[汉]孔安国传,[唐]孔颖达等正义。

《毛诗正义》:[汉]毛亨传,郑玄笺,[唐]孔颖达等正义。

《礼记正义》:[汉]郑玄注,[唐]孔颖达等正义。

《春秋左传正义》:[晋]杜预集解,[唐]孔颖达等正义。

《周礼注疏》:[汉]郑玄注,[唐]贾公彦疏。

《仪礼注疏》:[汉]郑玄注,[唐]贾公彦疏。

《春秋公羊传注疏》:[汉]何休注,[唐]徐彦疏。

《春秋穀梁传注疏》:[晋]范宁集解,[唐]杨士勋疏。

《论语注疏》:[魏]何晏集解,[宋]刑昺疏。

《孝经注疏》:[唐]李隆基注,[宋]刑昺疏。

《尔雅注疏》:[晋]郭璞注,[宋]刑昺疏。

《孟子注疏》:[汉]赵岐注,[宋]孙奭疏。

这十三经乍一看个个都超正经,再仔细看,又好像字字都在超车。

这里前边的注、传、集解都是对原著作的注释,后面的正义和疏又是对这些注释的阐释,相当于对原著和注解的又一次详细解释。

这里边大部分作者我们都见过面了,陌生的面孔有:贾公彦,他是唐高宗时太学博士。杨士勋,是唐太宗时代的一个博士。徐彦身世不详,只知道是唐朝人。

最后出镜率很高的刑昺(bǐng)是宋真宗时代人,曾担任国子祭酒,和疏解《五经正义》的孔颖达官职相同，都是大学校长。

《孟子注疏》的作者孙奭（shì）是人假托的。孙奭当过少年皇帝宋仁宗的老师，皇太后对孙老师十分尊敬，这位皇太后就是戏剧《狸猫换太子》中的那位西宫娘娘刘妃。就是这么一位传说中的反面人物，对孙老师的德行却是十分尊重。当孙老师七十多岁几次三番请求退休时，太后和皇帝都不肯放行，几次要求增加课时，尽量挖掘孙老师的剩余价值。当然了，补课费是不少给的，而且讲完后立即兑现，赐给裘衣、金带、银鞍勒马、绸缎等，场面十分隆重。

孙奭就是这样一个人物，《孟子注疏》的作者挂靠在他的名下，也算是对他的一个纪念吧。不过这本书中的疏解水平实在不高，被人视为村塾老师的授课本，有损孙老师的学问形象。

好了，十三经注疏终于凑齐了，摆到了大宋国各大“新华书店”，等着热卖。没想到，十三经注疏来了个见光死，遭到了冷场。

既然注、疏都不排斥，而我那么喜欢你，你喜欢我一下不为过吧？

其实，真正的原因是，这时的儒学重心开始倾斜，风格已经转换，大众的阅读口味全然变了。

过去是看五行，今年看星座。

那么，宋学的星座在哪里呢？

我们还是回到应天书院。宋学，就从这里开始讲起吧。

第四十二回

聚生徒孙复扬名山东道
讲经学胡瑗爆棚太学堂

话说范仲淹主持应天书院，这一天，来了个穷秀才，自称姓孙，他并不是来书院读书的，而是来向范老师借钱的。范仲淹见他可怜，就给了他一千文钱。过了一年，这个穷秀才又来了，范仲淹又给了他一千文钱，但这次没有当乞丐那样打发他走，而是问他为何不安心读书，把大好时间都浪费在跟人要钱行乞的路上。

孙秀才听了脸露悲伤，心想不吃饱哪有力气减肥啊，说："母亲老了无以养活，我要是每天能挣一百文钱，就能养赡母亲了。"

范仲淹听了十分同情他，就给他在书院找了个工作，每月可得三千文钱。孙秀才大喜过望，从此就跟范仲淹学习《春秋》，学起来那是废寝忘食，具体情况可以照抄当年范仲淹在应天书院读书时的场景描写。又过了一年，范仲淹服丧期满三年，到京城的吏部报到，被重新安排了工作，孙秀才就也辞去书院的工作，回家去了。

时光荏苒，十年后，范仲淹听说泰山脚下有个叫孙复的先生，道德高尚，传授《春秋》。范仲淹这才知道，这位孙复先生，就是当年那个穷孙秀才。江湖夜雨十年灯，孙秀才已经修炼成功了。

孙复，晋州平阳(今山西临汾)人。他参加了四次进士考试，都没考中。从应天书院归来后，就到了山东泰山，在那里开始了他的聚徒讲学生活。他的《春秋》学功夫扎实，学问深厚，名气很大，学生众多。

这些学生里边最有名的是石介。

石介是山东兖州人，从小家庭条件不好，上学时别人给他送了点好吃的，哪知石介很有个性，他说："我不吃。我怕吃了膏粱，再吃粗粝饭就不想吃了。"便把食物给人家送了回去。

父亲在搬砖，母亲在背沙，我们做儿女的在干啥？

我要抵抗一切，包括诱惑。

可以说，石介小时候就是个防意如城的人。

石介这个学生很特殊。他特殊的地方在于，他在投到孙复门下时，早已考中了进士，当了几年地方官了。并且他手下也有一大帮子学生，也是个名教授。

石介性格乐善嫉恶，遇事奋然敢为，用今天的话说就是勇于担当。父亲去世，石介解去官职，隐居徂(cú)徕(lái)山下，授徒讲学，人们都称他"徂徕先生"。

孙复在泰山讲学，石介去听了后，十分佩服。闻道有先后，他并没因自己是官员就拿大，于是拜孙复为师。

石介拜孙复为师，这使孙复名声更加大振。收了石介，相当于又收编了山东的许多弟子。

山东讲学从此以孙复为老大。

只是孙老大年已四十多岁了，仍旧是单身，可说是老大难了。大龄青年孙复的事让宰相李迪知道了，愿把兄弟的女儿嫁给他。这真是天上掉下个李妹妹，只可惜孙宝玉顾虑太多，不敢伸手去接。门不当户不对，齐大非偶呀。

孙复的担心不是多余的，我生君未生，君生我已老，我俩的人生就像二胡上的那两根弦，日夜相对，却不能相拥，所以拉起来才那么悲伤。

除了以上所说的地位悬殊，孙复还有一个心理障碍就是要面子。孙复是读书人，读书人的第一张面孔就是学历。人家李迪是宰相，当年的头名状元，而孙复考了许多年也没考上，至今还在进士圈外晃荡。这么大的反差，孙复当然要犹豫了。

哎，假如我年少有为不自卑，对象肯定一大堆。

说这个有用吗？老大！

孙复不敢答应这门亲事，石介和孙复的众多学生却极力撺掇这门亲事。要是一般人撺掇一般是说："是他把闺女给咱送来的，咱又没去求他，给咱咱就要。"石介和孙复的弟子不会这么俗，他们说："丞相不嫌先生贫贱，先生就答应下来，以成全丞相的贤名吧。"孙复这才答应了这门亲事。

没有癞蛤蟆，天鹅也会寂寞，所以各位只管大胆去追求自己的意中人吧。

反正俺老孙是没这个胆儿，捂脸，捂脸……

又一个人的来访也大大提振了孙复的名声。

此人名叫孔道辅，官御史中丞，总管监察。除了这个头衔，孔道辅还有个特殊身份，他是孔子的第四十五代孙。孔子的后人专程来拜访，这对儒生们本身就很光荣，更别说人家还是个朝廷来的高级官员了。

说起石介刚肠嫉恶，这孔道辅也不是个好惹的主，也是那个年代的猛人。这点从他刚进入官场那天起就看出来了。

他刚考上进士时，被分配到宁州当军事推官，因议事和州将们起过好多次争执。真正让州将们服了的是下面这件事。

这一天宁州出了件轰动事件，有一条大蛇出现在天庆观真武殿中。鳝大成蛇，蛇大成蟒，蟒大成蛟，蛟大成龙，龙大成王，这可不是好惹的！人们一下子传说纷纷，都说龙蛇盘店，神仙要现，全州的州将帅官们也都屁颠屁颠着前去奠拜，打算把这当成一件祥瑞事件，把马屁从大蛇所在的真武殿一直拍到真龙天子所在的金銮殿里边。

孔道辅听说后也去参观，他的参观行为和别人不同，他径直走上前去，举起手中的笏(hù)板，一下子就敲碎了大蛇的脑袋。

一上来就敲脑袋，这条蛇到死都不明白，打蛇打七寸，怎么这个人不按常理出“拍”呀。

头顶锅盖，腰系海带，身披麻袋，自以为是东方不败，其实不过是衰神二代。

当时在场的人们都大叫一声“娘啊”哗然散开，不久他们就都无不叹服起来。这位孔圣人的后代没有给那些人“论语”怪力乱神的机会，直接把

"怪力乱神"拍死了。

孔道辅后来在监察部门工作起来也很威猛,他手中的那个笏板让那些不法权贵见了就腿肚子哆嗦。

如今来拜访孙复的就是这么一个人。孙复和他的学生们对这次会见很重视。在会见过程中,石介执杖侍立在孙复旁边,孙复送迎客人时,石介始终扶着孙复,执弟子礼甚是恭敬,其他弟子也全都恭敬如也。

石介和弟子们在孙师面前的表现极大提高了孙老师的身价,也肯定会使孔道辅想起当年先祖孔子的那些众星捧月的贤弟子们。

石介等人的行动还同时向人们传递出这样一个信息,那就是师道尊严要大大地提倡。

我们有理由相信这是孙复和石介早就商量好的,因为他们俩要向世人推出这样一种观念:是提高师道尊严的时候了。

人们现在都知道尊师重道,可在当时,师道可是迷失很久了。

唐朝的韩愈就曾经感叹师道不传,说人们只知道给自己的儿子找个老师,可是自己却耻于跟人学习。柳宗元也说:"现在这个世道,要是有人领一帮子学生传授,众人就会哗然笑掉大牙,把他当成个狂人。"由此可见,儒家的核心思想"道"已不传了,传的只是一些儒家基本知识。

什么是有钱人士,我的理解是首先要有钱,其次要很有钱,再其次要有花不完的钱,最后无限循环以上几条。

我是不是很聪明!

韩愈、柳宗元这些人认为,这就是人心不古、儒教衰落、佛老兴盛的一大原因。

孙复、石介如今要做的就是:在全社会树立良好的尊师重道风气,唱响儒教。

石介还常对人说:“孙先生不应就这样埋没下去。”事实上,孙复也不会被埋没的,范仲淹在仁宗皇帝面前已经推荐了孙复。

宦海浮沉十多年,范仲淹此时已是朝中很有影响力的人物了。他向仁宗推荐孙复很有经术,这样的人不应久处江湖之远,应居庙堂之上。于是孙复和石介都被任为国子监直讲,负责给国子生们授课。

孙复很快得到了国子监、太学里学生们的喜爱。他讲的《春秋》很是吸引人,不仅没有学生逃课,还招来了不少人旁听。宋仁宗到太学视察时,听了孙复的课,也是大加赏赐,把他召为“迩英阁说书”,专门给自己讲课。

可是不久有人指责孙复所讲和先儒所讲的不一样,宋仁宗只好停止了孙复的授课。

孙复对这些人的指责很是不服:我若不是在讲与不讲之间做了选择,你们觉得,能伤我半分吗?

那么孙复所讲和过去的儒士有何异同呢?

孙复的讲义我们如今已见不到了,就拿孙复的著作《春秋尊王发微》来说吧,他在书中说孔子作《春秋》就运用春秋笔法,对周天子和诸侯全是贬斥,批评周天子、诸侯失礼。这有点颠覆了我们的传统观念,在我们的印象中,孔子对周天子那是忠心耿耿,是喊着说“吾从周,吾从周”的。

我已经九千九百万了,所以我愿“亿”,我愿“亿”。

攻击孙复的那些人意识不到,以上孙复所讲的是宋学的开端。

宋学一个最大的特点就是抛开汉唐人的注疏，用自己的意思去解经。这个开端是唐朝啖助、赵匡、陆淳三先生干的，承接他们的是宋初的三位先生。

孙复、石介是宋初的两位先生。

第三位先生名叫胡瑗(yuàn)。

胡瑗是江苏人，和孙复一样，也是个穷秀才，四十多岁了也没考上进士。所幸的是，他和孙复都得到了同一个人的赏识，此人就是我们的老朋友范仲淹。

当时朝廷要更定雅乐，这方面人才缺乏，范仲淹于是向宋仁宗推荐了胡瑗。宋仁宗很是重视，特意在崇政殿召见了胡瑗，让他来校订钟律，制造乐器。礼乐是古代封建王朝上层建筑的支柱，历朝历代都十分重视。没想到胡瑗和同事们校制了半天，却被人说弄出来的东西不合古制，于是又把胡瑗移出了音乐行，改授秘书省校书郎。

范仲淹经略陕西，当陕西军政长官时，胡瑗又被召至陕西，帮范仲淹抵御西夏。滕宗谅到湖州当市长，又聘请胡瑗到湖州主持教育工作。

胡瑗到湖州教学，在教育界，胡瑗的时代到来了。

滕宗谅就是范仲淹《岳阳楼记》中提到的那个滕子京，子京是他的字。他和范仲淹既是同年进士，又是好朋友。滕宗谅后来仕途不顺，屡次遭贬，在贬官生涯中，他对中国文化做出了两件影响比较大的事，可他当初是不会料到这两件事有着这么深远的意义。

一是他被贬到湖州当市长(知湖州)时,对教育工作极为重视,他聘请胡瑗到湖州教学。胡瑗在湖州积极发展教育,弄了个全国闻名的"湖州教学法"。湖州教学模式被搬到了国子监,推动了宋朝的教育改革,培养出了一大批优秀人才,对宋学的发展影响深远。

如果写到这里给滕宗谅打分的话,我只能给他九十九分,还有一分没给是怕他骄傲。

二是他被贬到岳州当市长(知岳州)时,对历史文化遗产保护很是重视,整修了一下破旧的岳阳楼,完工后邀请范仲淹为岳阳楼写点东西。范仲淹当时在邓州做官,他的庆历新政改革失败,身体、精神上此时都处于低谷,但他看着滕宗谅寄来的《洞庭晚秋图》,顿时浮想联翩,于是按图索骥,挥毫写下了千古名篇《岳阳楼记》。

喜爱《岳阳楼记》的读者不应只感谢范仲淹,如果没有滕宗谅先生被贬到岳阳当市长,《岳阳楼记》也绝对没机会写出来。

由此看来,人在倒霉的时候,有时也往往孕育着新机。

所以,千万不要笑话倒霉蛋,或当了倒霉蛋之后躺平打滚,自暴自弃,因为谁也不知道自己什么时候翻身。

胡瑗在湖州的教学,在当时确实有看点。他的教育理念是"明体达用",为此在学校设了两斋,一是经义斋,二是治事斋。学经义是为了明大"体",治事是让每人治一事,武术、水利、绘画、音乐、算术、历法随便选,用现代词来说就是每人学一门专业,以备将来走上社会有"用"。

在那个世人都崇尚辞赋经义的年代,胡瑗的"体用教学法"很有超前意识。

胡瑗对于师道也极为重视。他大暑天也穿着公服，坐在堂上，对师生间的礼要求很严格，强化了人们的尊师重道意识。他的教学名声远播，学校招生常是爆满。

庆历四年(1044)，宋仁宗与大臣们讲论天下事，说起作育人才的重要，宋仁宗慨然下诏州县都必须建立学校，在京师也大建太学，实现基础教育和高等教育教学规模全覆盖。

儒学兴盛的基础从此开始打好。

大臣们请仁宗到湖州取经，把胡瑗的教学方法搬到太学里来，胡瑗也被任命为国子监直讲，在太学里主讲《易》。他的《易经》讲义抛开了故作高深的象数，以新的义理解经，不弄一些玄妙唬人的东西，说得平正明白，一下子吸粉无数。

胡瑗的《易》和孙复的《春秋》都是当时学生们的欢迎课。他们讲课时，常有外来旁听的学生，有时多至上千人。这么多人教室里挤不下，好多学生就只能站在户外听。在那个没有扩音设备的年代，估计胡瑗先生得多维度优势加持，咧着嗓子大声讲课了。

为了听你讲课跑了上千里，天气冷热什么也不管，还被老婆骂得不敢回家。

胡老师，人家讲课要钱，你讲课要命啊！

这充分说明胡瑗教学在那时的魅力。有一年的科举考试中有三百多进士是胡瑗所教授的学生。这个数字并无夸大，据统计，那几年的新科进士中，有将近一半是经胡瑗教出来的(**是时礼部所得士，瑗弟子十常居四**

五)。

这是胡瑗的教育时代,他的体用教育理念启发了后学,将光耀千秋。

宋初三先生中,孙复和胡瑗年岁相当。胡瑗比孙复小一岁。石介年龄最小,比孙复小十三岁,没想到却死得最早,死后也最惨。这还是与石介性格刚正有关系,他得罪了人。

宋仁宗庆历年间,晏殊、范仲淹等人当上了执政大臣,朝廷顿时气象一新。石介对这种局面十分高兴,写诗称赞,说提拔了贤俊,扫除了妖魅,把大奸之人拔掉了。孙复看了之后提醒他说:"你的祸就要从此而起了。"

石介是个太理想化的人,他忘了过去社会的所谓政治清明只是一阵儿风。当时人们都知道,石介所说的大奸是指夏竦(sǒng),他刚刚从枢密使的位子上被弹劾落马。夏竦为人奸诈贪邪,看了石介的诗,也知道是说自己的,对石介是恨之入骨。

本来都刷走了,但是想了想气不过,又返回来吐了口水,我……哼!

姓石的,你也不过是一介书生,十年寒窗怎么就没把你给冻死?

没过多少年,石介病死了,按说夏竦的恩怨也该了结了,但夏竦依旧不忘旧仇,他掌管大权后,给石介定了个谋反的罪名,说石介没死,是诈死,真身已经北逃契丹去了,要开棺验尸。

这实在是个缺德的事,给人定了个不清不楚的谋反大罪,还要挖坟掘墓,自以为击中了人家的死穴,你夏竦这样做也太损了吧。石介的朋友、学生几百人联名担保,愿用身家性命保证石介的的确确已经死了,石介这才逃过死后一劫。

石介一生反对佛道，坚决支持韩愈的道统说。他说世上有三样东西是必然没有的，一是无神仙，二是无长生不老药，三是无佛。认为对这假冒伪劣的“三无”产品，应该严厉打击，毫不手软。

鼓吹对佛、老出手，这又该哪位大佬渡劫？

别闹了，我的哥，咱可不带这么玩的！

石介生性刚介，是宋初三先生中最富有战斗力的一位，峣(yáo)峣者易折，死时才四十一岁。

最后说说那位要给石介开棺的夏竦，他在宋仁宗面前说石介诈死，等到他死后，宋仁宗要去祭奠，这时有人说：“夏竦多诈，怎么说死就死了。”这话让宋仁宗听后呆了半天，莫非夏竦也跟他玩失踪吗？莫非他也北逃契丹，要泄露国家机密吗？等到了他家，浇奠完了，宋仁宗踌躇了许久，命跟随的宦官揭去夏竦的面幕，亲自看了才放心离开。后来人们都说当年夏竦要给石介揭尸和如今被皇上揭去面幕，都是报应所致。

你看这刀子补的！所以说在这个世界上，你简单了，这个世界也就简单了。你简单了，你所有的事情也就简单了。

石介死后七年，胡瑗被任为国子监直讲，从此开辟了胡瑗的教学时代。

孙复、胡瑗二人是老同学，都由范仲淹荐举，据传他二人却不和睦，在国子监碰着了，都绕着道走。如果石介还活着，以石介的性格，想来不会让他二人闹矛盾的。他们三人都是启发宋学的人物，是一个战壕里的战友，枪口应该一致对外才是最明智的选择。

不过也有人说孙、胡矛盾是后人编的，他们实在没有分裂的理由。

数学里有一个最绝望的词叫无解，有一个最美丽的词叫求和。

好也罢，坏也罢，宋初三先生已铁板一块地钉在了宋学的开端上。

发现、提拔宋初三先生的范仲淹还在抗击西夏的前线，镇守延安时，这一天来了位年轻人，他前来上书，拜访范仲淹。谁也不会想到，这位年轻人听了范仲淹一番话之后，后来成就了一番大事业。

范仲淹是怎么跟他说的呢？

第四十三回

李秀才决心力挺范仲淹
欧阳公有意打压太学体

据这位年轻人介绍，他祖籍大梁（今河南开封市），父亲在涪（fú）州当官，死于任上。由于家庭条件不富裕，弟弟当时岁数又小，实在无力将父亲安葬故乡，一家子就在陕西眉县横渠镇住了下来。由于从小对兵法有兴趣，他很想组织一些人马为国效力，给国家收复失地，于是写了封关于边防守备的书信，亲自递给范老夫子。

一个奶油小生亲自请求来撸铁，范仲淹自然刮目相看，于是认真读了他的书信，觉得此人识见超人，将来必会不同寻常，是个远到之器，于是便说："儒者自有名教可乐，何必非要谈兵呢？"劝他回去好好读读《中庸》这篇文章。这个年轻人听了范仲淹的劝说，回家去了。

这小子是不是人们所说的，被忽悠瘸了，要弃武从文，自废武功？

范仲淹也绝不会想到，他当时既没有算卦，也没有占卜，却能一语成谶，这位年轻人后来果然成了大器，他就是赫赫有名的道学家：张载。

趁他回家学习的时候，我们继续往下说。

范仲淹镇守陕西，采取步步为营的堡垒政策，遏制住了西夏的进攻势头，在西线无战事之后，范仲淹被调回朝中，升任参知政事（副宰相）。在宋仁宗的督促下，范仲淹向皇帝上了份儿施政具体方案，开始搞起了改革。这事发生在宋仁宗庆历年间，史称“庆历新政”。

新政除了减轻老百姓徭役负担等常规项目外，还有针对宋朝官吏繁多而加以限制的新亮点，比如提拔官员要按程序进行，不能随意提拔、突击提拔、火箭提拔。同时减少任子名额，也就是凭爹的资历当官现象，抑制官后代膨胀，深化官吏选拔考试制度，慎重选择各地各衙门一把手，等等。

这些措施深受老百姓欢迎，范仲淹也收到了许多群众来书，其中有一个叫李觏（gòu）的写的尤为突出。

李觏是江西南城县人。文章写得好，也很有辩才，可是文章憎命达，他考了许多次进士也没考上。他虽然是个南城小草民，却胸怀天下，每天鸡鸣而起，刻苦攻读，寒热饥渴，穷困颠倒，始终坚持不懈，同时著书立说，以康国济民为意，绝非消遣破闷之作。

尉僚子，司马法，我就笑笑，不说话。

二十九岁时，李觏又一次到京考试，仍然没有考上，一番苦闷后，他千里迢迢跑到鄱阳拜访在此地当官的范仲淹。范仲淹对他很是欣赏，再三鼓励。

在范仲淹改革期间的这封来书中，李觏又展示了他的深邃眼光，他提醒范仲淹，改革阻力会很大，不会一帆风顺，一定要知难而进，把改革坚持下去。

李觏预想对了，范仲淹的改革还没进入深水区，就溺亡了，原因就是改革得罪了既得利益者们，这些人在皇上面前说范仲淹的坏话，说他交朋结党。

你过得好不好大家不知道，但你一胖，大家就知道了。

交朋结党在自称孤家寡人的皇帝听来是很刺耳的，不受欢迎程度仅次于"造反"二字。范仲淹的受亲信度下降。这时正好西线又有了紧急情况，范仲淹又被调回到前线去了。"庆历新政"就这么昙花一现。

当你失败时，总有几头猪在笑。范仲淹满腔悲愤离开京城。这一天，他收到了老朋友滕宗谅的信。滕宗谅当时正知岳州，信中他恳请范仲淹给自己刚重修的岳阳楼写点东西。

范仲淹看着这封信，一腔悲愤找到了发泄口。只有那些从不仰望星空的人，才不会跌入坑中。他心潮起伏，想着自己的宦海沉浮，就像那洞庭湖水，起起落落，朝晖夕阴，气象万千，于是拿起笔来，挥挥洒洒写下了千古名篇《岳阳楼记》。

范仲淹不愧为宋代士大夫中的大哥大，在末尾他发出了宋代的一声最强音，用一句话为他一生作了写照和理想总结：

先天下之忧而忧，后天下之乐而乐。

这是一句让无数人感奋至极的话，它像一道闪电掠过了宋代上空，直探往古，辉映后世。

范仲淹是那个时代的精神领袖，他推荐宋初三先生胡瑗、孙复、石介，给张载指明了方向，赏识李觏于草莱之中，直接影响了宋学的走向。

范仲淹一生忠于为国，勇于负责，史称“每感激论天下事，奋不顾身，一时士大夫矫厉尚风节，自仲淹倡之”。

半生戎马刀上飘的范仲淹也成了宋代士大夫的范式，是真正的范爷，他激励起了宋代士大夫以天下为己任、建功立业的道德情怀，他的起伏跌宕的忧乐观也早已越过洞庭湖汇入大海，让后人读起来就心潮澎湃。

爱情像大海，在于跌宕；友情像内湖，在于平淡。虽然庆历年间的这场改革失败了，但范仲淹仍忘不了在改革时对他热情鼓励的李觏，他积极向朝廷推荐李觏。李觏被任命为太学助教，他在太学里讲经评政，直言不讳，赢得了“直讲先生”的美称。

李觏的学术以富国强兵为目标，与现实紧相联系，当时就被称为“医国之书”。比如他的名作《周礼致太平论》，充分挖掘了《周礼》一书在政治经济建设中的积极面，让《周礼》一书又一次浮上了人们的视野。

李觏是个实干家，可惜人微言轻，没有机会在政治舞台上展示自己。他就是那笼中的鹰，他的心无日不想着去大风中搏击，但他只能著书讲学，在纸上喊两嗓子。

不要质疑我的实力，毕竟我也拿过好几个区的冠军，但如果你非要问我哪个区，我只能告诉你是评论区。

李觏就这样无声无息死去。

李觏死后十年，他的《周礼》改革思想为范仲淹之后的又一个改革家——王安石所赞赏，引为同调。

王安石用《诗经》《尚书》《周礼》这三经新义最终加持了一场席卷全国的改革风暴。

宋初三先生和李觏都是由底层得到朝中大臣范仲淹等人的赏识，才成为教育界的明星大腕的。下面说说当时朝中的三位大佬，他们是当时的政治文化两栖明星，他们和范仲淹一样，都是身居高位。如果说宋初三先生和李觏是从底下推动了宋学的进展，那这三位大佬和稍前的范仲淹，则是在上面影响了宋学的进程，完成了宋学的顶层设计。

第一位就是大家非常熟悉的欧阳修。

欧阳修字永叔，庐陵（今江西吉安）人，二十四岁时中进士，考了第一名。

还在中进士前，欧阳修在一个邻居家的废书簏里看到了残缺不全的唐朝韩愈的遗稿，读了之后十分羡慕，决心要做一个与韩愈一样的古文大家。

古文自唐朝韩愈、柳宗元提倡后，经过五代十国的几十年动荡，沉滓（zǐ）泛起，到了宋初，又恢复了写骈（pián）体文的风气。

骈体文也叫四六文，文章中以四个字六个字的句子为主。

什么东西太格式化了，就容易程序化，让人厌烦反胃。

宋朝最早站出来呼吁废除骈体文，提倡学习古文的是柳开，这是个开风气之先的人。他自幼就很有胆气，为人粗豪狂诞，二十六岁中进士，曾一度改名肩愈，字绍元，决心要做一个韩愈、柳宗元一样的人，恢复古文事业，但由于很少和人切磋，他的创作没有跟上理想的脚步，文章有时写得艰涩难读，加上他长期在地方当小官，他倡导古文的呐喊呼吁没有传多远就消失了。

人生总是在寻找成功，更多的时候找到的都是成功的妈妈（**失败是成功之母**）。

柳开死于宋真宗咸平三年（1000），他死后七年，欧阳修出生。古文创作到了欧阳修就不一样了，他广结文缘，发展人脉，找到了一群志同道合的文友。

欧阳修中进士后第二年，到洛阳任西京留守推官，在这里结识了尹洙（zhū）、梅尧臣二人。

尹洙比欧阳修大六岁，进士出身，写的文章简练有法度，欧阳修深受其影响。曾有一次俩人同写一篇命题文章，是一篇《……楼记》。欧阳修先写完，一千多个字。尹洙说："太多了，我用五百字就能完成。"

文贵简练。若干年后，欧阳修被贬官到滁州，他写的《醉翁亭记》第一段起初很长，描写滁州周边山水时，说东山也西山也南山也北山也，啰里啰唆介绍了一大堆，后来一看天上飘来五个字，那都不是事，于是干脆手持狼牙棒，来了个万人斩，改成了只五个字"环滁皆山也"，被人称为妙笔。

这五个字的创作起点可追溯到和尹洙切磋古文那个时候的心得。

尹洙是柳开之后在古文创作上很有成就的一位，可是由于他经常战斗在和西夏斗争的第一线，主搞军事，古文创作数量不多。

梅尧臣比欧阳修大五岁，他主要是写诗。他的诗在当时就很有名，早就走出了国界，邻国把他的诗刻到手工艺品上，到处流传，进一步扩大了他的国际影响力。

梅尧臣还是第一个专写日常生活的诗人，他的诗写的都是身边的平淡事物，可是写得平淡中见神奇，让欧阳修自叹不如。如他写的《东溪》诗，里边有“野凫眠岸有闲意，老树着花无丑枝”，几个野鸭子，一棵老树，很平常的东西，让他随意一涂抹，就有了滋味，简直就是一幅文人写意画。

诗是无形画，画是有形诗，真好真好，此处应该有掌声。

能跟上这样两位大哥做朋友，欧阳修受益匪浅，他的文章进步很快，最终名冠天下。

宋仁宗嘉祐二年(1057)，是宋代科举史上具有历史意义的一年。这一年，欧阳修当上了主持进士考试的知贡举。在这次考试时，他把这一年士子们考试时写的那些“太学体”文章全力打压，写那些文章的人一概不录取，要把消灭太学体这件事做绝。

什么是“太学体”呢，我这里就不举例子了，总之，它比我们如今的“某某体”还要别扭，是文曲星下凡后写的文章，用的是来自星星的语言。欧阳修认为写这种险怪艰涩的句子和骈俪文一样要不得。摒弃骈俪文是对文章创作形式的松绑，铲除太学体是对文章语言环境的净化，两者都是古文运动的重要组成部分，是二而一的东西。难怪欧阳大哥要出狠招了。

考试录取榜单公布后，立刻惹起了骚乱，那些写太学体文章的举子们恨不得群殴欧阳修，好好修理修理这个堵了他们仕途的人。他们趁欧阳修出门的时候，把他的马头拦住，吵吵骂骂着要说法，欧阳修的护卫们拦都拦不住。欧阳修面对蜂拥而来的学潮，不为所动，坚决不收回成命，耐心劝说，直到潮水渐渐散去。

老鼠挑逗猫的时候，身旁必有一个洞。

太学体最终销声匿迹。

嘉祐二年这一年的录取名单也颇引人注目，听听你就知道了，有苏轼、苏辙、曾巩、程颢，这些人后来腕儿都挺大的。欧阳修积极罗织人才，为古文运动拉了好多后备人才。唐宋古文八大家中，他一口气就罗致了五个，他们是苏洵、苏轼、苏辙、曾巩、王安石，这五人都是经他向人推荐，最后扬名天下的。除了唐朝的韩愈、柳宗元这两位隔着时光他够不着外，剩下的几位古文大家都出自他的门下，欧阳修可说是当时真正的文章大拿。

一时间，古文作者队伍迅速壮大，古文创作名篇迭出，韩愈的古文运动在北宋得到了延续，并达到了高潮。这是欧阳修的历史性贡献之一。

欧阳修的历史性贡献之二在儒家经学上。他对古代儒家经典持怀疑态度，说《易经》中的《系辞》《文言》以下几章都不是孔子所作，并提出了许多证据。

在以往人们的认识中，这些都是孔子作的，而今欧阳修出来除去了孔老夫子的冠名权，引起了学术界的一次强震。

按震动级别划分，欧阳修给学术界带来的震动级别是四五级，而对当时经学界带来更大震动的则是刘敞，洞天石扉，訇(hōng)然中开，仙之人兮列如麻，云之君兮纷纷而来下，按照各路神仙轰然倒地的功力推算，他的震动级别达到了九至十级。

自刘敞以后，经学界余震不断，经学的既往权威迅速下降，渐渐夷为平地，宋人在上面兴致勃勃地开始了震后重建。

这位刘敞，他如今的名气比不上范仲淹、欧阳修、王安石、苏轼等人，而他当时的学术功力却超过了上边几位，他的破坏力在当时也是一流的。

第四十四回

刘敞著《七经小传》疑经传
安石作《淮南杂说》谈道德

刘敞，江西新余人，和欧阳修一样，也是状元出身，被人称为“公是先生”。他还有个弟弟刘攽(bān)，也是个牛人，被称为“公非先生”，和他同年考中进士。

刘敞做事爱较真，为此得罪人也在所不惜。夏竦，也就是诬陷石介投敌叛国，死后要挖石介坟墓的那位，死后被宋仁宗赐谥号“文正”。很多人也知道夏竦配不上“正”字，可又一想，这是皇上定的，你爱给死人什么称呼给什么称呼吧，反正也不是给我的。而刘敞不干了，三次上书，说谥号是盖棺论定，要经过大家公开公正评价的，你皇上干吗要一人包揽词讼，夏竦奸邪阴险，哪能配得上“文正”这样一个谥号。

经过刘敞的坚持，最后硬是改成了“文庄”。

文正和文庄一样吗？当然不一样了。文正可说是文人的极品谥号，历史上总共只有二十来人获得了这一谥号，我们熟悉的有范仲淹、司马光、方孝孺、李东阳、孙承宗、曾国藩,谁要是得了这个谥号,那可真是生荣死哀。

不求同年同月同日生,但求同好同谥同文正。

从这件事看来,刘敞还是配得上他的“公是先生”称号的。

分享美好,绝对是良心制作。刘哥,好样的,敞亮!

刘敞后来做了英宗皇帝的老师。英宗很尊重这位老师。有一次,刘敞生了病,英宗正好赶上吃新橙子,赶快给刘敞也送一份。

也许你说这有什么呀,不就送个橙子吗。但千万别忘了,送橙子的人是皇帝,他老人家日理万机,能在小事上还想着你,够荣耀的啦。

要不送橙子这事,就不会写进宋史了。

刘敞学问渊博,对佛教、道教、卜筮以至天文、方药、山经、地理都有过深入研究,曾夜观天象,算准皇帝生男还是生女。又对人说:“齐地岁星明亮,当出个大人物。”一年以后,果然宋英宗从齐地出发去接替宋仁宗当皇帝。

这么看来,刘敞还是个半仙级人物。

除了搞阴阳,在写文章上,刘敞也是文思敏捷,能一口气连写九篇皇帝的工作报告(**制文**)。

刘敞还擅长考古,地下出土了什么文物,弄不懂的就找刘敞。朝廷弄不明的礼乐,也派人到刘敞家里请教,总之他是个学问超大型人物。欧阳修那么高的学问,在他看来和没读过书差不多。

二十四史中有两部是欧阳修主持完成的,一部是《新唐书》,一部是《新五代史》,够厉害的吧。就这么一个人物,见了刘敞就跟小学生见了老师一样。欧阳修每次看书有了疑问，就派人拿着纸条上门请教。刘敞看了他纸条上的问题，对着欧阳修的来人当面写上自己的答案，手不停挥，根本不用去麻烦“度娘”，查阅什么“丛书、类书”之类的资料。

欧阳修看了后每次都惊讶不已，佩服得不得了。刘敞比自己岁数小整整十二，而自己的学问倒比人家差一轮。

怎么着，还有不服的吗？我就是学问界的百科全书，专治各种不服！

如果这还只算是“有脚书橱”之类的记问之学的话，那么这下面才是刘敞震惊世人的地方。他著了一本书，名叫《七经小传》，把《尚书》《诗经》《周礼》《仪礼》《礼记》《公羊传》《论语》七部儒家经书都用新意注了一遍。

他颠覆了人们的传统观念。如《论语》中说，宰予昼寝，孔子恨恨地说道：“朽木不可雕也。”对这个“昼寝”的传统解释是指宰予白天睡大觉，刘敞不这么认为，他说这是宰予白天搂着女人睡大觉，弱爆了，没出息，所以孔子才恨得牙根痒痒。这个寝字当为“内寝”的寝，不是“眠寝”的寝。

刘敞的新解好多都持之有故，不是信不信由你，而是不由你不信，他摆的理由学问来头大，没两下子你无法反驳。

这么自信，这是要学术重启了吗？

刘敞自谦自己的著作是“小传”，其实他的影响可不小。怀疑经传这些事从范仲淹就开始了，他的门生孙复、石介等人都干过。不过他们主要是怀疑传，也就是别人给经书作的注释解说。在怀疑经书上，欧阳修做得还不够，真正上了位的是刘敞的《七经小传》。自从刘敞的《七经小传》一出，宋人疑经疑传的风气大开。他们知道，刘敞不是一般的网友，随便灵光一闪给经书来点猛料。他是一流的学问家，对大宋朝的学术方向起着导向作用。

一言不合就另起炉灶，小时候是过家家高手吧？

疑经疑传的风气一开，宋学也打开了突破口。他们不再迷信过去汉唐人给经书作的注释和解说（注疏），认为那太老派了，他们已经有了新的岸线。

自此，宋人疑经改传的著作迭出，但这些还是不够猛，不够烈，真正把这种疑经改传潮推上顶级高潮的是另一位大人物，他的名字叫王安石。

他是我们接下来要讲的第三位政治、文化大佬，一位顶尖级的大佬。

王安石，字介甫，今江西临川人。考进士中了上等，被分配到扬州做签书淮南节度判官厅公事。公事之余，他在那里读书著书，常达旦不寐，一写就是一个通宵，后来著成《淮南杂说》一书。

在我们的记忆中，常有我们生命中最美好的一段时光，让我们时时想起。对于王安石来说，签书扬州判官这一段时光应是他生命记忆中的一段美好时光，就是他以后当上丞相的日子也没法跟此相比，那是最接近生命原生态的时光，奋斗并快乐着。

《淮南杂说》写成后，散布开来，立刻把人们吸引住了，他们把这本书比作当代《孟子》。在书中，王安石给他们重点阐述了一个新的话题：道德性命之理。这是此书最吸引人眼球的地方。

道德性命之理听上去有点虚无缥缈，王安石把它们都做了安排，说道德性命之理就在于俎（zǔ）豆、钟鼓、管弦这些生活礼仪般的油盐酱醋茶之中，在于事物的正邪美丑吉凶刚柔明暗中，让它们充分接了地气。

你要是还听不明白，王安石说，那我就直接告诉你，道德性命就在我们的心里（先王之道德，出于性命之理，而性命之理，出于人心）。

就看我们怎么理解了（循而达之）。

王安石的道德性命之理一出，立刻就征服了士大夫，欧阳修、刘敞给大家推开了经学的一扇门，王安石让大家看到了里面的美酒佳肴。

谈道德性命成了士大夫们最可口的一道菜。

欧阳修给王安石发来贺诗说："翰林风月三千首，吏部文章二百年。"王安石给他回诗："他日若能窥孟子，终身安敢望韩公。"

欧阳修看了后笑了，说："介甫错认我的意思了。"

昨天半夜里隔壁老王深情地抱着他老婆说："这辈子太短了。"他老婆听了还未来得及流下激动的眼泪。老王接着说："明天买个长点的被子吧，我盖不住脚，好冷！"

这个世上最难断的是感情，最难求的是真情，最难猜的是心情，最难受的就是自作多情。

小王同学，你是不是也自作多情了。

原来欧阳修诗中的"翰林"是指李白，他曾经被唐玄宗任命为"翰林待诏"。这个理解没有问题。

而"吏部"却让王安石理解成唐朝韩愈了，因韩愈曾当过"吏部侍郎"。

如今王安石敢自比韩愈，在欧阳修看来，自然是自作多情了。

然而韩愈这位古文运动的先驱者，虽然是欧阳修的心中偶像，学习榜样，但这对王安石来说目标却太低了，他的志气是做孟子，而不仅仅是做个韩愈，在此自然婉谢不敢哈韩了。

而目光不够长的欧阳修还在那里喋喋不休，对人自我解嘲说："我说的'吏部'乃是南朝时的谢朓，他是吏部尚书，沈约给他信，夸他的诗'二百年来无此作'。要是韩愈，到今天何止二百年？"

小王同学，你看韩剧看多了吧？

谁跟你说韩愈了？

欧阳修说王安石弄错典了，其实欧阳修也是只知其一不知其二，人家王安石所理解的典故，也是有来头的，他用的是唐代孙樵《上韩退之吏部书》中的一句"二百年来无此文也"。

欧阳大人，这怎么不是"吏部文章二百年"？

你的诗怎么不是说韩愈？

对这位文坛老大，江西前辈，当时还是愣头青的王安石愣是没瞧到眼里。

王安石与欧阳修能够认识，还要从曾巩讲起。

曾巩是后来唐宋古文八大家中的一员，他与王安石是同乡。王安石中进士后，还没名气，曾巩就拿着王安石的文章去见欧阳修。当时曾巩还没考上进士，他早就认识欧阳修。欧阳修一看王安石的文章写得这么好，又都是江西同乡，十分高兴，到处夸赞王安石。王安石从此声名鹊起。

曾巩比王安石大两岁，但曾巩快四十岁才考上进士，比王安石晚了十来年。

王安石做官跟别人不一样，别人都是跑官要官，王安石却不跑不要。他当初的科举考试是进士第四名，这么好的成绩在明清是要留翰林院的，在宋朝也是在地方锻炼两年后就推荐馆职的。馆职是在史馆、昭文馆、集贤院、秘阁里上班，编书校典籍，是个清差，相当于明清的翰林院，外边出了事也不担什么责任，是最能得到提升高官的清要之地。可是王安石放弃当京官高升的机会，坚持在地方上做事。这在宋朝官场引起了一片赞誉声。欧阳修推荐他当谏官，他以家里奶奶年岁大了为由推辞。最后欧阳修好劝好说，王安石这才当上了群牧判官。

群牧司是管理养马的，群牧判官相当于弼马温手下的副手。特别提示一下，这时的弼马温（群牧司长官）是包拯，包公包大人。我们以后还要提到王安石这位老领导。

虽说是管马的官，总算入朝为官，进了天宫，踏进了政治中心圈。在朝中，王安石仍旧十分低调，他并没表现出孙猴子的“官封弼马心何足，名注齐天意未宁”的野心。

王安石入京为官后，他的个人生理卫生成了官场的一大话题。王安石不爱打扮，穿得邋（lā）里邋遢，由于不洗澡，王安石身上的虱子和前秦王猛身上的虱子有一拼。王猛扪虱而谈，王安石身上的虱子光靠扪是弄不完的，得放在火上烤，和阿Q比赛捉虱子的王胡和他这两位老前辈比只是个小角色。

王安石被人们谈论的还有吃饭不挑食、只捡离手头最近的菜吃的习惯。据说有一次宋仁宗带着他们游园，王安石心不在焉，竟把手边用来钓鱼的鱼食一个个拿起来吃了。宋仁宗看了个目瞪口呆，跟人说王安石不近人情。

早就跟你说不要窥探“石”外文明，不要窥，你不听。

吃鱼食这个故事是王安石后来的政敌们编的，但也反映出王安石不拘细节的性格特点。他吃菜时确实只捡手头最近的那盘菜夹，从不伸长筷子做长途运动，这样的人心情志向不在吃上。

王安石还有个特点是不嫖不赌，这在当时的官场显得也很奇葩。你看看当时的官员哪个不是小红低唱我吹箫，说起"当时明月在，曾照彩云归"这些故事来，都老大男人了，一个个眼泪汪汪的，跟失恋的小青差不多。

而王安石却守着一个老婆不离不弃。一次王安石经过扬州，刘敞当时是扬州太守，对王安石的到来表示热烈欢迎，举行完欢迎仪式后，迎入府衙，弄了许多乐妓在庭下演出。王安石进来后，一看这个场合，脸色变了，不肯就座。刘敞解释了半天，把这些乐妓撤了，王安石才肯坐，弄得刘大学士很不好意思。这就好像请客户去洗浴城，客户不下水，倒弄得自己害臊起来。

但这些只是外表，而王安石是不注重外表的。在内心深处，他是个很有自己想法的人。入京几年后，他给宋仁宗上了万言改革书。没想到，仁宗把它束之高阁，理也没理。嘉祐八年(1063)，王安石母亲死了，王安石回家守制。他走后不久，宋仁宗也死了，宋英宗继位。宋英宗在位共四年，这期间，王安石一直在江宁府聚徒讲学。他的道德性命之理的讲说风靡东南，教学规模很大。要是这样下去，王安石肯定是又一大教主，然而他太有才华了，历史是不甘寂寞的，他总要寻找一代理人来打破平静。王安石就是以他的才华被挑中了。

谁终将声震人间，必长久深自缄默；谁终将点燃闪电，必长久如云漂泊。

宋英宗死后，接替他的是宋神宗，当时年仅十九岁。他接任没几天，就被管财政的三司使告知国库里没钱了，说“百年之积，惟存空簿”，都让上两任老板挥霍完了（**发诸宿藏以助兴发**）。小老板十分震惊，爹娘老子只给自己留下了个掌柜的名义，账上却没钱。没有钱，叫公司怎么周转，怎么抵御辽、夏等外企的竞争。好在还年轻，二次创业吧。

这时，他想起了读过的王安石的上仁宗皇帝万言书，这篇文章当时保存在档案库里，让他看到了。在这篇文章中，王安石告诉老老板宋仁宗说，现在国家越来越穷，就是因为治财无其道。

宋神宗怦然心动，他十分想见见这位生财有道的大学者，于是召王安石进京。王安石给他梳理了一下年度关键词，讲了番政治经济学之后，宋神宗被王安石的“钞能力”激动得热血沸腾了，他对王安石说：“人们都说你只知经术，不晓世务，今天看来并不是这样。”

王安石说：“儒经都是让这些庸人念歪了，他们哪里知道，经术正是用来经世的，也可以搞经济。”

宋神宗于是委托王安石负责搞活经济，做强做大赵宋公司。

轰轰烈烈的王安石变法运动开始了。

第四十五回

王首相解新义助推新法
小程子谈学圣帅呆胡瑗

世界上成功的人有两种，一种是知道吃亏的“傻子”，一种是知道行动的“疯子”。

王安石积极行动，他设置“制置三司条例司”，作为变法的司令部。“三司”原是指度支、盐铁、户部三个财政部门，“三司条例司”凌驾于“三司”之上，成了宋朝的改革中枢。在这个中枢里的都是些赞成改革的少壮派。

反对变法的人把“制置三司条例司”指责为“西瓜办”，是闲着没事设置的玩意儿。王安石对说这些话的人全都进行了调岗、离岗等清理工作，老熟人老朋友也不客气。

欧阳修、曾巩、刘攽这些老乡全都靠边站。

包拯在变法前就死了，还算知趣，他活着要是赞成变法就算了，要是反对变法，王安石也会让包公老大人下岗走人的。

刘敞在变法这一年也死了，政治立场不明，不然也是个靠墙根晒太阳的等死队队长。

为了推行变法，王安石不惜把老朋友都得罪完了。

王安石的老朋友中最难缠的是司马光。司马光是陕州夏县(今山西夏县)人，和王安石早年都在群牧司干事，两人从那时起就很熟悉对方的性格脾气了。相比之下，王安石更难斗，这从一件事上就能看出。

群牧司的长官是包拯，这一天群牧司官衙内牡丹盛开，包长官特置了一桌酒宴请同事们来赏花，席间不时殷勤劝酒。司马光平时就不能喝酒，然而面对包公的相劝，情不可却，就勉强把酒喝了。

有些人喝个酒也要闹得跟同归于尽似的，有意义吗?

到了王安石这儿，也不管包公怎么劝酒，说得再起劲儿他也滴酒不沾，说不能喝就不喝。

这一切司马光都看在眼里，他在心里暗暗佩服王安石，这个王安石不用喝趴下来谄媚包拯，说明他是有脊梁骨的，这样的人你很难让他屈服。

包公没去惹这位才华横溢的下属，他没有那么多阴暗心理。不过你绝对想不到，在后人看来畏若神明的包公包大人，那位戏台上抱着铡刀就敢向王公贵族冲去的血性汉子，在当时那几位大学问家眼里就是没文化的人。欧阳修曾公开向皇帝上表，说包拯性子好刚，没有学问。

要说人家包拯也是进士出身，被授予“龙图阁直学士”的荣誉称号，只是跟王安石、刘敞、欧阳修这几位大学问家相比，就相形见绌了。

可以类推，在学问上，欧阳修看不上包公，刘敞看不上欧阳修，王安石也看不上欧阳修，能跟王安石一拼的只有刘敞了，可是他的实力撑不起自己的雄心，在王安石变法时死了。

当时朝中能跟王安石一顶的就是这位司马光了。

老王翻墙，阿三（王安石在兄弟中排行第三）当道，我就是看不惯，我就是死看不上这个王安石。

王安石拜相后，被人称为“拗(niù)相公”，司马光被人称为“司马牛”，也挺倔。在变法问题上，拗牛双方展开了针锋相对的斗争，直到最后发展到你死我活的程度。

这一天，两人在神宗面前争论变法，对呛起来。对于理财，两人观点大相径庭。王安石的意思是：你不理财，财不理你。而司马光却说：“天地间所生的财富，就那么多，不在民手里就在官手里。理财不过是搜刮百姓的别名罢了。”

司马光的话在今天看来就是不懂扩大再生产。王安石对此早就胸有成竹，他老人家指出，一个人关上门来同自己的儿子做买卖，即使把儿子的钱都赚过来，还照旧一样，并不会富足。近来这些谈理财的，就是这类关上门来做买卖的人，他们以拼命搜刮民众为理财。

为此，他提出了自己的理财方法，那就是要想富家取资于国，要想富国取资于天下，要想富天下取资于天地。

王安石是个具有超前意识的经济学家。范仲淹的庆历新政没有经济内容，王安石变法主要抓的是经济改革，他和同时代的人都没有站在一个平台上思维。

我说我在京城送快递，他说我在京城有块地，愁死人了！

王安石变法触动了太多人的利益，随着青苗法、方田均税法、市易法一个个新法的新鲜出炉，反对的热浪也扑面而来。

触动利益比触及灵魂还难，鉴于守旧派的强力抵制，同时也为了培养新型变法人才，到了变法的第四个年头，宋神宗要王安石“一道德”，也就是统一人们的思想。

过去只注重抓经济基础，而上层建筑中的思想意识对经济基础具有反作用力，那么多人反对变法，就是因为思想不开窍，是到了该“一道德”的时候了。

王安石开设了经义局，让吕惠卿、王雱(pāng)做副手。吕惠卿是王安石一手提拔上去的得力助手，王雱是王安石的儿子。在众多儒经中，他们看中了三部书，给它们作了新解，这三部书是《诗》《尚书》《周礼》。

值得一提的是，《周礼》自被刘歆发现并申遗之后，在王莽时曾被用来作为改革的依据。事隔几百年，这是它的又一次高调亮相。

王安石的朋友李觏拿《周礼》说事，写了《周礼致太平论》，从《周礼》一书中读出了变革的味道。

真正把《周礼》搬到实践中的是王安石，他把《周礼》看成了能带动一方经济崛起的强力引擎。

王安石那是个绝顶聪明的人，他重视《周礼》，但也绝不会像王莽那样教条，用它去托古改制。变法是变法，解经是解经，两者不是一回事。那个年代还没有《国富论》这样的资本主义教材，他只能拿现有的几部经书一用。这里边，包含经济思想最多的就是《周礼》一书了。

他对解释《周礼》一书的新义很重视，亲自披挂上阵，主解《周礼》，《诗经》《尚书》则由两位副手主解。除了解经，王安石又改革了考试制度，在科举考试中罢考诗赋，以经义论策选拔人才，重点考查考生对经书经义的理解。

在王安石看来，会不会写策论最能看出一个考生有没有真才实学，有没有经世致用的头脑。

他对大学教育制度也进行了改革，将国子监的太学生分为外舍生、内舍生、上舍生三等，通过考试，由外舍向内舍再向上舍层层选拔，到了上舍生就可不用参加科举考试，优先做官，这就是著名的“三舍法”，是最早的大学生分三本的原型。

王安石的《三经新义》编成后，颁行全国，成了标准教材，学生们为了科举做官，都要学习背诵王安石的新义。

从此，宋学的一个重要支流——新学开始形成。

缘浅不必情深，认真你就输了。因为当你真正去等待一个人的时候，你等待的人可能永远都不会出现。

在这场变革中，《春秋》遭遇了冷遇，没有发挥出它时代先锋的重要作用。

传言王安石把《春秋》贬斥，说成是“断烂朝报”，大家也就听听罢了，那个年代往王安石身上泼脏水的很多，许多话信不得。王安石假如真这么说《春秋》了，它也不冤枉，一部《春秋》看上去就是一堆新闻报纸标题的堆集。据孟子说，孔子写完《春秋》后也说过，后世知道他是因为《春秋》，罪责他也是因为《春秋》，明显做好了挨骂的准备。王安石骂两句《春秋》也在情理之中，何况在一场全面的经济改革中，用《春秋》来做技术指导，它的技术含量是显然不够的。再说这场变革有最高领导人宋神宗去带头发动，用不着臣子们去鼓与呼，常常打头阵吹吹打打的《春秋》自然就没多大用了。

从宋初三先生到王安石，宋学逐渐展开，然而这只是半个月亮爬上来，下面上场的是"北宋五子"，正是他们，创造了一种不同于汉唐儒学的新儒学，那就是宋学中的主流——理学。

这还要从宋初三先生中的胡瑗老先生讲起。下面看一段精彩回放：

且说胡瑗老师在太学授课，学生众多，来旁听的人在门窗走廊上挤满了，真正的桃李门墙，座无虚席。

这一天，他给学生们出了道作文题，题目是"颜子所好何学论"，这是评论孔子大弟子颜回的学习成就的。在阅读学生们交上来的作文时，一个叫程颐的学生写的文章引起了胡瑗的注意。

这是一篇很有自己想法的文章，他看完后大为惊异。这个叫程颐的学生是如何写的呢？他的文章一开头就起笔不凡，说：

"学以至圣人之道也。"

这是一句非常有重量的话，是一句非常之言。为什么而学习是学子们首先要解决的一个重要问题。在那个宋真宗《劝学诗》都在提倡"书中车马多如簇"的年代，为功名利禄而学习可以说是学子们共同的价值观，可轮到程颐同学时，他说得很特别，他没说等着有朝一日"日晏下朝来，车马自生风"或者盼望"门有车马宾，金鞍曜朱轮"似的豪言壮语，而直指一个更为崇高的目标：学习就要达到圣人的高度，有本事你就做圣人。

这话可不是一般人能随便说的，对我们普通人来说，做个贤人就很了不得了，成圣就不要随便乱想了。

而程颐同学一上来就站在了成圣的高度上，可能他自己也觉得不好意思，于是底下就自设自问："圣人可以学习而达到吗？"

他的回答是："可以。"

既然可以，那么通往圣人的路该怎样走呢？

程颐给出了答案：先把你的七情六欲约束住，让它们走在中间，不要偏荡（约其情使合于中），这样才能正其心，养其性。所以在学习圣人的道路起点处必先明心，知道该干什么（知所养）之后，再身体力行，以求达到目标（必先明诸心，知所养，然后力行以求至），这就是所谓的"自明而诚"。怎样才能诚呢？这就要你坚持自己的成圣信念了（在乎信道笃）。这样你就走在成圣的道路上了。走在这条道路上之后，要仁义忠信不离于心，造次必于是，颠沛必于是，别碰到点挫折沟坎就偏离了方向，把你又甩了出去，生了邪僻之心。

也就是说，进入圣人的殿堂前，得先经过三重门：一重门是心门，进去之前先正心。二重门是性门，要养性才能过关。第三重门是诚门，过了心性两重门后，在此要回身总结，是否达到诚的标准了。如果达到了，你就继续往前走。如果没达到，说明你火候不够，还欠炼。

如还不明白，可试写同题作文：《论系好心性安全带的重要性》。

可是颜子那么勤勉好学，为何还没有成圣呢？

程颐同学解释说，圣人不用思索就能得到，不用勉励自己就能走在大道的中间（不思而得，不勉而中），而颜回呢，他则必须思索后才有所得，勉励后才能站在中的位置上（必思而后得，必勉而后中），从一开始就跟圣人差了一截(**相去一息**)。加上颜回活得寿命短,只是充实而有光辉了,还没来得及大而化之,事业还没有展开,三十多岁就死了。不怕成圣晚,只怕寿命短。凭颜回的好学精神,再多活几十年,很有可能成圣。可见要想成圣,最起码得活七十以上吧。你看孔圣人七十岁了才从心所欲,不逾矩。

那么真正的问题来了,在最后,程颐同学又设问:“圣人是生而知之的那些天才,我们普通人只凭苦修苦学能成吗?”

程同学的回答是,我们后人之所以没能成圣,是我们走错道了,也就是我们修炼的法门错了。我们求学时不是从自己内心入手而是从外物入手,用程同学的原话就是:“以博闻强记、巧文丽辞为工,荣华其言。”这样是永远走不到成圣的道上的。

胡瑗看了这篇文章,十分惊异。他从这篇文章中闻到了一股新的时代气息。这篇文章紧紧抓住“成圣”这两个字来立意,用“心、性、诚”作为成圣的三个关键字,不同于那些只知道照经背读的一般太学生,是一篇很有思想的文章。

胡瑗立刻把程同学叫来,经过交谈,才知道这篇文章很有来头,不是一时高兴凭空就能写出来的。

若无高人指,哪能见仙山。

这个来头,还要从程颐的一段学习经历谈起。

第四十六回

周敦颐摩顶教授大小程
太极图形象描摹人间世

程颐字正叔，是河南洛阳人。他还有个哥哥叫程颢（hào），字伯淳。兄弟俩只相差一岁。

程氏兄弟出身于官僚家庭，从他们高祖程羽起，程家在宋朝开始发迹。由于做地方官有政绩，程羽受到了宋太祖、宋太宗两位皇帝的赏识，一直做到端明殿学士，很是荣耀。

到了程颐父亲程珦（xiàng），直接以祖荫入仕。

程珦在做地方官时，这一年到南安军做通判。

通判是带有宋朝特色的一个官职，是州里的二把手。虽然是二把手，但不要把人家当摆设，没有他的签字，州县长官发布的命令无效。

程珦在南安时见到了属下一个叫周敦颐的司理参军。尽管司理参军是个管牢狱的小官，但周敦颐气貌非凡，经过交谈，程珦断定这个小官不是个常人。

周敦颐是道州(今湖南道县)人,字茂叔,十五岁时父亲死了,随母亲到京城去投奔舅舅郑向。郑向是个学者型官员,最后以龙图阁直学士衔,担任杭州知州,死于任上。舅舅对他爱如己子,把能荫蔽一个子弟当官的名额给了周敦颐。

凭周敦颐的天资好学,也许用不着这个名额,将来也能考上进士,这就好像是保送上大学还是参加高考,是保研还是考研,保送还是保底的。周敦颐接受了这个机会。这一年他二十岁,并在这年娶了媳妇,双喜临门。但接下来的两年舅舅、母亲相继去世,周敦颐直到守孝期满后才出仕。

他的第一个工作是分宁县主簿,在这个位子上,他显示出了自己的才干。

虽然不是进士出身,没参加科举,是个官场关系户,可周敦颐做官很尽职尽责,工作勤恳认真,解决了当地许多积年案件,他的办案水平被人评为"老吏不如",连老家伙们也比不上。

在南安当司理参军时,一次他查出有个罪犯不当论死罪,可上司是个酷吏,非要把这个犯人判死罪。众人谁也不敢争,只有周敦颐极力与上司辩论,甚至提出辞职。最终这位上司被说服,囚犯得以免死。

为一个素不相识的人的性命,周敦颐冒着丢掉饭碗的压力坚持了斗争。他的道德人格、学问情操逐渐为人所知,被给了五星好评。就在这时,程珦认识了周敦颐,他也看出周敦颐不是个只愿在前排吃瓜子的无为官吏,而是个知道"天地大道"的人,于是让自己的两个儿子程颢、程颐拜周敦颐为师。

这一年，程颢十五岁，程颐十四岁，周敦颐也只三十岁。

可以说，在三十岁时，周敦颐已形成了自己的儒学思想。

他的教学不同于常人。他常常启发二程兄弟不要死读书，要学会活读，在经书中寻找孔子和他的弟子颜回等人所乐何事，他们所追求的大道是什么。

自从跟随周敦颐学习后，二程兄弟就像吃了智慧果，开了天眼。他们学会了在枯燥的经书中寻找儒家大道。兄弟俩从此有了求道的志向，对考取功名倒有些讨厌了。

会者定离，一期一祈。不久周敦颐调任他处，二程兄弟也停止了跟周敦颐学习的生活。

虽然这段学习生活只有一年时间，降龙十八掌只练会了第一招，但却是二程事业的起点。如果没有周敦颐，二程兄弟大不了也就是将来考个进士，或者靠老爸的资历得个小官，而自从跟随周敦颐学习后，二程兄弟心中有了一个比科举做官更伟大的目标：走圣人之路，成圣。

人心中一旦有了伟大信念，干什么自然有股冲劲，觉得别人都应像自己一样；对于看不过的，自然就要教训教训。

两年后，程颐干了他人生中的第一件大事。

你猜他干了什么大事？

他给当时的皇帝宋仁宗上书了。

给皇帝上书不是一般人干的活。如果你的书没被截留而能送达御前，能跟皇上直接对接,是件很幸运的事。如果你的书上得好,皇上喜欢,天子非常赐颜色,那么恭喜你,你有可能受到皇上召见,并被赐予非常之位;如果你的书上得不好,挠了皇帝的逆鳞,让他龙颜大怒,也会有人找上门来,赐给你非常之位——蹲班房,甚至让你脑袋移位。

所以韩非早就感叹劝说人主很难。后来他的小本家韩愈不听老人言,吃亏在眼前,仗着勇劲儿上书,差点掉了脑袋。

韩愈的上书还是在工作范围之内,是官员的可尽职责,美其名曰“谏”。可是一般老百姓,随便上书,在人们的眼中就是不安分了。

走这条道成功的人也有,比如汉朝的主父偃、唐朝的马周,但毕竟是条小道,行险侥幸,上书人也全都抱着赌徒心理。诗人李贺就感叹此道不易,在诗中大唱:“主父西游困不归,家人折断门前柳。吾闻马周昔作新丰客,天荒地老无人识。空将笺上两行书,直犯龙颜请恩泽。”

李贺没有走这条道,只能衣如飞鹑马如狗,临歧击剑生铜吼,穿着破衣裳,拿着把破宝剑,在大路口挥舞两下子,苦熬。

程颐上书时年仅十八岁。十八岁放现在还是一个高中生,这个年纪就给皇帝上书,显示出了程颐不走寻常路的个人性格。

期末要是不给师傅露两手,他还真以为自己教得有多好。

在这封上书中他劝宋仁宗要以王道为心。

程颐这么说显然是有底气的,这种底气就来自周敦颐的教诲。年轻的程颐认为自己找到了人间正道,他兴奋得可以拿来对从皇帝到平民的任何人讲讲。

程颐的上书不见任何回音,也许根本就没让宋仁宗看到,也许宋仁宗看到了,但认为一个毛头小子竟给我讲怎样做事做人,你还太嫩! 不置可否。

但是别着急,他那青涩的、无处安放的小眼神是不会认输的,几十年后,程颐同学会正式走上殿堂,正式给大宋天子上课,正儿八经地教导天子应该怎样做人。

宋仁宗没赶上这些课,受训的是他的重孙子辈。

周敦颐走后,程颐哥哥程颢又回到了科举事业上,在二十五岁时考上了进士。程颐也进了太学,在此碰见了胡瑗出作文题目《颜子所好何学论》。这正是程颐所熟悉的,他在十四岁时就受到周敦颐老师的点拨,去书中寻找孔子颜回乐处,这一回果然写了个新概念满分作文。

胡瑗十分看重这位有自己学术思想的青年,给他在太学中找了个助教职位。

程颐暂时安顿下来。

再说二程的老师周敦颐,此后,他体味儒学大道的思想逐渐成熟,写了《太极图说》和《通书》两篇著作。

《太极图说》虽然只有两百多个字,可它是宋代道学的一篇开山文章,宋学自此踏上了寻找儒家新大道的道路,有了名副其实的道学。

我们现在说道学先生都语带讽刺,殊不知在周敦颐时,道学先生正是新儒学的探索者。

前面所叙程颐同学的那篇《颜子所好何学论》只是一篇学生作文,周敦颐的这篇《太极图说》才是一篇高深的理论文章。

周敦颐的太极图如右。

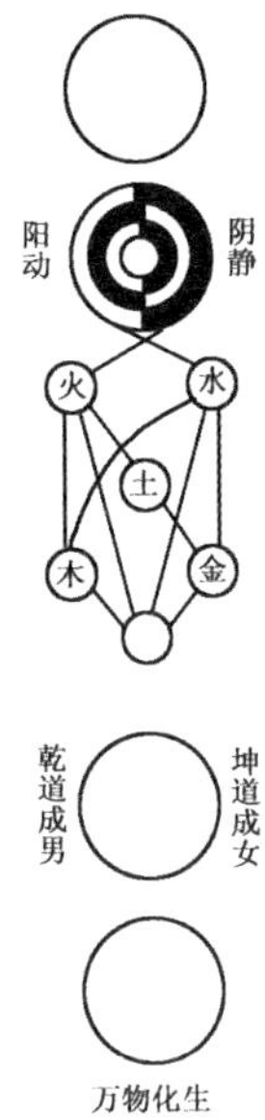

这是一幅宇宙万物生成图。周敦颐的解说词为:“无极而太极。太极动而生阳,动极而静;静而生阴,静极复动。一动一静,互为其根;分阴分阳,两仪立了起来(**两仪立焉**)。阳变阴合,而生水、火、木、金、土。五气顺布,春夏秋冬四时就流行了起来(**四时行焉**)。五行,一阴阳也;阴阳,一太极也;太极,本无极也。五行之生也,各一其性。无极之真,二五之精,妙合而凝。乾道成男,坤道成女;二气交感,化生万物。万物生生而变化无穷焉。”

什么意思呢?就是说从无极转到太极,太极动而生阳,静而生阴,阴阳互动,再生五行,五行再转春夏秋冬四时,最后阴阳二气交感,化生了万物。

从此万物诞生了。这里边只有人钟灵毓秀,成了万物之灵。由于人处在各种环境中,五性感动,做事就有了善恶之分(**哪五性周敦颐没说,这时的性还处在朦胧状态,不像后来的道学工作者区分得那么细**),万事从此而出。圣人为了不把事情弄乱,当了人间的立法者,给人定了“中正仁义”这些信条,以“主静”为基础,立了人极,也就是为人类制定了行为标准。遵守这些行为标准的人就是君子,就吉;违反这些行为标准的人就是小人,就凶。

梦醒时分看微雨,江山还似旧风流。从无极到太极再到人极,周敦颐完成了宇宙万物生成的三“极”跳。到此,周敦颐描绘了一幅不同于女娲造人的创世纪图画。他没用神的语言去描绘，而用了思辨的哲学语言去描绘了一幅天地万物生成图。在这里，上帝死了，女娲造人的神话也破灭了，天人感应没有了市场，人不再是天的副本，开始了人之所以为人的生活，开始专注于人自身世界的问题。

周敦颐的《太极图说》被人赞为“破暗文章”。千百年来，儒家学子们在历史的黑暗坑道里摸索，而周敦颐的文章一下子点亮了这邃长的历史坑道，他用的两个强光探照灯是无极、太极，一路上的电灯泡则是阴阳、五行、四时、五性、善恶、刚柔、中正、仁义、静，直到最后在坑道口立了人极这个标杆，才指示人钻了出来。

特此声明，“无极”“太极”不是周敦颐的发明专利，这两个精神世界的探照灯在先秦时就被发明生产出来了。无极是老子《道德经》中提出的，太极是《周易》中提出来的。

但据说周敦颐跟古老的太极也有不解之缘。他十三四岁时，常在故乡濂溪边玩耍。濂溪西十里处有一岩洞，当地人称为“月岩”，这个岩洞东、西、顶部各有一洞口，人进到洞中从不同角度看天空，可以看到天空如月亮一般有阴晴圆缺的变化，相传周敦颐在此悟太极。

我在仰望，月亮之上，有多少梦想在自由地飞翔。不管真假吧，周敦颐悟道肯定是很早的，他三十岁时就折服了上级领导程珦，让他着急地把两个儿子送来学道。这说明他早就留心儒学之道，并逐步形成了自己的思想。

周敦颐的太极图横空出世，把许多儒家人士一下子给打蒙了。虽说儒家自孔子时代就有“河图”，比如孔子就曾感叹过“凤鸟不至，河不出图，吾已矣夫”,但河图是什么样的,谁也没见过。河里出图,确实让人联想,不知这种图是什么防水材料做的。

周敦颐如今从梦工厂里把河图拿了出来,让人惊喜之余,又不禁想问:“他是怎么做出来的?”

这要从道家一位神秘人物陈抟(tuán)讲起。

第四十七回

周茂叔推演无极玩蹦极
邵康成接力陈抟学数艺

说陈抟是个神秘人物，是因为在他身上有许多事没弄清。

陈抟生于唐朝末年，从唐末到五代结束的这五十多年，陈抟是在兵荒马乱中度过的。他饱读儒家书籍，也曾想考取功名，但都失败了。五代末年的陈抟，已是六十岁的人了。我这个年龄的人已经具备了称霸网络、对抗寄生兽、去异次元和精灵约会的功能，却还要被迫上各种补习班，无法为部落做出自己的贡献，这是何等的悲哀！最终他放弃了科举，弃儒学道，跑到五台山隐居起来，后来又到华山修道。

陈抟修道后，创作改编了一些易图。

在战国、秦汉之际的儒生挂孔子名作的《周易·系辞》中有“河出图，洛出书”之说，有了这句话，易学的图书制作加工市场就热闹了起来，其中少不了道家人士的参与，他们把自己制作的图称为“先天图”，说是伏羲所画，说儒家人士所称的周文王所演的易图，是“后天图”，两者从年代、质量上差老鼻子了。

我们感叹于世界之大，也沉醉于儿时情话，不剩真假，不做挣扎。自从晋朝的小年轻王弼扫象而言理，儒家一般不再钻研易图，只有些道家研修班里的人士还在琢磨。陈抟交游八方道士，才得到了一些秘传的易图。他利用自己丰富的儒学知识，把这些图重新加工改造，使它们变得更加精致。

他的这些做工精致的无极图传到周敦颐手里，周敦颐大受启发——好久没见这么有营养的帖子了。这个在探索儒家大道，在思索儒家该往哪个方向走的人睡不着觉了：道家的知识成果为什么就不能拿来为我所用呢？他接过了道家陈抟的"无极"大旗，把它改造成了儒家《周易》的"太极"号，用一句"无极而太极"实现了平稳过渡，做得如行云流水，就仿佛周敦颐随意平和的性格一般。

从无极而太极再到立人极，尽管连玩蹦极，但由于使用了蒙太奇手法，做得有图有真相，周敦颐还是让人信服的。

但他也不会想到，他这信手一拈，把老子道家的无极嫁接到了儒家的太极树干上，搞得不伦不类，让人摸不清他是为儒家说话，还是为道家争话语权。后来有不少人为他的一句"无极而太极"争吵不休，甚至有人怀疑周敦颐不是儒家——他的《太极图说》开的是哪家店？

我们现在知道周敦颐，一般是从他的那篇《爱莲说》开始的。这篇文章比《太极图说》还短，却展示了他光风霁月的人文情怀。他笔下的莲花出淤泥而不染，濯清涟而不妖，他的学术也像这水墨画中的莲花，在静悄悄中绽放开来。

写《爱莲说》这篇文章时，周敦颐已是五十岁左右的人了。他一辈子没干什么轰轰烈烈的事业，写的《太极图说》和《通书》两篇文章的文字加起来也就比老子的《道德经》稍长点。除了找上门来请教的几个人，他也没有开班授徒，但他却在后世赢得了"道学宗主"的声誉。他的《爱莲说》在不知不觉中感染着你，让你什么时候读起来都齿有余香。

周敦颐也是当时静悄悄的一朵莲花，在清静中感化着身边的人。下面剪辑他人生中的几个短片，让你欣赏这朵清莲。

在三十岁时，上级领导程珦见了他十分钦佩，认为他是个得道者，把两个孩子都送到他那里学习。周敦颐恐怕也不会想到，他的这两个学生后来会成为理学的创始者，影响后世近千年。

周敦颐三十九岁时有一天暴病而死，人们给他收敛遗物时发现他家里只有一个破箱子，钱不满百。人们都惊呆了——当了十几年地方官，就有这点钱，连丧葬费都不够。所幸的是，一天一夜后，周敦颐又活了。这怎么解释呢？当时的人只能说可能阎王爷也深受感动，把他打发了回来。

四十四岁时，周敦颐解职东归，在汴京时去拜访了一个人，这个人就是后来在大宋政坛上叱咤风云的王安石。这时王安石四十岁，已是政界、学界的名人，当时已从江东提点刑狱一职上下来，正在京候任。王安石和周敦颐一见如故，并立刻被周敦颐所吸引和折服，与周敦颐接连谈论了几昼夜。王安石这样清高孤傲、惜时如金的人，肯拿出几昼夜的时间来和一个人谈，这个人必非常人。

据说这次见面对王安石触动很大，他回去后把自己关到屋里，独自一人思考了好多天，连寝食都忘了。王安石心中所想的是，世上还有这样的得道之人呀。王安石此后写出一系列著作,讲先王道德性命之理,思想体系更加成熟完善。

周敦颐四十二岁时,原配妻子陆氏死了。蒲宗孟第一次见到周敦颐,十分惊异,回去后也是这样叹道:"世上还有这样的人吗?还有性格脾气、学问思想、进退出处结合得这样好的人吗?"于是极力撺掇,把妹子嫁给了周敦颐。

蒲宗孟是个果于杀伐的官吏,生活奢侈,就是这样一个人,竟佩服周敦颐佩服得四肢着地,给妹妹当起了红娘,甘心让孔雀妹妹去跟周敦颐过苦日子。可见周敦颐在当时人眼里的魅力了,绝对是个经济适用型的好男人。

周敦颐四十五岁时,到虔州做通判,知州是赵抃(biàn)。赵抃仔细观察了周敦颐的治事为人后,握住他的手叹道:"我今日才知你是个什么样的人,差点把你从朋友圈里落了(几失君矣)。"二人成为至交。

人要学会三处:看人长处,帮人难处,记人好处。能跟赵抃交上朋友不容易。赵抃是进士出身,被人称为"铁面御史",干掉过不少当朝大员,从宰相到枢密使都曾领教过他的厉害。他也积极向朝廷推荐人才,欧阳修等官场精英都受过他的推荐。

赵抃后来和吕公著极力向朝廷保荐周敦颐。周敦颐被提拔为提点广南东路刑狱,主管广南东路这个大区的司法。

一个没考上进士的人能做到一方大员是很不容易的。周敦颐后来在任上积劳成疾,回去养病。由于传来的消息慢,两年后赵抃又向皇帝极力推荐周敦颐,才知周敦颐已死去,赵抃扼腕叹息不已。

告诉大家一声，当幸福来敲门时，我或许不在家。

亲人们，别为我哭泣。

周敦颐晚年定居于庐山脚下，堂前有一小溪，周敦颐把它称为濂溪，以纪念家乡的那条同名小溪，后世把他也称为“濂溪先生”。他的学术被后人称为“濂学”。

周敦颐是个平凡的人。他一直在基层岗位上兢兢业业地干着，不争不抢，他把工资收入用来周贫济老，死时家无余财。桃李不言，下自成蹊，他的人格让人着迷，引当时无数硬汉猛人竞折腰。他的太极图是典型的迷你图，也确实令人着迷，让后来无数儒人学士爱不释手。他的一句“主静”解说词，让多少烟火气尽消，感染启发了后世无穷的学者。

周敦颐受赵抃、吕公著推荐后不久，王安石变法就开始了。他的学生程颐也早已从太学回来，跟随父亲程珦到洛阳居住。

程颢也受吕公著推荐，到了京城任职。王安石、吕公著是好友，程颢也被王安石选调到了他的三司条例司。

程颢积极参与了王安石的变法，并多次被宋神宗召见。

但随着变法的深入，朝中官员发生了激烈的分化。当初跟着王安石跑的一些新进也站到了王安石的对立面，程颢就是其中之一。宋神宗要听听程颢的意见，程颢说的倒是很多，但大多是一些要宋神宗“正心去欲”的话。这就好像老板要听听对公司的经营建议，而员工却大谈特谈老板要清心寡欲，把效益收入置之度外，当然不招老板待见了。

赵董渐渐对程颢有了看法，疏远了他。据说程颢又曾到总经理王安石家商量事，正商量的时候，王总的儿子王雱(pāng)蓬头赤脚，手里拿着顶妇女们戴的帽子走了出来，问父亲所言何事。王安石说："因为新法数次为人所阻拦，所以正和程君商议。"王雱大声道："有什么可商量的，只要把韩琦、富弼的脑袋割下来悬挂于市，新法就会施行了。"王安石赶紧说："儿误了。"

那韩琦、富弼都是前任宰相，在现任宰相王安石儿子的眼里脑袋还不如根韭菜，韭菜还得养养长长，也不能说割就割呢。程颢一看这个猎头小"宰"子这么生猛，要想治好得需要温开水灌服，且听医嘱，赶紧起身告辞。由于反对变法，程颢又被调出京城，在当了一年地方官后，回到洛阳去看望父亲去了。

这个故事肯定是胡编的，把王安石儿子王雱塑造成了一个摆酷的二杆子，光头赤脚、邋里邋遢，手里拿着女人戴的帽子，仿佛要去学唱优伶戏，这模样能让人直接笑成面瘫，一看就是编排人。王雱那是一个和他父亲一样精明的人，是他父亲变法的左膀右臂，怎会做出这等无厘头的事来?

实际上，这个故事是下面这位人士的后辈儿孙编出来的。

洛阳此时成了反新法人士的大本营，这里居住着司马光、富弼、吕公著等反新法的大臣，王安石的变法像驱雀似的把这些反对派赶到洛阳闲居起来。

令程颢没想到的是，这里还住着一个比任何人都闲的人。别人的闲是被王安石逼出来的，而这位闲人是位真正的闲人，是位得道的闲人，当然了，也是一位得儒学之道的闲人。

他的名字叫邵雍。

在程颢到来时，邵雍已经在洛阳住了二十多年了，早已经换掉了暂住证，成了一个洛阳市民了。

邵雍出生在河北涿州，十二岁那年，随父亲迁居到共城（今河南辉县）。共城境内有座苏门山，邵雍父母就在此搭了个茅屋居住。

这时的邵雍慷慨欲树功名，在此刻苦读书，夏不摇扇，冬不生炉，困倦时就往地上一躺，这种刻苦精神，比起范仲淹、孙复、胡瑗都不在话下。

书读多了，难免自雄其才，慨然出门远游，史称邵雍“逾河、汾，涉淮、汉，周流齐、鲁、宋、郑之墟”。游历半个中国后，邵雍兴致勃勃地回到家中，说“道就在这里了（道在是矣）”，从此闭门不出。

什么是“道在是矣”？邵雍的兴奋心情就像我们出门旅游，路上又发现了一个新景点，捎带着看了一下回来。可能邵雍在远游的过程中，接触到了当时的学术思潮，开阔了眼界，回来后，自以为得道，要继续在家苦学。

可以这样说，这样下去，邵雍考取功名做官也是可能的事。然而，一个人的到来，改变了邵雍的学习轨迹，也改变了邵雍的命运。

此人名叫李之才，是共城县的县令。他听说了邵雍的刻苦学习生活后，专门来看望他，聊到读书时，李之才问邵雍：“你听说过物理性命之学吗？”

邵雍听了茫然。曾经立志三千里，如今百步无寸功，他少年时跟父亲学习，后来又自学，读了许多书，却并不系统连贯。物理之学是指包括天文、地理、历法、阴阳、五行等的一门宽而大的学问，而性命之学是探讨自身如何修养身心的一门窄而深的学问。邵雍听说过这些，但从未钻研过。

县令大人，这对我每个月几串钱的收入有影响吗？

有啊，它虽不能让你身宽体胖，却能让你心体丰腴。

李县令能提出这两个问题，说明他的学问别有来头，绝对也是个得道人士。他的老师是穆修，而穆修的老师就是宋朝著名的隐士种放。

李之才官运不佳，他老师的官运只能用更惨来形容，他们二人可以说是我带上你，你带上碗，我负责哭，你负责喊，最后比比谁最惨。

李之才仕途不佳是不善钻营，穆修则是有意自找。权贵想和他交结，他都一概拒绝，嘴里还说一些比“安能摧眉折腰事权贵”还难听的话，史称“诋诮（qiào）权贵”，同时对世风时政提出强烈批评。宰相想认识一下他，把他提为学部官员，他就是不去见。

更绝的是，他母亲死了，他谁也不雇，自己背着棺材去把母亲埋葬了，节省了一大笔丧葬费用。他不信佛，自然也不花钱请和尚来做佛事，念大悲咒什么的，就自己每天嘟囔着给母亲朗读些《孝经》《丧记》，用儒经来超度（应该说是安抚）亡母的灵魂。

穆修在官场前后共弄了两个“参军”名额，一个是司理参军，后来又补了个文学参军，连个七品芝麻官都没弄上。虽然官场失意，他却是那个年代的文坛巨星，提起穆参军来士大夫无人不晓。

穆修善写古文，他成了柳开之后古文创作的中流砥柱。他死后二十五年，将有一个复姓欧阳，也叫“修”的人把古文运动推向高潮，对骈文创作修正到底。

邵雍的老师李之才的老师是穆修，穆修的老师是种放。种放是宋初的著名隐士，宋太宗、宋真宗不仅多次召见他，还赐钱无数。种放对佛没好感，可他对佛教的处理方式很特别，他把佛经撕开，用来制帷帐，以表达对佛的厌恶。

种放对待佛经的行为并不值得提倡。不知他想过没有，把佛经制成帷帐，睡在里边，这不更是让佛光普照了吗？

种放有才学，终身不应科举，当起了隐士，但他也是宋朝的超级隐者，是隐士中的最大赢家，没有任何一个隐士能像他那样能和皇帝频繁来往，名利双收，让时人非常羡慕。

种放传《易》的上家是陈抟，这已不可考，就姑妄听之吧。那个年代能跟种放学习是沾上了名气，能跟陈抟学习是沾上了仙气。

对的人把你宠成孩子，错的人把你逼成疯子。

《易》的传承传说源流大致如此。

再回到邵雍，他拜李之才为师。李之才一直当个地方小官，他走到哪儿，邵雍也跟着到哪儿学习。邵雍虽说有个当官的老师，但李老师官小俸薄，想必邵雍的求学日子也好不到哪儿去。好在邵雍苦惯了，对此并不挂心，他继续过着以苦为乐的求学生活。

在跟随李之才学习六年后，李之才死了，邵雍开始了“师傅引进门，修行在个人”的生活。后来邵雍迁居洛阳，在洛阳开馆授徒，名气渐大，经济条件逐渐改善。

四十五岁时，邵雍在学生的撺掇下脱单，娶了妻，两年后，邵雍的儿子邵伯温出生。前面提到的王安石儿子王雱的窝囊形象就是邵雍的这个宝贝儿子长大后刻画的。

五十二岁时,邵雍有了自己的“独立工作室”,起名“安乐窝”。

这个安乐窝在洛阳名气极大,是由三位大官、顶尖名流为他搭建的。

第四十八回

一朝开悟二程上传天理
十载用功张载下线《正蒙》

邵雍的安乐窝是个带花园的房子，地契上是司马光的名，园契上是富弼的名，庄契上是王拱辰的名。由于当时的官府办事效率低下，过户时间很长，邵雍住进去十年后才取得房产证。这套别墅的赞助人个个大名鼎鼎。司马光就不介绍了。富弼是当过宰相的晏殊的女婿，自己也是一位刚卸任的宰相。王拱辰是状元才子，十八岁中状元，据说还是宋代第一才女李清照的外祖父。

邵雍既无背景，又无出身，却有三位大宋朝的高级官员给他置办私产，可见其学术能量之大。

对于邵先生这样的奇才，有困难要帮，没有困难也要帮。

邵雍在他的安乐窝中专心写作他的皇皇巨著《皇极经世》。这是一部宏大精深的著作，单从书名上就可看出。他给世界历史绘制了一个“元会运世”的年表，说一元等于十二会，一会等于三十运，一运等于十二世，一世等于三十年。这种世界万年历子虚乌有,纯属虚构,你要是拿它去推算节假日安排,就看错皇历了,这辈子也休不了一天。邵雍的万年历也就在《西游记》这样的神魔小说里用用。

邵雍的好朋友司马光对此却持肯定态度,认为邵雍把天地万物都纳于数中,让它们无处可逃,真是呜呼妙哉。

司马光在他的哲学著作《潜虚》里认为"万物都祖于虚",为此也弄了些莫测高深的图表,在务虚领域两人自然要建立攻守同盟。

程颢到洛阳后,和邵雍居住在同一个里巷里,很快成了朋友。

程颢也是个很有感染力的人,他的到来,在洛阳士大夫中又添了一道人文风景。

在邵雍看来,当时洛阳有四贤,他们是:富弼、吕公著、司马光、程颢。

在这四人中,程颢的官位和年纪都是最小的。

二程兄弟也经常去找邵雍谈论学问,然而对于邵雍的术数却不感兴趣,话题尽可能不扯到数学上。二程认为谈这些数不切实际,是空中楼阁。对于邵雍的那本《皇极经世》,二程认为那也经理不了世,当神话听听还可以,当不了神马用。

邵雍曾提出向比自己小二十多岁的二程兄弟传授象数学,哪知二程兄弟却不愿意学。程颢对人说:"要学得二十年,我兄弟哪有这工夫。"

这只是个托词。二程不愿意拜邵雍为师,是因为二程兄弟已有了别的想法,他们已在儒家大道上找到了新的标的(dì),那就是"理"或"天理"。他们认为,理是一切的一切,与天齐。

跟理一比，邵雍的数只能算"异数"。

在理的发明上，二程兄弟是当仁不让、死守专利权的。程颢说："我们的学虽然也有人教过（虽有所授），但'天理'二字却是自家体贴出来的。"

用舌头解不开而用牙齿咬的叫战争，在这点上，二程很护食，天王老子也不认，更别说启蒙老师周敦颐了。周敦颐通过让二程寻找"孔颜乐处"，把二人引上了探索新儒学的康庄大道。他后来在《太极图说》中标"太极""中正仁义""主静"，在《通书》中标"诚"，却没有标出"理"或"天理"，二程认为，周老师的这些概念都太旧了，不足以统帅世间万事，担当不了儒学复兴的领导工作。

至于邵雍呢，虽然也承认理或天理，但常常把数挂在嘴边，只有推数才及理，这在二程看来，是本末倒置，自然也担当不了儒学复兴的领导工作。

对不信数的这兄弟俩，邵雍也不死心，极力诱导。一天，邵雍对程颐说："你虽聪明，然天下事这么多，你能尽知吗？"程颐说："天下事，我所不知道的确实有很多，不知你所说的是什么事？"这时正好天上响雷，邵雍就问："你知道雷起于何处吗？"程颐说："我知道，你却不知道。"邵雍被他说愣了，问："怎么讲？"程颐说："你不知道，所以等着用数来推算。我知道，所以不用数推。"邵雍说："那你说雷起于何处？"程颐说："起于起处。"邵雍听了一愣，想了想后只好点头称善。

英雄不问出处，讨饭莫问来路。这"起于起处"也是理的观念在起作用。邵雍推算数，扛的是数字大旗，只能算是个技术活儿，自然不能担当儒学复兴的领导工作，于是这项工作自然就落在了二程肩上。

为什么说二程体会出个理就抓住了复兴儒学的领导权呢？这是因为

二程自以为体会出了道学的真谛,他们把理作为世界的本原。

世界的本原是说我们生活的这个世界是怎么来的,干什么你不懂本原,只能说明你是瞎活着。

老子把“道”作为了世界的本原,他说道生一,一生二,二生三,三生万物,启发了魏晋时代的玄学爱好者。但老子是道家班的,跟道学没有一毛钱的关系。

儒家班的孔子没去思考世界是怎么来的这个问题,他的最高概念“仁”也被老子说成是天地不仁,以万物为刍(chú)狗;圣人不仁,以百姓为刍狗。仁只是个良心活儿,不能当作世界的本原。

魏晋玄学家受老子的启发,说“无”是世界的本原,这显然是抄袭道家的观点,自然不能跑到儒家队伍里,去担当儒学复兴的领导工作。

唐朝的韩愈倒想复兴儒学,但他只是嚷嚷烧佛灭佛,一顿操作猛如虎,实战变成小奶虎,被贬官吃亏后也并没有好好坐下来探讨世界本原,没有什么儒学理论建设,加上他自已修的道统说传承体系二程也并不认可,在他们眼里,韩愈也就是儒家队伍里一个跑腿的。

至于宋朝的范仲淹、胡瑗、孙复、石介等人,也没有多多关注世界本原,在新儒学上还远远没有上位,自然也担当不了儒学复兴的领导工作。

周敦颐倒是探讨了世界本原,但他的本原词汇无极、太极是道家和《周易》早就谈过的,他重点阐述的“诚”也是取自孟子与《中庸》的,说诚是“圣人之本”,讲的多是仁义礼智孝悌(tì)忠信这些人间伦理行为,和二程的天理不在一个重量级上。

聪明的王安石大标道德性命引人注目,但很快二程就发现了这位霸道总裁的短板。王安石说道是万物所自生，这个本原的“道”也是老子讲过的，并且他的道没跟儒家人间的纲常伦理挂钩，这没多大意义，哪如他们既让理生万物，又让理为人间立法，这才是儒学发展的硬道理。他王安石还是不知道人间正道（介甫自不识道字）。

所以二程认为，让儒学复兴的使命已落在了他们肩上。

然而，来踢馆，和二程争夺领导权的这个人还是来了。

熙宁十年（1077），也就是王安石变法的第九个年头，一个人的到来，使二程的学术状态又紧张了起来。这个人我们以前见过，他就是张载。

张载和二程有层特殊关系，他是二程的表叔。按理说，二程没必要那么紧张，都是亲戚，自己那么知事懂理，表叔也不会端起架子训自己。

可实际上，在二程眼里，这位表叔很难斗，他已练就了盖世武功。

张载的修炼过程是这样的。

他二十岁时，从住地陕西眉县跑到延安，去见军政长官范仲淹。范仲淹可说是那时的西北王，他抵制住了西夏的强势进攻，名扬塞外。张载本是想去和范仲淹谈治国用兵的，顺便也想让范仲淹支持他组织一队人马，去收复被西夏占领的土地。没想到范仲淹看了他的文章后，劝他弃武从文，说“儒者自有名教可乐，何必非要谈兵”，并给他推荐了一篇文章《中庸》。

范仲淹当时并不是怕张载带兵，他内心也并不是怕涌出一支民间武装，他是真心想在儒家田地里栽木柱长天，他也想不到，张载就是他偶然插柳柳成荫的。

周敦颐启发二程兄弟这俩“高中生”要去寻找孔子、颜回当年读书学习的乐处,和二程一样,张载这位“大学生”从范仲淹那里受到的启蒙也是要去寻找儒者的可乐之处。可以说,宋儒已经从儒家自身的储备库里发现了可供利用的东西,只是此时大家都还在翻寻,有的从《孟子》等书里拿出了“道德性命”,有的从《中庸》中挑出了“诚”,有的从祖师孔子那里翻腾出来了传统旧货“仁义”,一些人已拿出来做文章,开始在外边晒。总之,寻找儒教乐处,在儒家田地里淘宝已成了一些先进人士的共识。

张载听从了范老夫子的教导,回去细细读起《中庸》来。《中庸》只是《礼记》里的一篇文章。张载读了许多遍,有了点感悟,却又觉得不能满足,于是又读了大量的佛教、道教书籍,又有了点感悟,觉得还是不能满足,于是又返回来,仔细阅读儒家经典。在这种浸润于儒释道三教、出火入水的淬炼中,张载的思想渐渐成形。

宋仁宗嘉祐二年(1057),三十八岁的张载考中进士,在同一年中进士的还有程颢、苏轼、苏辙,这一年的知贡举是欧阳修。

这时范仲淹已去世五年了,没有看到他指引的这位学生考上进士,更没想到张载还会成为一代学宗。

在当了几任地方官后,宋神宗熙宁二年(1069)冬天,由御史中丞吕公著推荐,张载被召到京城,受到宋神宗的召见。宋神宗问起他治国方略,张载劝宋神宗要效法三代。三代是尧舜禹时代,是儒家理想中的美好朝代,宋神宗听了点头。然而在具体内容上,张载也没有什么新鲜的建议,他劝神宗要实行井田制。

井田制到孟子时就已是个遥远的梦想,从孟子到张载又过了一千多年,没想到张载还是怀抱着这个遥远的梦想,这在当时的执政王安石看来,那也太不与时俱进了。

当王安石问张载对变法的看法时,张载并不热心,又讲起了他所热衷的"三代""井田"这些古语,王安石听了心想,行了行了,这又是一个书呆子,看来吕公著推荐的都是一些这样的人。于是暂时把张载从变法后备干部的名额里画掉了,派他去浙东按狱,也就是审查案件。

程颢为张载打抱不平,对王安石说:"张载是因为有道德学问而被召来的,让他去治狱,跟犯人打交道,恐怕不合适吧。"王安石反驳说:"像皋(gāo)陶(yáo)这样有道德学问的人尚且审判囚犯,让张载任此职,有何不妥?"

皋陶是古代舜帝的司法大臣,"罪疑惟轻"这句话就是他说的,意思是对不确定的罪行要从轻处罚。

王安石此语驳得程颢哑口无言。其实,让张载去治狱,也不是王安石耍恶意,宋代进士大多担任过司法参军这样的官职,干过基层法律工作。张载中进士后担任的第一个官职就是司法参军,让他去按狱,也不是王安石彻底放弃了他,就当是一次考察吧。

哎,你总是鸬鹚鸬鹚(如此如此)的冷漠,我也是貊貘貊貘(那么那么)的寂寞。

张载走马上任去了,并且顺利完成了任务,他回来后,他的考察期也基本结束了。原来王安石变法这时正闹得不可开交,朝中反对变法的人数众多,他弟弟张戬(jiǎn)闹得尤其欢炸,暴走中书(省),惹上大事了。

张载和弟弟张戬都是进士出身，张戬比张载还早考上四年。当时张戬的官职是监察御史里行。里行从字面上看，你要是把它理解成行家里手就错了，它是资历浅、入行短之意。张戬反对王安石变法，拿出了位卑未敢忘忧国的精神，一连上书几十次，弹劾宰执大臣曾公亮、赵抃这些人，说他们不能救正，应该制止王安石的变法。

赵抃就是推荐周敦颐的那位铁面御史，他此时已升任执政，也未能免于张戬的弹劾。看着张戬在御史岗位上无所顾忌，和当年的自己很有得一拼，赵抃这位老牌御史只能苦笑。

你就是这儿的开心果，专治各种不开心。

张戬这几十份书信集束炸弹，宋神宗估计都看得头疼死了。给宋神宗上书后还不算完，张戬又跑到中书省去找王安石理论。王安石听了张戬的询问，认为不值得回答，像看小孩子玩耍似的，只是举着扇子，掩面而笑。张戬气呼呼地说："我张戬狂直，是该让你笑，然天下笑你的也不少！"

你就只管笑吧，笑吧，笑话我对你有什么好处！

是站着笑还是坐着笑，需不需要我排队笑？

赵抃当时任参知政事，赶紧从旁劝解，说："算了，算了。"哪知张戬冲着赵抃喊道："算了算了，什么叫算了，弄到这个样子，赵公你也不能算无罪。"赵抃听了面露红色。

这还了得，一个小小的监察御史里行，虽说有监察权，但也不该大闹中书省，这是国家的权力中心，在这里随便训斥众宰相，见人就骂，这也太狂放了吧。

如果那天你不知道我喝了多少杯，你就不会明白我有多么美。

张戬也意识到自己做过了，这狂野的心做过的事又没法弥补，说老天让你我相约也没人信，于是回家称病待罪。张载回来后，一看弟弟“大闹天宫”，有效杀伤半径弄得这么大，把王安石得罪到家了，加上自己变法的主张和王安石也不相同，职务上扬肯定一时没有档期，别想在这儿混了，于是也托病，回老家去了。

张载回到陕西省眉县横渠老家，这时他已五十岁了。孔子说“五十而知天命”，对于正深究道德性命之理的张载来说，更是刻不容缓。并且张载早就发愿，他要用著书立说来“为天地立志，为生民立道，为去圣继绝学，为万世开太平”。多么宏大的事业。

当王安石变法正如火如荼开展的时候，他却躲在家乡，终日坐在满是书的屋子里（危坐一室，左右简编），伏而读，仰而思，有了心得就记下来。有时半夜里想起什么来，就兴奋得披衣而起，点着蜡烛，赶紧记下，然后就着灯继续读书，就这样冥思苦想几年后，宋代儒学思想史上又一部思想录诞生了。

这部著作就叫《正蒙》。

这一书名是张载死后弟子们给起的，顾名思义，就是订正蒙昧的意思。

周敦颐的著作被人称为“破暗文章”，张载的《正蒙》是道学界的又一部启蒙读物。

张载这几年在家乡建设上也没闲着，他在家乡弄了块试验田，搞井田制。

井田按孟子老先生的说法就是把一块地按“井”字形划分成九块，一块一百亩，其中八百亩是私田，一百亩是公田，先干完公田，再干私田，公私分明，结合完美。

同时张载也招收学生，告诉他们要树立远大理想，学习就要学到成为圣人一样而后已，秦汉的学者就是没有成为圣人的远大理想，才没有大的成就。

听到此，我和我的小伙伴都惊呆了，莫非成圣和种田一样，也这么容易吗？

事实是，井田制想得很美，实际操作起来谁也没见过。张载在村子里试验，也没听说过产量大幅度增加等好消息。通过井田制来平均土地，这只是儒生的一种美好愿望。

而做圣人和种田具体操作就不一样了，没有远大理想是弄不成的。

成圣和种田还是不同的，这就是理想和现实之间的差距。

成长就是你将哭声调成静音的过程，而成圣呢？

熙宁九年(1076)，张载接到了朝廷的召唤书，要他进京。他把《正蒙》的原稿拿了出来，交给他的学生，要他们整理一下，他现在有事顾不着了。

张载在家乡苦思著书的这几年，朝中发生了巨大变化。反变法派都被王安石弄走得差不多了，变法派也进行了很大调整。儿子王雱病死，一手提拔上来的吕惠卿又和自己闹翻，对王安石都是刺激。加上神宗对王安石的看法又有点摇摆，王安石决定辞职。但他的变法仍在神宗的主持下进行。

张载弟弟张戬这时也已死去，张载抱着干一番事业的心来到京城，被安排到了太常礼院，然而他在议礼上却与长官发生了冲突，再混下去我也是个打酱油的，还是手持酱油，低头猛走吧，于是又托病回家了。

不过张载这次不是有心病，他是真的身体有病了。

在路过洛阳的时候，张载去见了二程兄弟。对这位表叔，二程是又喜欢又戒备。想当初，张载刚考上进士时，在京师讲《易》，来听课的人很多。二程来后，张载撤座，对大家说二程悟道高，请二程替自己讲课。后来两家在道学的想法上有了分歧，几番书信辩论，还是不能统一意见，双方都挺拧。

如今三人相见，寒暄过后，程颐问张载："在礼院，这一年都干了些什么大事呀？"那口气就像是说："哼，应召进京，那么多重要部门都没去成，到太常礼院去，能干出个什么名堂？"

张载听了也感到惭愧，不好意思地说："也没干什么事，只议了几个礼，还不被礼房检正长官认可，给剥夺了。只给几个死人定了几个谥号，还有龙女衣冠。"

哪知程颐听了一本正经地说："龙，那是兽，不可穿人的衣冠。"

张载听了小程子的教训，只好撇嘴，心想，得，就这么个成就最后也让他给剥夺了，比礼房检正长官还狠。他不愿在这些礼上和小程子纠缠了，点头同意了程颐的意见。

我常常为不够变态而无法融入评论区感到郁闷！

据说某龙就是这样把自己玩成稀有物种的。

但底下三人更谈不拢了。说起他们共同关心的话题，双方在"穷理尽性以至于命”这句话上又发生了争论。

“穷理尽性以至于命”这句话出自《周易·说卦传》,《说卦传》是《十翼》中的一翼。“穷理尽性以至于命”是怎么来的呢?《说卦传》里说:“圣人为什么作《周易》呢,他的目标就是要穷理尽性以至于命,为了顺性命之理,所以立了天之道,叫阴与阳;又立了地之道,叫柔与刚;又立了人之道,叫仁与义。把天地人三才再乘以二,用六画成了卦。我们算卦也是用来顺性命之理的。”

《周易》中《经》的教辅材料《十翼》这么说,无非是告诉我们,《周易》的八卦是用来探讨性命之理的,不是用来给人算算什么命那么浅薄的。

《十翼》反映的是先秦时儒家的思想,后来儒家学者从这里吸取了许多思想养料,其中说得最多的就是“穷理尽性以至于命”了。这句话颇被后来的新儒家所关注,从隋朝时的王通起,儒家学者就对此着力挖掘、阐述。

对于“穷理尽性以至于命”这句话,我们一般人的理解就是先探究完理(穷理),再尽性,然后到达命。而二程却不这样想,他们对张载说,经过我们研究,对于“穷理尽性以至于命”这句话应该这样理解:只穷理便是至于命,因为理、性、命都是在一个台阶上的,没有高低远近前后之别。

这差点把张载噎倒,这样大的步子容易扭着胯吧?他对二程直摇头,说:“这也未免太快了吧。只有明白了许多理(穷理),才能尽性;只有懂了人的性(尽人物之性),才能耳顺。耳顺是什么时候,六十岁吧?孔子说六十而耳顺,为什么耳顺,那是因为他熟知人性(尽性)。孔子又说五十而知天命,为什么知天命?那是因为五十岁的时候,我们通过穷理尽性,可以至于命了。这期间有好多事,岂有当下就理会了的道理?可见穷理尽性以至于命是个力气和时间活儿，这分明是三级楼梯，怎能隔着门槛儿上炕？从知命到至命，还有好长的路要走，怎可以说你知就是至了呢？”

听君一席话，白读十年书。但凡你说得有点道理，也不至于一点道理都没有。

贤侄，人有时候真的不能吃得太饱。

二程自是不服。因为二程是独标天理的，而偏偏《周易》上这句话给人的感觉是穷理是尽性知命的第一步，这不乱了套？要是穷理是初级阶段，知命是最高理想的话，那我们拿什么来标举我们的儒学。能说是命学吗？这不像算卦的了吗？能说是性学吗？性也不是我们的终极目标呀。只能说是理学，它与天道同齐，这才有号召力。可是在“穷理尽性以至于命”这句话中，看不出一点理是最高词汇的样子，所以只能来个三级跳了，把穷理、尽性、知命放到一个台阶上。

表叔，你还是不知命！

在张载去京城之前，张载到洛阳见着了邵雍，这时邵雍已有病，感到不行了，张载问他知命吗，邵雍说他只知天命，不知俗命。这次归来时，邵雍已死了，他只活了六十七岁，没有跟张载多谈性命。

张载跟二程的性命讨论也没机会了，他的身体状况越来越差。感到自己可能性命难保，张载赶快停止了和二程的理性命争执，踏上了回关中老家的路途。

寒风飘飘，枝叶孤零，悠悠黄河，我还能回去吗？

第四十九回

入关中程颐收张载弟子
躲洛阳司马编《资治通鉴》

走到临潼时，张载再也支撑不下去了。

那是隆冬时节，天寒地冻，万物萧索。张载迷茫地望着西方，那是他著书立说、授徒讲学、寄托理想的地方。为天地立志，为生民立道，为去圣继绝学，为万世开太平，我实现了吗？没有，还没有，我的思想还没有和人统一，授徒讲学还没有大范围铺开，井田制只在家乡进行了小块试验，可是我的生命就要结束了。

当晚住宿后，张载沐浴更衣。第二天跟随他的学生去看他，发现他已经死了，哭泣着给他收拾后事。在关中的门人也都奔走相告。由于张载家贫，是门人共同凑钱买了棺材，护送他的灵柩还乡的。

让我们用李白的一首诗为张载送行：

我浮黄河去京阙，挂席欲进波连山。

天长水阔厌远涉，访古始及平台间。

平台为客忧思多，对酒遂作梁园歌。

…………

洪波浩荡迷旧国，路远西归安可得！

就到此为止吧。

张载在关中一带讲学多年，多为士人所宗，被称为“横渠先生”。

张载没有来得及培养好接班人就死了，关中学术顿时处于群龙无首状态。

张载死后，他在关中的宗师地位也被程颐的学生否掉。如程颐四大弟子之一的游酢(zuò)就说，张载少年时就自喜其才，对别人说让他领着数万骑兵，可横行匈奴，是个牛人吧？后来怎么着，见了我们家大程先生，回家把他原来收的徒弟都辞谢了，放弃了他的旧学，来跟我家先生学道。

游酢编了个二程收服桀骜不驯的表叔的故事，连程颐听了都觉得编得太不像话。

明天导演会给你发招生快件，请确保地址不变。

张载到死都没有跟二程说放弃他的观点。

不过弟子们在张载死后逐渐向二程靠拢却是真的。

先是有张载的弟子吕大临去东见二程。

吕大临兄弟六人，其中先后有五人中进士，典型的五子登科故事，他的哥哥吕大防更是官至宰相。张载死后，吕大临感到有许多东西还没有弄清楚，就去河南扶沟县见二程。程颢当时任扶沟知县。在扶沟，程颢迎来了他讲学上的又一个春天，他把弟弟程颐也叫到扶沟一起办学。

对于前来问学的吕大临，程颢很重视。这是张载阵营里的大块头，要能说服吕大临，等于拿下了张载的一半人马。程颢告诉吕大临，只心便是天，把心尽了就知性，知性便知天。说你们老师张载把清虚一大立为万物之源，恐怕不对吧（恐未安）；又说横渠（张载）昔日把命比喻成源，说穷理与尽性就如穿渠引源，这个比喻是错了，渠与源是两个东西，而理与性是一个意思，不能混淆；又说理则天下只是一个理，是推至四海皆准的，必须先得这个天理，才能算你长大成人了。

清虚一大是说张载的“太虚”的，张载认为太虚就是气（太虚即气），把万物都看成是气所生，这让二程很是上火。

当你发现一只蟑螂的时候，说明阴影处已经多得挤不下了。

吕大临是元丰二年（1079）来扶沟问学的。吕大临回去后，程颐感到很有必要到关中，给张载的弟子再洗洗脑，统一一下思想认识。最可怕的就是张载的气本论。张载把气作为世界的本原，这与自己把理作为世界本原的主张是背道而驰的。必须压制下去张载的气，否则那可真没天理了。

理不辩不明，快乐最直接产生的方式就是少生自己的气，多吃别人的瓜。程颐于是在第二年到了关中。

见了张载的学生后，程颐首先夸奖了张载在关中传授礼做出的成绩，然后话题一转，又提到了自己的理。他说，礼其实就是理。世界上不是天理，就是私欲。同时又批评张载的气，说按你们老师的说法，气是循环往复的。走了的气，还能成为回来的气，这是错误的。你看人死了还能活过来吗？所以你们不要弄反了，是先有这个理，才有那个气。走了的气，成不了来了的气。有生便有死，有始便有终。

做得好不如说得好，程颐此话诚然很正确，然而他的终极目的弄错了，他的最终目的不过是想证明是气在理后，不能让气做了万物本原，占了先。

对于张载提出的"太虚即气"，二程认为还是太小家子气了。太虚只是一堆形而下的看得见的气，不配做形而上的看不见的道。因为《周易》上说形而上者是道，形而下者是器，器这东西是形而下，随处可见的，可道却是形而上，和他们的理一样，是看不见摸不着，却又无处不在的，万物都遵循着这个定理。而张载的"气"却一抓一大把，只配做个形而下的器，不配做形而上的道。

程颐这趟来关中，斩获颇丰，收编了张载不少弟子。打不过就加入，到此，二程的洛学已吞并了关学。而邵雍那边呢，由于数学培训班招收的生员有限，在邵雍死后大家一哄而散，也有一些投奔到二程门下。

不要说我胖，咱一出场就是这个配置，你问谁去呀？

优雅就是别人在吃香喝辣、大快朵颐的时候，我不吧嗒嘴。

二程大获全胜，此时周敦颐、邵雍、张载相继去世，他们二人成了圣学的领军者。

这时的洛阳还有个司马光，他也在探索世界的本原，他在他那本《潜虚》中说："万物皆祖于虚，生于气"，说万物都由虚产生，当时就不被人看重。司马光研修了半天道学无人喝彩，倒是他的《资治通鉴》在史学道路上做出了一番事业，成为中国历史上第一部编年体通史巨著（孔子的《春秋》是中国第一部编年体断代史，不是通史），和司马迁的那部纪传体通史巨著《史记》一起辉映史坛。

《资治通鉴》之所以成功，归功于司马光著书时的四个字：一本正经。

编著《资治通鉴》，并不是司马光一个人在战斗，在这里还要提提他的三个高级助手：刘攽（bān）、刘恕、范祖禹。司马光的著作班底是当时史学界的最豪华阵容。

先说刘攽。他是状元刘敞的弟弟，和刘敞一起考上进士。刘攽为人不修威仪，仗着嘴巴子利索，才思敏捷，爱开个玩笑什么的，因此得罪了不少人，仕途并不通畅。他和王安石本是老乡，至交好友。他好拿着王安石开玩笑，王安石反击，说他的名字"攽"拆开来不值分文。果然，在王安石执政时，刘攽由于常和王安石对着干，王安石一气之下，不用他了，把他赶出京城当地方官去了。

山月不知心里事，水风空落眼前花。

《资治通鉴》中的汉代部分就由他负责。

再说刘恕。刘恕小时候就十分聪明，读书过目成诵，不到二十岁就考上进士，在参加皇帝的特招考试时名列第一，也是个状元。他曾和司马光出游，遇道旁有碑，碑上有五代十国时的许多将领的名字，有许多人名都没人听说过，刘恕却能一一道出这些将领的生平，让人很是惊奇。

司马光也彻底服了，在挑选修史班子时对宋英宗说："这本书上下贯穿一千多年，我一个人可修不完。望陛下把翁源县令刘恕派给我。馆阁里文学士诚然很多，至于专精史学，臣所知道的只有刘恕一人。”

刘恕是司马光最早要来修史的人（刘攽是候补进去的）。

在这几个助手中，刘恕对《资治通鉴》的贡献最大。

刘恕、王安石也是老朋友，王安石变法时，刘恕当面反对，气得王安石发怒，脸如铁色，刘恕仍然不屈。你这么强势，谁和你做朋友都会有压力的。刘恕继续反驳，二人终至决裂。司马光到洛阳，刘恕请求跟随。刘恕在洛阳待了几个月后回家，道上得了脑血栓，手足偏瘫。

刘恕因此早早死去。《资治通鉴》编成后，朝廷赐其子为官，作为刘恕对《资治通鉴》这部书的编成做出巨大贡献的奖励。

这位也是《资治通鉴》的编著者，请大家默哀。

第三个助手是范祖禹。他是吕公著的女婿，中进士后，王安石很看重他，想把他拉到自己这边。范祖禹是吕公著的女婿，吕公著是反变法强硬派，范祖禹自然向着丈人，反对变法，于是拒绝了王安石，跟随司马光到了洛阳居住。他的才华比不上刘攽、刘恕，却是跟随司马光编书时间最长的人，踏踏实实跟司马光在洛阳闲槽冷灶，编了十五年书。和他一比，刘攽、刘恕只能说是兼职。

司马光当时已近老年，很受这位中青年学者的帮助。南宋建立时，司马光早已死去，家世衰落，当时范祖禹儿子范冲任翰林侍读学士，司马光家属很得范冲资助，全家都投靠范冲。两家修书结下的友谊很深。

司马光是个坚定的反变法派，又得到刘攽、刘恕、范祖禹三个铁杆反变法人士的帮助，在洛阳加快了他的修书速度。元丰七年（1084），司马光将编好的《资治通鉴》呈献给宋神宗。

宋神宗看了很是高兴，百感交集。十七年前，二十岁的宋神宗刚当皇帝，对司马光编书给予大力支持，对这部要论述历代君臣事迹的书很是重视，把原来司马光定的书名“通志”改为大气十足的“资治通鉴”。这一书名，意思是以鉴“前车之失”，来治“履霜之渐”。虽然后来司马光反对自己主持的王安石变法，他还是为司马光编著这本书创造条件。

司马光在给神宗皇帝的献书表中说：“臣如今骸骨消瘦，眼花牙落，记忆力已大不如前，眼前所要办的事，一转脚就忘。臣的精力，已尽于此书。”

司马光没想到，他的精力还没全尽于此书，他马上就要花费精力，办他平生的第二件大事。他更没想到的是，就是他的剩余精力办的这件大事，在后来引起了更大的党争，这场党争燃起的熊熊大火，差点把他花费多年心血编成的《资治通鉴》毁灭。幸亏宋神宗在编书之初给他写了一篇序，被人抬出来做挡箭牌，才避免了一场人亡书毁的惨剧。

司马光献书后仅三个月，神宗皇帝就死了。

原来王安石走后，宋神宗继续执行王安石定下的改革政策，国库收入年年增加，国家逐渐又富裕起来。但宋神宗在对西夏用兵上犯了错误，吃了败仗，这对宋神宗打击不小。他的健康状况江河日下，没来得及细读司马光那部可以资治的书就去世了。

神宗走后，他九岁的儿子继位，这就是宋哲宗。由于哲宗年幼，由太皇太后高氏听政。高氏反对变法，她把司马光从洛阳召回，授予宰相之职。又把吕公著从外地召回，与司马光共同辅政。

司马光被雪藏了十几年，没想到老了还有这么个机会。在编《资治通鉴》时，司马光是总裁，对于刘攽、刘恕、范祖禹整理后送上来的史料，司马光是详细斟酌，慎重剪裁。如今当了执政，司马光又拿出了编著《资治通鉴》时的做法，认为王安石的变法既不能资治，更不能通鉴，也不用慎重一下，大笔一挥，把王安石的变法内容唰唰一笔勾掉，新法成绩一概抹杀，变法那帮人马一律辞退。

这小子成功掌握了流量密码，非常会设置槽点，我们大家都被他套路了，其实他这个账号的变现能力很差。

王安石在家听说后一气之下死了。

由于当时宋哲宗的年号是“元祐”，司马光等人的行动在当时被称为“元祐更化”。

司马光刚一上台，他就想起了程颢、程颐兄弟俩。程颢被提升为宗正寺丞。但此时程颢已经重病缠身，无法赴京上任了。

程颢死后，程颐在为程颢写的碑文上对他做了极高评价，说程颢的死是孔子、孟子死后儒学事业的又一巨大损失，自从孟子死后，一千四百年无真儒，如今程颢这位真儒一死，人欲放肆而天理沦灭，恐怕世界不知该往哪里去（天下贸贸焉莫知所之）。

程颐决心要继承哥哥的遗志，把理学事业光大下去。

程颐的大嘴不知让董仲舒、扬雄、韩愈这些人听了怎么想，难道我们都是假儒吗？

那些小儒听了更不知怎么办了，难道我们连假儒也算不上，都不是儒吗?

表扬哥哥,就是变相表扬自己,当时理学也就在小圈子里散播,也没人跟程颐说的这些话较真,去打笔墨官司。

这时北宋五子中,只剩下了程颐。程颐自然认为,复兴道学圣学的历史使命责无旁贷地落在了他的肩上。

尽管程颐嘴大,但此时的程颐已五十三岁了,还是一个普通老百姓,连个进士的身份都没有。程颐不参加科举不是不能做官,他有老子的"任子"做官指标,但没有使用。司马光、吕公著等朝中大员向高太后推荐了程颐。

程颐起初被授予汝州团练推官,充西京国子监教授。

团练是中低级官,汝州团练推官相当于汝州团练属下的一名办事官,更低一级。当时的京城是河南开封,叫"东京","西京"是洛阳,西京国子监教授就是洛阳国子监的一名教授官。对这个官职,程颐自然看不上,推辞不受。

第二年,也就是元祐元年(1086)三月,经人推荐,程颐又被任命为宣德郎,充秘书省校书郎,这已是个标准的京官了,换旁人早高兴坏了,没想到程颐又推辞不受。

不久,经推荐,程颐又受到了小皇帝和太皇太后的召见。太皇太后召见程颐后,十分满意,当场拍板,授予程颐"崇政殿说书"之职。

这个说书不是给大家说评书的,而是给皇帝讲经书的,也就是说,是皇帝的老师。

这个职位有多么重要,你听听就知道了。熙宁四年(1071),司马光在他的日记中记下了这么一则爆炸性新闻:"前宣州旌德尉王雱上殿,授崇政殿说书。"这是当时司马光听说王安石儿子，那个据说邋里邋遢的王雱被授予崇政殿说书时的震惊心情。

优秀的戏子即使"面瘫"，也能拿奥斯卡，问鼎金马。

其实王雱任崇政殿说书没什么，王雱本人早已考中进士。从一个小小的宣州旌德尉升为崇政殿说书，只能说是平步青云。而程颐本人没考上进士，只是一个处士，按现代话说是个普通老百姓，他被授予崇政殿说书一职，那可真是一步登天。

程颐这次没有拒绝，在他心里，只有两种官最重要，一个是宰相，一个是皇帝的老师（帝师）。

天下治乱安危系于宰相，皇帝的品德成就在于老师，因此，不当宰相就要当帝师，崇政殿说书正是皇帝的老师。

于是程颐慨然应允，要通过影响皇帝，大干一番事业了。

第五十回

闹党争三党朝堂上争锋
谈不拢苏程私底下交恶

在讲课之前，程颐连给皇帝上了三道奏札，说了说自己的想法和要求，其中有一条是要求坐着讲课。

坐着讲课被认为是尊师重道的一种表现，对此道学家们很是重视。当年王安石也提出过同样要求，但被刘攽使劲损了几句，说你也不看看自己的脸有多大。如今程颐又提出了这个要求，然而就程颐那点儿面子，自然是得不到批复的。

程颐虽然不乐意，但也不能再坚持了，找个称心的工作不容易，还是先上岗吧。

站着就站着吧，站着能让热血上涌，这样还能提升三倍流量速度。

能够抢走的爱情，便不算爱情；能够说出的委屈，便不叫委屈。

但不久程颐就又吃不消了。由于上岗前没有提工资的事，程颐卖力站了几个月后，发现没人给他发工资，弄得在京的盘缠都用完了，只能到处借钱吃饭。

程颐满怀激情地一心扑在教育小皇帝的伟大事业上，对区区这点儿小钱不好意思张口要。而太皇太后和小皇帝对区区这点儿小钱又不挂心，就这样把程颐给晾起来了，程颐只能到处借钱过日子。司马光、吕公著等人知道后，赶快让户部给程颐补发了工资。

这说明赵老板并不是成心打马虎眼，像别的黑心老板糊弄工人一样，去糊弄我们程颐老师，他对手下还是挺实诚的，给的待遇也是优厚的。

从这件事可以看出，皇帝也不是白请家教的，并且他的家教费很贵，还得先给家教老师提个高职才能聘用。

高职虽然好，只是一旦撤岗，从这样的高职上摔下来会很疼。程颐老师不久就会尝到这种滋味。

程颐给小皇帝上课，勤勉是勤勉，但不久事就来了。也就是说，还没轮到给小皇帝讲道德性命这样高深伟大的话题，程颐的本性就露出来了。

原来，程颐为人严苛，对什么事看不顺眼就严厉指责，这和他哥哥程颢正好相反。程颢待人很和气，有时候还开开玩笑，活跃活跃气氛，很招人喜欢。而程颐则是不苟言笑。据说他和司马光这位有名的“司马牛”在一起谈话，没有一次谈和的，两人谁也不肯让谁。

“程门立雪”这个典故就出在他身上，虽说是学生尊敬他，但也说明学生都怕他。

程颐曾和好友韩维一家出去游玩。韩维也是朝中大臣，从父亲起一家就在朝中身居要职。路上小孩儿们说说笑笑，这本是欢乐的事，没想到程颐竟大声叱责道：“你们跟长者一起行走，竟敢这样想说就说，想笑就笑，韩家孝谨的门风都被你们弄衰了。”小孩儿们吓得大眼瞪小眼,弄得韩维也满脸通红,心想这都哪儿跟哪儿呀,怎么上纲上线到门风了。

程颐如今当了帝师,派头儿更大了,这下该小皇帝瞪眼了。

且说这天上完课,哲宗皇帝下课后一高兴,折了一根柳树条玩,没想到让程颐看见了,他教训小皇帝道:“如今正是春天,什么东西都不可无故摧折。”哲宗皇帝听了赶紧把柳条撂了,但心里老大不高兴,回去后跟他娘和奶奶一说,弄得一家子都不高兴。

羌笛何须怨杨柳,春风不度“颐”门关。我连个拧笛子吹着玩的农村小孩都不如。

推荐程颐的司马光、吕公著听了心中也是不高兴,都嫌他跟一个小孩子家过不去。

以后的日子里,程颐又指出小皇帝放假时间长、太皇太后在小皇帝不上朝时不应独自办公(**独坐**),等等,让太皇太后听了也挺不爽。

奶奶我上个班也搞得这么复杂吗?

接下来,程颐开始指责朝中许多人,这一下子就得罪了许多人,让大家也都不爽起来。

更想不到的是,朝中官员这时竟然分为三党,这些党派按地域划分,其中竟然就有以我们程颐老师为首的一党,名叫“洛党”。

让人奇怪程颐哪来的这么大能量,竟能在极短的时间里自挂一挡,而且跑得还挺快。

程颐是个一跃登上政治舞台的人物。原来,程颐在教授小皇帝时有很多时间。因为怕小皇帝热得生病,所以暑期放假时间比较长,到九月一号都不开学，程颐想上课都摸不着学生。于是在教学之余，程颐就积极参加了政治实践活动，抱着道学家强烈的使命责任感，对许多事指手画脚，勇于批评，闲着没事就搞搞串联，再加上有原来授徒讲学时打下的人际圈子基础，很快在他周围形成了一个小团体，被人称为“洛党”。

王安石变法时，朝中许多人不合作，于是王安石招用了一批新人，被人称为“新党”，反变法派就成了“旧党”。如今“元祐更化”，司马光、吕公著把新党驱赶走，把反变法的人召回，朝中的大小官员又全都成了“旧党”。

这些旧党在没有了共同的敌人后，又开始窝里斗，分化成了三党。

除了程颐的洛党，还有以四川人苏轼为首的蜀党，以北方人刘挚为首的朔党。

蜀党领袖是苏轼，四川眉州眉山人。苏轼在当时就已大名鼎鼎。

苏轼在宋仁宗嘉祐二年(1057)中进士。苏轼中进士那天，宋仁宗下班后回去高兴地在宫里对各位老婆说：“我今天为咱们弄了个宰相。”苏轼殿试时展现的才华已经在皇帝的脑海里留下了深深的印象。

可是不久，苏轼母亲死了，苏轼刚上班就不得不请了长假，回家守制三年。三年后回来上班，刚施展才华没两年，赏识他的宋仁宗就死了。

还不错的是，接任的宋英宗早就听人说过苏轼，想把他直接召入翰林，当机要秘书。谁想让当时的宰相给拦住了，说别着急，先把他放在底下培养培养吧。

刚培养没两年，事又来了，他父亲死了，苏轼又卷起铺盖回家守制三年。

三年后来上班，这时赏识他的宋英宗也死了，接任的是宋神宗。

还不错的是，宋神宗对苏轼也很赏识，当时变法派要大干一番，但是缺人才，所以很想重用苏轼，没想到，苏轼对神宗支持的王安石变法有看法，和王安石顶牛，对着干，王安石一怒，把他打发到外地做官去了。先是到杭州做知州，后又到密州，再到徐州，然后到湖州。

在湖州苏轼又被人参了一本，说他写讽刺朝廷和皇帝的诗，被人在官厅上给押了回去，苏轼那囧(jiǒng)劲儿和“囧”字的外形别提有多相像了。

当然了，苏轼脸没有那么厚，他当时被弄了个灰头土脸，路上真想投江自尽，一死了之。

苏轼回去后差点被整他的那些人判了死刑，还是神宗和太后惜才，不肯杀他，才把他放到黄州安置。

苏轼经此大难，在黄州一个叫东坡的地方，盖了间房子准备养老，从此被人称为“苏东坡”。

大师说我这两年为情所困，我以为是爱情，谁想到是险情。

想不到我是这样情路丰富。

经过了这么多州，这么一场灾难，管他什么黄州黑州，苏轼此时只想有碗粥喝。

有个姓苏的老头四十七岁了才知道捡破烂能挣钱，隔壁老王十七岁就知道捡破烂挣钱，比他整整少走了三十年弯路！

但这种清闲做梦的日子没过几年，宋神宗又想起用他，于是把他移到了常州。

在去常州赴任时，路过金陵，他特意去拜会了闲居在家的王安石。

苏轼被人告黑状时，王安石早已罢相，在家闲居。王安石做事还是很光明磊落的，品德在当时也无可挑剔。反对他的人只是对他变法不满，而这些变法或多或少都伤害了这些人的利益，不骂你王安石骂谁？

经过这么多年，苏轼看清了王安石当初的变法并非洪水猛兽，当年和王安石顶牛对着干显然有很大误解，还是自己书呆子气，目光短浅呀。

看来还是人们说的对：人性最大的愚蠢是相互为难。

两人在金陵握手言和。

宋神宗死后，苏轼又被调到登州做知州，不久被调回京城，任中书舍人，相当于皇帝的秘书，不久又升任翰林学士。

苏轼的拜相之路似乎已快接近。

然而苏东坡命与仇谋，老赶不对脚步，他在司马光废除王安石的变法上，又与执政的司马光起了冲突。

司马光在废除新法上采取了全面彻底、干净利落的方式，全不考虑新法有产生好的效果的一面。苏轼此时对新法已经有所认识，再不是当初动不动就把王安石变法骂倒的人了。他就和司马光分辩起来，没想到司马光十分执拗，气得苏轼底下对人直喊："司马牛！司马牛！"。

这次又该苏轼和"司马牛"顶牛了。

好在牛人司马光不久也死了，他没给和他顶角的苏轼什么处分。尽管苏轼穿越了牛熊线，但他最后并没能安全着陆，他的争吵又得罪了一批人，为他后来提前下岗走人埋下了伏笔。

说完了洛党、蜀党，再说朔党。这个党的干将都是北方人，所以被人称为“朔党”。为首的头目是刘挚，为人很有心计，他本是王安石提拔上来的，但他后来攻击王安石变法比谁都厉害，是司马光的得力打手之一。

刘挚是进士出身，怎么也是半拉子文人，但他看不起文人，说：“一号称文人，就没什么可看的了（无足观矣）。”

在这点上，他和反对作文的程颐倒有点相像，程颐就常常对人说“作文害道”。

不过他和苏轼这位大文人似乎相处得还不错，倒是对程颐拳脚相加，说程颐的学术是迂阔之学，程颐辞职是邀君索价，想得到更大的利益，这号人号称处士，全是欺世盗名。

三党的首领一个是大哲学家（程颐），一个是大文豪（苏轼），为了写刘挚先生的时候不显得单薄，我在刘挚的文集里找了半天，结果除了公文，还是公文，仅有的两卷诗也大都写得质木无文，无法恭维。但为了跟那两党头目对等一些，这里还是特地摘出一首七言绝句来放在这里，以跟程颐、苏轼那两位大腕儿做伴，诗的名字就叫《绝句》：

日日新诗出锦囊，清才飘洒句琅琅。
幕中病客病酬报，走马真难伴放羊。

既有“琅”来又有羊，会用韵脚会回车，不错不错。

大家评评，他作的诗文是有得看还是没得看？

洛、蜀二党交恶首先是从司马光之死开始的。

司马光当宰相后，意气用事，立志拿回自己曾经失去的一切，为废除新法，耗尽了他编《资治通鉴》后剩下的最后一点精力，身患疾病，仍然不舍昼夜地工作，他的目标是把王安石变法造成的局面反转过来，恢复变法以前的生产生活秩序，并为此发扬了鞠躬尽瘁、死而后已的精神和不达目的不罢休的司马"牛"劲儿，终于在他临死前把王安石的变法给翻了个盖。

王安石听说他把新法全部废除，一着急，死了。

有人劝他说："你这么无情打击王安石那一伙人，假如以后被打倒的这些人翻过身来，那么朋党之祸就要兴起了。"

司马光听了正色道："天若佑宋，必无此事。"

旧党人士纷纷为司马光的勇气点赞，认为这种精神，是当年的孟轲比不上的。

其实孟轲在司马光眼里算个什么！在宋代，孟子受到了人们的追捧，人们还掀起了将《孟子》由子书上升为经书的运动，比如王安石就很看重《孟子》，可偏偏就有司马光几个人不知是和王安石对着干还是怎的，死活看不上《孟子》。司马光曾作《疑孟》一文，对孟子的许多言论提出批评，甚至说《孟子》是伪书。拿孟轲来比此时杀红了眼的司马光的冲劲儿，显然风马牛不相及。

司马光没想到天还真不佑宋，真正的朋党之祸由此而起。

欧阳修曾写过一篇《朋党论》，为好人组成的朋党辩护。欧阳修时代的朋党还只算小儿科。司马光之后，党人碑即将树立。北宋时代，甚至可以说中国历史上最大规模的朋党之争即将拉开帷幕。它的开端，至少可以追溯到司马光此时的任性，不知这该如何去让后人“资治通鉴”。

司马光最终还是累死在了工作岗位上，终年六十八岁。死讯传来，正好朝廷有项庆典，庆典完后，大家提议应该去吊丧，程颐却拿出了帝师的派头，教训大家道：“孔子要是哪天哭过了，就不再歌。岂可刚庆贺完大赦，就又去吊丧！”

这时官员群里有人说道：“孔子说的是哭了就不再歌，没有说过歌了就不能哭。”程颐正在脑发蒙，脸发青，苏轼又起哄程颐道：“程先生说的大概是枉死市上那个乡巴佬叔孙通所制定的古怪礼吧。”众人听了都哄堂大笑。

程颐听了彻底耳根子发红，对苏轼从此是别有幽仇暗恨生。

按人情来说，去给司马光吊丧，程颐应该是抢着去的。因为程颐能站到朝堂上，那是司马光大力推荐的结果，碰到这事，他应该比谁都跑到前边。可是他却拿出了个不伦不类的古礼去阻挡大家吊丧，被苏轼这个大才子嘲戏了一番，羞恶难当。

我们如今批判的“饿死事小，失节事大”就是程颐在回答门人问寡妇能不能再嫁时说出的。程颐说这句话时未必有多坏，但毕竟是冷冰冰的。

程颐的道学面目在当时就让人非常讨厌。

再举个例子吧。

说这一天程颐偶然遇见苏轼的学生秦观，劈头就问：“‘天还知道，和天也瘦’这句词是你写的吗？”

秦观是个文静的女孩儿似的词人，写了好多情词，如我们熟知的“两情若是久长时，又岂在朝朝暮暮”，就出自他的手笔，在苏轼门下很是有名。

标准美男子在家的形象就是换得了蜡烛、拨得动灯花、挨打不躲，这些我都具备。秦观满以为程颐要夸自己，赶紧“拱手逊谢”。

没想到程颐正色训斥道：“上天尊严，怎能轻侮！”

秦观被这一声呵斥弄得面色难看，仿佛小姑娘做错了事被大人训斥，差点儿没哭出来，回去后跟苏轼老师说了，苏轼说：“别急，看我哪天打破他那个‘敬’罐子。”

程颐教训秦观是因为秦观妨碍了自己，因为在程颐的哲学世界里，天就是他的理，是不能随便说的，如果对天态度不庄重，就是轻侮他的理。邵雍有一首四字诗，其中有一句“弄丸余暇，闲往闲来”，就让程颐很不满，说邵雍太不严肃了，竟敢把天比作弹丸，随便耍来耍去。

你要是说天是弹丸的话，那星星应该哈哈大笑，反正宇宙是个偏僻的地方。

对于说“作文害道”的程颐，如果杜甫穿越过来碰上他，他也会教训道：“‘穿花蛱蝶深深见，点水蜻蜓款款飞’是你写的吗？”

你写这闲言语有什么用？

你写这花蝴蝶想逗引谁？

总之，程颐在人眼里是个很没趣的人，遭到了朔党、蜀党两党人士的联合攻击，和欧阳棐(fěi)、毕仲游、杨国宝、孙朴一起被人称为“五鬼”，程颐则是“五鬼”之魁。

这五鬼我们就不一一介绍了，其中的欧阳棐是我们熟知的欧阳修的儿子，令人好吃惊意外呀。政治上的“牛鬼蛇神”名号在此我们就不深究了，这不是本文的兴趣所在。

太皇太后也对程颐失去了兴趣。元祐二年(1087)八月,朝廷罢去了程颐崇政殿说书的职务,给了他个“差权同管勾西京国子监”的任命,这是让他去负责管理西京国子监。

不让在京城给天子当帝师,却让到洛阳给小子们当老师,心气儿高的程颐哪儿受得了这个,他立马撂挑子不干了,连上几封辞职书,但都不获批。

想走,哪儿那么容易?刚从帝师的位子上下来,怎么也得给你个官缓冲一下,要不然皇帝的老师平白无故一下子跌成平民百姓,皇家的颜面也无光。

有人提议让他再回京城当官,这时苏轼的弟弟苏辙站出来反对。他对太皇太后说,让程颐这个搅屎棍回来,又会搅动得朝中不安宁了(**颐入朝,恐不肯静**)。太皇太后也不愿意让这个死板的老头子回京,于是继续让他任“判西京国子监”。

苏辙和哥哥苏轼当年一同考上进士,宦海浮沉几年后,这时已是副宰相。

这里的判是高职就低职的意思,程颐更是感到委屈。

我听说,不,听我说,不要在蠢人面前自嘲,他会当真。

对于程颐来说,这时的处境很不妙,反对他的刘挚此时是宰相,苏辙副宰相又直接挡住了他的道,副宰相的哥哥,也就是他所恨的苏轼这时是太皇太后的红人,也不简单,官至礼部尚书的高位。

更糟糕的是,提拔他的吕公著三年前就已死去了。

吕公著这个人很有意思，他虽然在学问上没什么建树，但北宋道学的五位奠基者周敦颐、程颢、程颐、邵雍、张载全都得到过吕公著的推荐提拔。

这里要提提吕公著的家世。他的叔祖父吕蒙正是北宋初年的宰相，小时候和母亲被贪色好内的父亲赶出家，母子二人流落寒窑，穷困潦倒。后来吕蒙正考上了状元，把劳燕分飞多年的父母接到一起赡养，书写了一段书生励志成功的美丽故事。

吕蒙正的故事充分说明一个道理，那就是孩子混好了，父母也跟着沾光，搞得好还能让关系不好的父母破镜重圆，降低离婚率，更加凸显爱情的结晶的价值。

我们以后要生个女儿叫美丽，这样人们一见到我们，就会说美丽的爸爸妈妈。

从吕蒙正起，吕家在宋朝开始发迹，吕氏家族在朝中不断有居高位者，吕公著的父亲吕夷简就是吕蒙正之后的著名宰相，曾和范仲淹挑起了北宋历史上第一次著名的朋党之争。

司马光死后，吕公著执掌朝政，他完成了司马光未竟的事业。由于在王安石时代太压抑了，急于喘口气，他一上任就拿起了破窗锤，把王安石的《三经新义》一锤子给敲掉了，宣布进士考试不再考《三经新义》。

一道德，我叫你一道德！

真爽！

司马光废除了王安石物质领域的改革措施，吕公著废除了王安石精神领域的变革措施，二人完成了对王安石的全面清算。

吕公著活着时，程颐常给吕公著出谋划策。如今司马光、吕公著一死，程颐在朝中的两大支柱轰然垮塌，程颐就是回京，也自然立朝不稳。程颐明白这点，于是坚决辞职，什么官也不想当了。

由于上书中有过激言辞，被人指出有怨望情绪，程颐又被改了一职，授“管勾西京嵩山崇福宫”。这是一个闲差，意思是让程颐去看守道观。

程颐更是不干，说自己腰胯有病，连上辞呈。

就在这时，一条消息传来，掌权的太皇太后死了。

死了就死了呗，反正太皇太后也没看上我。

太皇太后之死对程颐好像也没什么。

然而令程颐想不到的是，从此，他连写辞职信的权利都没有了。

第五十一回

程颐流放涪州著作《易传》
蔡京高竖碑文打击异己

高太皇太后垂帘听政长达九年，在这九年里，小皇帝宋哲宗由于大臣们每天给太皇太后汇报工作时，屁股都对着自己，一直心生闷气。在这些臣子眼里，只有太皇太后母仪，没有皇帝威颜，堂堂一国之君竟成了摆设。

皇帝好歹也是一国之尊，这也太伤自尊了！

这种怨恨不满情绪日复一日地增长，然而小皇帝很有耐心，他悄没声、不动声色地等着、看着，他终于把老奶奶给熬死了。现在轮到他亲政了。于是，他重新起用王安石新党中的人，改年号为“绍圣”，并提出了“绍述”口号，意思是要继承父亲宋神宗的遗志，继续完成他老人家未竟的事业，推行王安石制定的新法，把高太皇太后掌权时期改过来的那一套再拧过来。

这就是北宋历史上著名的“绍圣绍述”。

“绍圣绍述”这个词一看就挺别扭的，对，就是要往过别，往过扭。

就这样，旧党人士在历史的轮盘中纷纷落马，刘挚等人被贬官出京，你方唱罢我登场，又认他乡是故乡。

苏轼、苏辙被贬出京城当小官，又开始了他们的州际之旅。

程颐更惨，被放归田里，连个小官也不是了，又成了编制外人员。没几个月，又一道诏令下达，程颐还要被押送到涪州编管。

所谓编管是交由当地地方官加以管束，不得随便乱动。

可见宋哲宗对程颐没有好印象，没准还十分痛恨。

从程颐的故事可以看出，善待儿童永远没错。

既然命令已经下达，程颐也没奈何。然而让程颐生气的是，上午押去编管的命令刚颁布，下午洛阳长官就来执行，逼迫上道。

当时逼迫程颐上道的洛阳长官是李清臣。这李清臣从小也是个神童，中进士后，入京为官，秘阁考试，文章被评为当朝第一。欧阳修十分赞赏他写的文章，把李清臣比作“苏轼第二”。他本拥护王安石变法，再加上苏轼第一个和程颐是死对头，他这“苏轼第二”也不甘落后，一看程颐被编管，可有了表现机会了，一溜小跑着来执行命令。

急，急死呀你！你这个神童下辈子投胎也没这么快吧！

程颐连去跟家里长辈们告别的时间都没有，真是有理没处诉。

自己一手打造的理犹且派不上用场，气又有什么用呢？

这时候更不能起性子，识时务者为俊杰。

没奈何，穷理尽性以至于命，认命吧。

一个苏轼、一个李清臣，都是舞文弄墨的主儿，说他们作文害道，真没说错！

程颐只得收拾行装，嘟囔着上路。

我只是看到，我什么也没说不会扣分吧？

在发往涪州编管的路上，程颐也渐渐想开了，过江时船差点儿翻了也没在乎。

这回倒有了时间著书，他在此写成了《周易程氏传》。

他不知道，苏轼、苏辙兄弟被贬期间，也没闲着，苏轼完成了他的《东坡易传》，苏辙则在老子身上展开寄托，构想开了《老子解》等书。

宋学的又一支——蜀学正在形成。

洛党、蜀党玩完了，洛学、蜀学却还在异地开花，两家会不会隔空对干呢？

程颐曾对学生说，要看三个人的《易传》，这三个人是王弼、胡瑗、王安石。程颐一生最恨的是两个人，一个是王安石，一个是苏轼。程颐由于是平民百姓，没够得着和大丞相王安石过招，但学术上仍尊崇王安石的《易传》。

对于苏轼的《易传》，程颐到死也没见着。如果见到，程颐肯定会跳起来猛批，你写的这玩意儿是拾破烂捡的吧？

宋哲宗亲政后，苏轼是第一个下岗的大臣。他的拜相梦从此破灭。而他的兄弟苏辙处境也不妙，在议事时，打了个比方，被宋哲宗使劲儿吼了两嗓子，说："你把我爸（先帝）比作汉武帝是不是！"然后被撵了出去。

刀太钝，马太瘦，那你就不要与人斗。苏辙后来遇赦而回，这回也不用搭理什么文帝武帝、白帝黑帝了，你爹老子爱是什么帝就是什么帝，闭门谢客，再不过问政治，终日默坐达几十年，闷声不响作了《老子解》一书。不过这在理学家眼里很垃圾。

为儒家的《周易》作传作不好还是个技术水平问题，为道家的老子作传则是认识态度问题，说得再好也找不到儒家大道，不是垃圾是什么？

就在程颐被送到涪州编管没几年，又一道消息传来——宋哲宗去世了，年仅二十四岁。这是谁也没想到的。

宋哲宗去世了，因为没有儿子，由他的弟弟，著名书画爱好者、艺术形象大使赵佶继位，这就是宋徽宗。同时大赦天下，以示庆祝。

程颐也沾了光，得到了赦免，回到了洛阳。不久朝廷给了程颐新的任命，让他继续权判西京国子监。

这回程颐不再心气高了。当年由帝师位子上被踢下来，让他管西京国子监，他不干，如今经历人生一番磨难，官还是那个官，事儿却不是那个事儿了。

程颐没有推辞，他上表谢恩，表示愿意去上任供职。就在大家为程颐老师政治地位又重新提高庆贺时，他的一个弟子站出来反对，说老师你不应该接受这个职位。

这个弟子名叫尹焞(tūn)，洛阳人。他的高祖尹源是北宋初著名文章大家。尹源还有个弟弟尹洙，也是著名古文大家，是北宋古文复兴运动的早期发起人。尹源、尹洙兄弟俩勇于谈兵，善于谋略，受到范仲淹、韩琦等人的赏识，可见尹焞家学渊源十分深厚。

当年程颐仕途扑街，被放归田里，回到洛阳后，就仿佛孙悟空保唐僧取经半道受罚回到花果山，只见门徒零落，死的死，散的散，好似大梦一场。在洛学全盛之时，二程兄弟门墙桃李，十分繁华。两下一对比，程颐自然十分伤感。

仔细想想，有什么悲观厌世的，难道你的人生还不够可笑吗？

正在这时，学生尹焞前来投师，程颐一见十分高兴。尹焞是个很有骨气、说话讲信用、重承诺的人，颇有祖上谈兵的英风豪气。拜程颐为师后，一次参加科举考试，打开卷子一看，里面有一篇时政作文，是让写一篇对诛灭元祐旧党的议论，而自己的老师程颐就是元祐旧党，尹焞一看说："噫，这还考什么劲呀，大丈夫难道能靠此做官吃饭（干禄）吗？"

于是不答而出，交白卷走人。回去告诉程颐说："我以后不再应进士举了。"

程颐说："那怎么行呢，你家里还有老母在。"

尹焞回去后跟老娘一说，没想到老娘对孩子交白卷的行为毫不责怪，说："我只知道你要以善养母，不知道你以禄养。"

程颐听说了尹焞老母宁愿喝西北风养老的话后，大为感动，说："真是一个贤母呀！"

就这样，尹焞以后再也不去参加科举考试了，到死也没去过一次。

一旦跟上了理学，尹焞就是这么个认死理的人。他的认死理不仅这次让考官目瞪口呆，后来还会让皇帝大睁两眼，再见识一番。

当下尹焞见程颐要接受朝廷任命，说老师你怎么反复呢？当初说什么也不当这个官，怎么现今又要接这个官呢？是不是改变你的初衷了呢？

学生尚且视考试做官如粪土，老师怎能为五斗米折腰呢？

程颐只好给尹焞解释说："新君刚刚即位，就给我特别照顾（首蒙大恩),把我从两千里外放回,我没有道理不接受他的好意。我且领他厚意,受他一月料钱,先上任几日,我再辞他的职。”

年少也有凌云志,今为碎银两鬓斑。

程颐本想暂时先给自己要几斗米,上点儿料,没想到计划赶不上变化,政治形势很快又迅速转化,这次轮不到他辞职,把他卷入政治深渊的风暴就要来了。

原来那位艺术皇帝宋徽宗刚上台时,改元“建中靖国”,意思是要用中和的立场来对待过去的新党、旧党,让大家都不要吵嚷打架了,团结起来建设共同的大家——国家。

这本来是和衷共济的好事,但仅仅一年后,这位艺术皇帝就变了,他起用了当时政坛演艺圈的一位大牌演员蔡京,俩人勾搭连环,联袂演出川剧变脸。

这蔡京熙宁三年(1070)考中进士,当时正是王安石变法如火如荼时,蔡京在底下跳起来表示坚决拥护朝廷的英明政策。后来司马光当政,要废除王安石变法,正在王安石的变法班底万马齐喑时,他又立马第一个跳出来大赞朝廷的决策英明,那欢快样子比汗血宝马跑得都快。

司马光限各地地方官五日内把王安石的雇役法改为差役法,大家都说太草率紧迫,不能一下子交差,独有蔡京五日内完成了差役任务,像小马撒欢一样跑到政事堂向司马光汇报成绩。司马光高兴地对这位马前卒说:“假使人人都奉法如君,这世上还有什么不可做的事(何不可行之有)!”

人靠衣裳马靠鞍,狗带铃铛跑得欢,可惜司马光没有用通鉴的眼光好好照照眼前这位政治变色龙，牛溲马勃照单全收，可以说司马光是巧于论世，拙于用世。

然而大家的眼睛是雪亮的，不久台、谏官纷纷上书弹劾蔡京奸诈，于是蔡京被贬到外地做官。

蛇暖不热，狼喂不熟，这种人的心永远看不懂。

绍圣初，哲宗亲政，又要恢复王安石变法，但在是否恢复王安石的雇役法上，执政大臣们议论不决。蔡京又对宰相献媚说："雇役法这么好，还讨论什么？我们都坚决拥护雇役法。"于是雇役法被定了下来。

差役法是直接差你当差，必须出工出力；雇役法是你可雇人替你当差，出钱出粮就行。

从雇役到差役再到雇役，蔡京毫不考虑自身的既定角色，一口气完成了他自己的从肯定到否定，再从否定到肯定，毫无治世济民思想，只有唯我个人主义立场。

通过拥护雇役法，蔡京又一次及时跟进，找到了雇主靠山，得到提升。

宋徽宗即位后，蔡京又被台、谏官上书弹劾，说此人"好大喜功，锐于改作"，将来天下大乱必从此人开始。一番轰炸后，蔡京官职不保，带着一颗受伤的心灵，又被撵到杭州看守道观去了。

然而不到一年，蔡京又被新主子宋徽宗看中，重新起用，升为宰相。"锐于改革"如今仍是褒义词，而"锐于改作"看来什么时候都不是好话。果然，蔡京不久就大肆发作，鼓动宋徽宗废除"建中靖国"年号，改用"崇宁"年号，意思是崇尚宋神宗时期的熙宁变法。

狼若回头，必要吃肉。

王安石的变法又被重新提起。

然而这次不同的是，蔡京借此打击异己分子，把不同意变法的捎带对自己当政不满不利的人一起打倒。

像不像野猪要对大白菜动手了？

王安石变法就这样被曲解，成了打击政敌的工具，碎成了一地鸡毛。

蔡京不久命人把元祐旧党和反对过自己的人的名字刻在石碑上，遍行全国，让他们臭名昭著，永垂青史。

我一生作恶多端，如今，可以说是和这个世界两清了。

司马光为奸党宰相以下大臣之首，包括吕公著、刘挚、苏辙等二十七人，这些人相当于《红楼梦》太虚幻境正册里面的人物。

苏轼为奸党待制以上等官之首，共四十九人，相当于《红楼梦》副册里面的人物。

程颐为奸党杂官之首，共一百七十六人，相当于《红楼梦》又副册里面的人物。

其余还有武臣、内臣几十人，相当于又又副册里面的人物，虽然这些人都是些小角色，但本着一个都不能少的原则，蔡京在大石碑上也给他们造册留念。

元祐旧党从此被定性为“元祐奸党”。奸党刻碑上石的共三百零九人（据说明朝末年魏忠贤列的东林奸党才一百零八人）。北宋党人碑最为高大。

待遇：凡是碑上有名的人的子孙弟子全部赶出京城，不得为官。

过去争吵、打骂的三党也不用吵打了，共同聚集在蔡京给他们烧制的玻璃盏里，万艳同悲，千红一哭。

程颐被追毁出身以来文字，学徒赶散，也就是把做官（出身）以后写的文章全部毁掉。这时他已是个古稀老人了，米没要上，还被强制平仓，在这种严酷的环境里待了五年后死去，终年七十五岁。

程颐死后只有尹焞、张绎四五个学生在场送葬，其他人都不敢来，场面看上去十分凄凉。

这里说说张绎这个学生，他是程颐从涪州回来后收的关门弟子，这下用上了，给程颐做了关门扫墓等收尾工作。

张绎家里穷，老大了还没念过书，在镇上给人打工。一天看见县官出行时鸣锣开道，吹吹打打很威风，就问人："怎么才能做到像他这样？"别人告诉他，那是读书考上进士得来的。

张绎很羡慕，过去一直以为自己是那崖畔的一枝花，现在才知道不过是人海的一粒沙，从此发愤读书力学，逐渐有了名气，但水平似乎离科举考试还很远，当官一时办不到。后来张绎想剃发为僧，周行己告诉他："学佛干吗呀，你可以学学圣人之学呀。哪天程先生回来了，你可去拜他为师。"

"圣人之学"就是二程等人鼓吹的学习成为圣人的学问，也就是他们的理学。

不久被流放涪州的程颐遇赦回来，正当他为门前冷落鞍马稀唏嘘感叹时，张绎上门拜师。程颐见张绎聪明颖悟，很是高兴，常对人说晚年收了两个好学生。

这两个好学生一个是尹焞，是程颐被罢官后收的；一个是张绎，是程颐流放回来后收的。

试人可以用金,试金可以用火,试火可以用冰。

两枝寒梅,傲立风霜,此处必须有掌声。程颐不由得深深感叹。

张绎跟随程颐学习后,想通过科举当官出人头地的想法渐渐被冲淡。学圣人之学嘛,就是要以学圣人的道德情操、学问境界为目标,而不以考试做官为目的。

程颐晚年收的这两个学生虽不在程颐“四大弟子”之列,不如原来收的那“四大弟子”——游酢、杨时、谢良佐、吕大临显得学问高大,但两人都很努力。

张绎在三十七岁时死了,由于学习起步晚,在理学事业上没什么贡献,他在理学史上最为后世理学家称道的是给程颐送葬。

相对来说,尹焞虽然笨点,但家学底子不错,生命线又长点,最后书写了理学史上很豪迈的一页,那就是进京力挺理学。

第五十二回

蔡卞力捧丈人进入孔庙
杨时下架安石伺机反攻

把张绎引上道的周行己也值得一提。他是程颐的学生,拜程颐为师后中了进士。由于长得帅,声音洪亮如钟,周行己一下子成了京师达官贵人女婿的热门人选。周行己说我已经奉母命定下了姨母家的女儿,推辞掉了这些人。

夫妇到头穷也好,双线补衣破也牢。

当时姨母家的女儿眼睛已瞎了,周行己没有悔婚,依然回家娶了这位贫穷姨母家的女儿。

这事在当时轰动一时,传为美谈。

愿得一人心,白首不相离。

你很重要的意思就是你很重,我也要。

欲选周行己做女婿的达官贵人中有一位是宰相冯京。这个人你可能没听说过,但他在当时是大名鼎鼎的,他在科举考试时连得乡试、省试、殿试第一，这就是著名的“连中三元”，这样的人在中国科举史上也就十几个人。

冯京中状元后在京师立即引起轰动，成为达官贵人家女儿争抢的对象。

这男的我认识，他家里有个动物园：宝马、捷豹、野马、路虎、悍马、蝰蛇、甲壳虫……好厉害啦！

冯京后来和宰相富弼的女儿成了亲，而富弼又是宋朝著名的神童宰相晏殊的女婿。天上神仙府，人间宰相家，周行己能拒绝和冯京这样的名流宰相世家结亲，无怪乎连他那位道貌凛然的老师程颐都自叹学不来。

冯京做了富弼的女婿是站对了队，周行己没做冯京的女婿是没站上队，自然官场关系不广。他后来仕途很不顺，老是在七八品的位置上晃悠，最后因为依附于宋徽宗宫里装神弄鬼的道士林灵素和向奸臣宰相蔡京上书而被人诟病，说他由当初的帅哥变成了衰哥(**其志可又何其衰乎**)！

你那萎缩劲儿像极了冬天早起穿衣服的小孩子。

不过周行己在家乡浙江温州讲学，把程颐的理学传播到了那里。在他身后，永嘉学派兴起，周行几被誉为永嘉学派的“开山祖师”，这就是后话了。

自元丰八年(1085)程颢去世后，程颐独自扛着理学大旗支撑了二十二年，又经历了几次波诡云谲、天翻地覆的政治事件，看上去很是波澜壮阔。而真正的事实是，程颐也就是扛着大旗在学生朋友圈里晃悠晃悠，并没有形成多大范围的影响，真正影响全国的是王安石的新学，他的《三经新义》

是大宋士子必读的教科书，其间虽遭吕公著废除过一段时间，但不久就又颁行全国。

蔡京主政时，王安石被抬得最高。这里边还有一个人起着主要作用，那就是王安石的女婿蔡卞。

要说北宋历史上著名神童，第一那就是晏殊。他十四岁中进士，后官至宰相，绝对是个学霸牛人。这蔡卞也挺牛，小时候聪明颖悟，二十二岁时和他哥哥蔡京一同考上进士。当时的宰相是王安石，爱才如命，立刻把蔡卞收于门下，后来又把二女儿嫁给了蔡卞。

当时的进士是官员争相联姻的目标，更别说青年英俊进士了，那都是帝国未来的官员，更是宰执大臣们眼中的乘龙快婿。

王安石为相期间，蔡卞为避嫌，在家安心读书。直到王安石罢相后三年，他才出任重要官职。蔡京当政，蔡卞知枢密院。

政事堂与枢密院在宋朝号称“二府”，一掌行政，一掌军事，兄弟二人一度把揽了朝中大权。

不过兄弟二人并不相同，蔡京是一心为自己，干坏事不遗余力；蔡卞还是有道德良心的，尽己所能地干些好事。尽管如此，蔡卞最后也还是与蔡京一起上了《宋史》的奸臣传。

蔡卞对岳丈王安石十分崇拜，王安石死后，蔡卞就极力拥护老丈人王安石配享孔庙。后来王安石在孔庙中果然站在了颜回、孟子的下面。

王安石的生前夙愿“他日若能窥孟子，终身何敢望韩公”在死后终于实现，在庙里开始窥视孟子，向颜回看齐了。

然而政局风云变化，王安石的学术地位也随之动摇，在孔庙中的身像也被一人推下台来。

此人就是二程的四大弟子之一,名叫杨时。

杨时是今福建将乐人。他中进士后,还不满足,要寻访儒家大道,就去颍昌拜程颢为师。程颢一见大喜,杨时学满回去时,程颢目送他走远,对随行的学生说:“我的道南去了。”

此情此景让我们回忆起了当年田何送丁宽、马融送郑玄。

没有硕士帽博士帽,然而却是中国学术史上最风光的毕业照。

不过“我的道南去、北去……”这个句式越来越做作,程颢自认为找着了儒家失传的道,所以才在学生面前这么说,希望大家对他的道加深印象。

这话只有大师才敢说,如果大师看错人,对方没有达到预期目标,那就丢人丢大了。所以这个句式要慎用。

好在杨时没有辜负程颢的期望,他是道学南传的关键人物。

程颢死后,杨时又去洛阳见程颐。一日他与游酢去找程颐,程颐当时正合眼坐着,可能睡着了,杨时与游酢二人在旁侍立。就这么等啊等,等程颐睁开眼,发现二人时,门外已下了一尺厚的雪了。

后人于是造了个典故“程门立雪”,来表示求学的热忱。

其实杨时、游酢二人并没在冰天雪地里立着,这个故事说明杨时深服程颐,也说明小程子为人严厉。学生见了程颢,都感到和蔼可亲、如坐春风;杨时、游酢见程颐,却是程门立雪。可见二程待人接物的气象大不相同。

杨时见程颐,在理学史上勾出了一个非常著名的理论:理一分殊。

这是杨时与程颐讨论张载的那篇《西铭》时的记录。

《西铭》原名《订顽》，是张载《正蒙》里的一段文字，张载把它拿出来，贴到窗户边上。程颐看了叫好，给它重新起名《西铭》。

杨时在读程颐极为称赏的《西铭》时发现了个问题，说张载这篇文章近于兼爱，和墨子没什么区别。这还行？孔是孔，墨是墨，思想不同，怎能搅到一起？"兼爱"是孟子早就批判过的，各人亲各人的父母，不能混淆。

而张载在《西铭》中说"乾称父，坤称母"，杨时读了后认为，既然天地是我们共同的父母，那我们不都是一家子了吗？我们都应该互相孝顺对方的父母，因为我们的父母是共同的。这不是和墨子的兼爱一样了吗？

程颐于是告诉他，天地是我们共同的父母，这是"理一"不错，但还有个"分殊"，要各回各家，各找各妈。

过去学习不刻苦，现在评论心里堵，杨时顿时恍然大悟。其实程颐是借张载的水杯，浇自己心中的花蕾。张载并没说过"理一分殊"，程颐却大加发挥，总结出了"理一分殊"这个著名命题，来为他的理学张目。

自从有了理一分殊，理学就好像有了数理化公式，从此一理的太阳光芒四射，普照世间万物分殊，从万物分殊也可逆推返光天理。理一分殊成了解开理学题的万能钥匙。

一个人炫耀什么，说明内心渴望什么；你的在线率越高，说明你越寂寞。

杨时跟程颐学习后，回家杜门不出，钻研学问，名气越来越大，来跟他学习的人很多，后来又做过几任知县。但其实杨时的名声已远远超出这几个县的范围,这是怎么发现的呢?

原来朝廷有到高丽国(朝鲜)的使臣,被高丽国王问起“杨时先生今在哪里”,使臣很惊讶,回去后向朝廷汇报,朝廷这才重视起来。

有了外国吹的风,这更壮大了杨时的名声。当时蔡京当政,搞得很烂,有人劝他拉拢一些名人来给自己留条后路。杨时就这样被召进京,官拜翰林侍讲。

这时金兵大举南侵,宋徽宗吓得尿了裤子,急得恨不能拿脑袋撞豆腐,赶紧传位给儿子,让他接管宋朝这个烂摊子,自己带着一帮子老婆跑路了。

即位的是宋钦宗。杨时积极向宋钦宗建言献策,要求惩治奸臣,废掉劳民伤财的花石纲。花石纲是给艺术皇帝宋徽宗运送奇花异石的运输编队,“纲”就是一个运输编队的意思。杨时同时还要求处治对金作战不力的将领,反对割地赔款。

这些要求都是大路货,没什么特色,真正让杨时出彩的是下面这个要求。

主战派李纲被罢免时,太学生们上书闹事,要求挽留李纲。军民聚集了几十万,游街呐喊,搞得京师动荡。宋钦宗一看伏不住了,于是让杨时担任国子监祭酒,以安定太学,先别让太学生闹事,这些人闹起事来容易激动,很容易被人操纵。

杨时的机会来了。他趁机向钦宗提出今日之乱全是王安石首倡邪说,被蔡京等辈利用所致,要求毁去孔庙中王安石配享的身像,将全国各地孔庙中的王安石身像全部下架,禁绝王学。

钦宗命令颁诏,就按杨时说的这么办,推倒王安石的供像。

把蔡京的误国推到王安石身上，实在有点说不过去，杨时显然说话不对。正在杨时心下窃喜的时候，他的建议遭到了一位谏议大夫的猛烈炮轰。

这位谏议大夫是苏轼的弟子，苏轼、程颐早就不和，此时他们的学生又在皇帝前骂战。

杨时的建议在教育界引起强烈地震。当时天下学子都已经学习王安石经术几十年了，忽然听说王学被定为邪说，学习了这么多年，竟是学习了邪说谬论，这些人一个个真跟中了邪似的，乱嚷起来。有的学生还找到杨时家里理论。杨时吓得闭门不出。

人生真精彩，世界真奇妙，我承认我再一次肤浅了。

学官中也为此争执不已，互相吵骂，打起了口水战。

当时金兵在外横刀跃马用狼牙棒追着宋人的天灵盖打，学者们在内坐而论道因为王安石和程颐的学术喷口水磨牙打，好不热闹。

宋钦宗本来是要杨时去安定太学，没想到却引起了人心不一，学界大乱，顿时心烦不已。他是个朝令夕改的家伙，心里没什么主意，一气之下干脆把闹纷争的学官们全部罢免，都给我滚蛋，谁也别干了。

杨时被免去了国子监祭酒一职。被罢免的杨时自是不服，他的拗劲儿上来了，不要看别人不顺眼就说别人脑子有病，脑子有病的前提是你必须有个脑子，于是用上了江湖绝学：退、退、退，连连辞去新的任命。

不过这时辞不辞官已无意义了，金兵不久就攻入了京城。

宋朝官员们尊称的老东家——赵官家，也被抄了全家，让金兵押着家里的金银财宝送到金国,自掏腰包北游(学名“北狩”)去了。

这群俘虏里有宋朝官员的两位东家雇主:一个是宋徽宗,一个是宋钦宗。宋徽宗跑路后看到时机好转,又回来了,结果和儿子宋钦宗一块儿被金人包了饺子,让人家砸了金蛋。

机会主义者最容易失足,因为在关键时候他们弄不清到底该先迈哪条腿,怎么看都不对。

这是宋钦宗靖康年间的事,史称“靖康之变”。

宋徽宗的另一个儿子、康王赵构在南京应天府(今河南省商丘市)宣布即位,匆匆建立了南宋政权。

杨时又被赵构召来,这时他已年老,打砸王安石身像也没劲儿了,没有什么建树,不久就退休回家了。

北宋灭亡了,宋学还没完。理学和王安石的新学还在缠斗,争夺新儒学的主导权。

自汉武帝独尊儒术以来,儒学已独享了供台好久,后来佛道兴起,把儒家挤到了供台下。为了对抗佛道,从唐朝中期直到宋朝,在新儒学地位、面子、尊严的生死存亡关头,从儒学到新儒学,从韩愈的拼命反佛到宋学人士的拼命谈道德性命,儒家来了个撑竿跳,拼着老命一跃,又翻上了供台。

不过由于新儒学内部不团结,新学、理学、蜀学等各往各的方向使劲儿,跃完后将以什么样的姿态站好,是一个趔趄晃三晃,还是在供台上平稳着陆,请看下回。

第五十三回

胡康侯经筵讲学献《春秋》
尹和靖受诏进京挺理学

杨时之后，又有一位重要的学术界人物登上舞台，此人名叫胡安国，他是建宁崇安人（今属福建省武夷山市）。

福建崇安，请大家记住这个地名，后来有一个南宋的学术之王就是在这里长大的。此人就是我们下一回的主人公朱熹。

胡安国是绍圣四年（1097）进士。当时是新党执政，廷试时本来考官要定他为第一，但因他试卷中没有反对元祐旧党的言语，于是把他打入二等。

请大家看清了，是二等，不是第二名。第二名就不叫整人了，顶多叫调整。

没想到宋哲宗亲自看了他的卷子后，连连称善。见他虽然政治倾向保守，但写的文章意思甚好，于是把他拔为第三名。

胡安国此时和程颐的三大弟子游酢、谢良佐、杨时成为好友，向三人质疑问道，每次都很是礼貌，执礼甚恭，获得了理学人士的好感，被评为“如大冬严雪，百草萎死，而松柏挺然独秀者”。

这话说得确实没错，后来在理学陷入低谷，像冬天里放久的臭肉，又冷又硬，许多人都没有兴趣，纷纷躲避时，胡安国力挺理学，为理学在南宋政坛的树立立下大功。尽管在《宋史》的《道学传》中没有胡安国的名字，但他与道学已深深连在了一起。

在宋哲宗、宋徽宗时代，胡安国并不受重用。父亲死，他回家守制，完后也不回去上班了，称病不出，在父亲墓旁盖了所小房子，弄了块地，打算以房养老，终老于此。

公主，不，主公，我不想努力了。

但是，时局的变化容不得他早早去养老。靖康元年(1126)，宋钦宗由于刚即位，又受到金兵围攻都城的刺激，召胡安国进京。胡安国屡屡辞官，直到朝廷催逼得紧了，这才到京。

大敌当前，就别想过去的事了，要再不来，就属于不肯为国效劳了。

并且这样下去会得阿尔茨海默病，也就是老年痴呆。

钦宗召见胡安国后，授予其中书舍人的职位，赐三品服。胡安国也是积极建言献策。不过他比此时的杨时还要倒霉。当时的宰相见他不依附自己，便把他打发到通州做知州去了。

北宋的通州不是如今北京的通州，它在江苏南通。把你打发到哪儿，基本就是不重用你，暗地里祝你一路顺风、半路失踪的意思，你也别老想着准备养老的房子的价格以后还随你一起飙升。

由皇帝身边被打发到偏远城市，胡安国心里实在不是滋味。然而塞翁失马、焉知非福，打发走胡安国的权臣们怎么也想不到，正是这个决定救了胡安国，因为不到一个月，金兵就包围了都城。宋钦宗急得急忙下诏召胡安国，说胡爱卿你快回来帮我。尽管发的是特快专递，然而大乱之中，竟然没能送达。

胡安国调到南通是因祸得福，那里离大海近，时不时还能面朝大海、春暖花开，伸伸胳膊腿，舒展一下；而宋钦宗及手下一帮大臣却被掳到北国，只能望着千里冰封、万里雪飘的茫茫原野，凝眸远眺，干锁眉头了。

高宗建立南宋政权后用的第一个年号是“建炎”，四年后改元，用的年号是“绍兴”，这是北宋、南宋三百多年里使用得最久的一个年号，共用了三十二年。

绍兴二年(1132)，赵构把全部家当搬到了临安(今杭州)，总算安定了下来，从此过上了直把杭州作汴州的苟安生活。

胡安国就在此时被宋高宗召见，和当年见宋钦宗时一样，他也向宋高宗提出“正心养气”等建议。高宗听了称善。过了半个月，胡安国见也没他什么事，恳求离去。高宗不让，说刚来就走，那哪儿行啊，给胡安国找了点活儿干，让他给《左传》一书标点正音。

《左传》是宋高宗喜欢的一部书，上面有故事情节，描写各诸侯间打打吵吵的事，在儒家经书里还算是一本有趣味的书。

没想到胡安国说“《左传》繁碎，读他干吗，白白虚费光阴，不如读读《春秋》”，并指出《春秋》的各种好处。

这些文人用大数据拿捏准我的脉了，老给我推送这个。高宗听了只好说行，你别走了，留下给我讲《春秋》吧，并让他专心撰修《春秋传》。

绍兴五年(1135),胡安国的《春秋传》成书。

三年后,也就是绍兴八年(1138),胡安国死。

绍兴十一年(1141),抗金名将岳飞也死了。

这两者有什么关系吗?说没有也没有,因为岳飞不是胡安国害死的。说有也有,因为胡安国的《春秋传》里,多次告诫宋朝皇帝,提出“用兵,大事也,必君臣合谋而后动”“乌有假以兵权,委诸境上”“而使某某主兵,失驭臣之道,是以至此极,为后世之永鉴也”这些话,这就牵扯到一个敏感的话题:收回将领兵权。这很符合高宗等人的心思。

宋朝大臣不受杖,岳飞惨死风波亭。收兵权这样的事,宋太祖一杯酒就办到了,赵构、秦桧放着现成的例子不效仿,却处死了岳飞,弄得干活的倒不如不干活的,出力的倒不如只出工的,反差太大了,叫人怎能不同情岳飞?

胡安国的《春秋传》不应为岳飞之死埋单,这部书早已开始动笔,他为此花了几十年时间。

《春秋》是孔子在乱世亲自动笔写的一本书,孔子对自己的著作很有信心,给予很高期待。

到了汉朝,董仲舒靠一部《春秋》横制颓波,打遍天下,最终让汉武帝心服,罢黜百家,独尊儒术。

《春秋》在宋初也不寂寞,靠《春秋》吃饭的人不少,如宋初三先生中的孙复,就是治《春秋》的专家。

可到王安石时,这本书在王安石的变法体系里受到冷落,这给反对王安石的人找到了借口。攻击王安石的人说王安石把《春秋》诋毁为“断烂朝报”,他们痛心疾首地骂王安石虐待《春秋》。

还没商演就上演翻车节目,真是恨你恨得饭都吃不下,太恶心了。

在这些愤愤不平的人当中,胡安国就是一个。他考上进士后跟程颐的三大弟子交往,树立了写《春秋传》的志向。到见宋高宗时,他的《春秋传》已写了二十多年了,初具雏形。所以他郑重其事地向高宗称说学习《春秋》的好处,并且把高宗喜爱的《左传》也罢读,把他的《春秋传》搬上了皇帝的经筵。

经筵是皇帝定期召开的经书学习班,由翰林学士或其他学问高的官员充任讲官,为皇帝讲论经史。汉唐的皇帝早就有御前讲席,这些御前讲席从宋代起被称为“经筵”。

把学习当吃饭,把书桌当酒桌,皇帝大人学不学倒是其次,“经筵”二字光看看就让人醉了。不过官员们想吃上皇帝的经筵,光靠上礼是不行的,你得有超高的学问才够着入席。

胡安国《春秋传》的成书,填补了王安石《三经新义》不解《春秋》的空白,成为第一部在南宋政坛上有影响力的著作,得到了宋高宗的夸奖。但胡安国没想到的是,他尊奉的理学却遭到了一位猛人的炮轰,差点被击倒在地。

这位猛人名叫陈公辅。

陈公辅实在是个猛人,他刚直不阿,在宋徽宗时就猛烈弹劾权臣,放倒了好几个当朝一品，那些权臣拿他也没办法。

铁公鸡还会给人们留点铁锈呢，他根本就是块不锈钢！

陈公辅上疏又猛轰道学，他是怎么说的呢？

他说：“现在朝廷中有些人正经事干不了，却学习程颐那套学说，胡说八道，满嘴放炮（倡为大言），说什么尧舜、周文王、周武王的道传给了孔子，孔子呢，又传给了孟子，孟子以后无人可传，就传给了程颐。程颐死后就无传了。真是狂言怪语，天下奇谈。我这里问一句，假使程颐尚在，他能了结了国家大事吗？”

“臣以为，圣人之道，并没有什么难做难行的，并不需要什么离世异俗的行为，只要学者老老实实照着圣人的教导做就是了。这样自然道术自明，性理自得。望陛下察访察访群臣中有学程颐、鼓动煽惑士人的，把他们全部赶出去。”

高宗批复道：“看了你的上奏，我想了很多（深用怃然）。士大夫是应该只以孔孟为师，做到言行相称，这样才能有济于时用。好了，把我的话布告中外，让大家都知道朕的意思。”

陈公辅和宋高宗的一唱一和让胡安国急了。

什么叫“以孔孟为师”？那就是只要学习孔孟的著作就行了，孔孟以后某些人新鼓捣的所谓的什么道学理学全是邪学，统统闪边，禁绝到底。

最伤心的不是你长发齐腰，那暗恋的人已婚，而是你还留着长发，却发现腰已经没了。

软耳根的皇上啊！

胡安国赶快上疏说：“陛下，您可不能这么做呀！孔孟之道已经失传很久了，直到程颐兄弟才开始发明，现在我们让学者学孔孟，却禁止跟程颐学，这是想入室而不由门户！”

这下捅了马蜂窝，大家一听，什么，离了张屠户，人们就只能吃带毛的猪肉了？那意思是离了他程颐，我们就见不到孔子了？不学程颐我们就是跳窗户进卧室了？把我们都想象成毛贼啦，太岂有此理了！

到底谁是王者，谁是青铜，不是光靠嘴说的。

陈公辅受宰相委托，又联合了几个人，对胡安国进行追击炮轰，说他学术颇僻，连自己都正不了，怎能正人？

离了你胡安国，就没有宋帝国了吗？大宋朝离了谁都转！

你以为你的一部《春秋传》就能让你安定国家了吗？先把你安排到别处转转。

胡安国被撵到永州当知州，他誓死不当第二个柳宗元，坚决不去。最后反对派放他一马，给了他个闲职，让他回家养老去了。一年后死去。

这陈公辅是个疾恶如仇的人，可他对于学术的态度让人摸不着头脑。他除了攻击程颐的学术，连王安石的新学也不放过。他说王安石的学术把人心都害了，其中罪名之一就是王安石不让人学《春秋》。而对于大力提倡学《春秋》的胡安国，陈公辅也不饶恕，左右开弓，程学、王学每家打了一个耳光。

陈公辅的上书反映了当时的政治风向，也代表了当时一部分人的想法，那就是学好孔子就行了，别听程颐、王安石这些人打着什么“道德性命”的学术招牌忽悠人。

就在陈公辅等人上疏攻击程颐学术、胡安国奋起反击时，一个人正在匆匆赶往京师的路上。他就是程颐晚年收的弟子尹焞。

尹焞是奉宋高宗的宣召进京的。此时他正走到九江，听说了陈公辅攻击程学，停下不走了，上书高宗说："陛下您叫我来，可是我听说臣僚中有人上言，说程颐的学术惑乱天下。我跟程颐学习了近二十年，越学习越感到程颐的学术好。现在既然有人攻击我老师的学术，却让我去给陛下讲学，滥列经筵，我给陛下'爆炒'的（**其所敷绎**），也就是老师教我的那点东西。我要是不给陛下讲程老师的学术，是欺骗陛下。我要是讲呢，又有人攻击。加上我现在也老了，身体衰耗，很多疾病，不能支持。"

既让人给你讲课，又让人骂给你讲的课，让讲课的人脸往哪儿搁呀！这活儿我干不了，你另请高明吧。尹焞在半路上坐下来不走了。

那么尹焞是如何受到皇帝宣召的呢？

原来程颐死后，尹焞、张绎等几个人给老师料理完丧事，各自归家。张绎没过两年就死了，没有什么传道成绩。尹焞经人推荐，被召至京师。当时正值金兵第一次围京师后撤退，哲宗皇帝正在忙于清算蔡京留下的政治遗产，同时安排新的工作，对尹焞也没太在意，赐了他个"和靖处士"的号，又放他回去了。

胡安国、邵雍的孙子邵博等人为尹焞鸣不平，说尹焞这么高的学问，只给个处士（**隐士、高士的意思**）？最起码得给个官职吧，让他这样回去，是把砌城墙的砖头垒猪圈了，浪费人才，于是联合上书，请求授官留用。然而这封上书交上去后，没有回音，尹焞也早已回到洛阳。

没想到第二年，金兵攻陷洛阳。尹焞抽空逃出，辗转跑到了四川涪州。

涪州是程颐老师当年被编管的地方，尹焞在此弄了间小屋，就在老师的流放地住了下来，一边著书，一边缅怀先师。人们并不知道他的身份。

别人都养花养狗，我闭眼养神。

然而，不久他就又受到了朝廷的注意。推荐他的人是范冲，他是范祖禹的儿子。

范祖禹跟司马光在洛阳编完《资治通鉴》后，又当过哲宗皇帝的老师。哲宗皇帝长大亲政，新党上台，范祖禹被一贬再贬，从翰林侍讲学士一直被贬到了昭州别驾，又安置到永州、贺州，不久又迁徙到宾州，最后被打发到化州而死。

据说这事是王安石女婿蔡卞干的。范祖禹修《神宗实录》，借修史的机会，把王安石骂成了千古罪人。蔡卞后来当权，为老丈人报仇，把范祖禹干脆贬到了岭外，让他千里流"芳"（放）。

宋高宗建立南宋政权后，要重修《神宗实录》《哲宗实录》，于是把范祖禹的儿子范冲找来。范冲接过他爹的班，继续骂王安石。

不久范冲身体有病，请求辞职。但总得找个人继续骂王安石呀，于是想到了尹焞，向高宗推荐了尹焞。

不像哥哥宋钦宗那么小气，宋高宗给尹焞开的价很高，官职是"崇政殿说书"。

不爱那么多，只爱一点点。我们看了这个官职只觉得眼熟，尹焞估计看了都要眼热。这不是当年程颐老师担任过的职务吗？这不是程颐老师口中的帝师吗？一个和宰相一样重要的职务，一个让很多读书人看了都眼热心跳的岗位。这不是普通老师，一般的孩子王，这是王中王。

而且，和程颐老师一样，自己也要从布衣一跃而成为皇帝的近臣。再算算，自己比程颐老师还受优待。程颐是辞了两次小官才得到这个职位的，而自己是真正地一步到位。

但是，出乎大家意料的是，尹焞还是以有病为由推辞了这个职务。一是尹焞骨子里的恬淡精神在起作用；二是一下子让你去给皇帝讲课，你也得谦虚一下，不能说去就去呀，礼让礼让，总得让让才能成礼嘛。

多说两句，礼让要掌握合适的度，不能让过了头，把胳膊一直伸展到人家跟前，让人以为你真不要这个职位，给收了回去，那可就半路上丢算盘——失算了。

尹焞在这里礼让，倒不是尹焞要求更大的价码。皇帝开的价码已经够高了，崇政殿说书虽说是皇帝老师里边的低职，但也不能让你一下子蹦到翰林学士呀。

得知尹焞不来的消息，范冲上奏高宗，拿出五百两金子做行资，让使臣带着诏书亲自到涪州，催促起程。这次，尹焞不好意思再推辞了，否则真成了讨价还价了。当年程颐老师讲课前一分钱没拿，讲课期间还勒紧裤腰带，借钱过了一段日子，而高宗皇帝一甩手就给自己五百两金子，足够面子啦。

不用五百两，你只需向我转账五十两，就算支付成功。

绍兴六年(1136)，尹焞满怀深情地写了一篇祭文，祭奠自己敬爱的程颐老师，表示要踏着程老师的足迹继续前进，完成振兴理学的伟大事业。

然而，走到九江时，他听说陈公辅在朝中大肆攻击程颐的学术，决定不往前走了。

现在车门已锁死，谁也别想下车。

并不是我翠华摇摇行复止，耍大牌，并不是我让你上了车要求加价打欠条，是你皇帝大人没有主心骨，反复犹豫不定，搞得我只能到此踌躇不能去了，这不怨我吧？

尹焞逗留九江不再进京，抗旨不遵，这被道学家看作是气壮山河之举。胡安国又上书推荐尹焞，对尹焞大力表扬。高宗这次不再犹豫，把陈公辅的话搁置到了一边，又下诏让尹焞赴京陛见。

尹焞继续推辞，说我伤了心，不想见陛下啦。

高宗听了表扬道："焞可谓恬退。"但是，你不能再退了。

又下诏加封尹焞"秘书郎兼崇政殿说书"，催促速速入京。

尹焞这才来到了京城。

不久皇子赵瑗的老师朱震病危，在病中他推荐尹焞代替自己。

朱震在生活中是个循规蹈矩的人，可他在国学史上却是一个很诡异的人物，他有点事到今天也说不清楚。

朱震是湖北荆门人，宋徽宗时的进士。胡安国一见朱震，就非常器重，把他推荐给宋高宗，朱震称病不至。赵鼎做宰相时，深恶王安石学术，又推荐了范冲、朱震一帮人，来冲抵王安石学术留下的不良影响。朱震这才应召进京。

见过高宗，他献上了自己的《汉上易解》。

潘多拉盒子打开了。

麻烦来了。

在他的《汉上易解》里，他描绘了象数易学的传授图，让人深深感受到了一种魔幻与现实的碰撞，不约而同陷入了沉思。

象数易学不同于义理易学。简单说，象数易学是用数学来解《周易》，义理易学是用语文来解《周易》，它俩儿不在一个语言系统内。

那么朱震说的这个学术传授谱系到底靠谱不靠谱呢？

其实，并不靠谱。

随便举个例子。他说穆修把《太极图》传给了周敦颐，事实是周敦颐见没见过穆修都难说。二程兄弟也许知道周敦颐做了个《太极图》，可他们兄弟俩并没有把它放在眼里。

他们兄弟俩十四五岁时跟随周敦颐学习，那时周敦颐才三十岁，也正在道学的路上摸索，所以只启发这兄弟俩儿学一学孔子、颜回的圣贤气象，鼓励他们将来为道学建设添砖加瓦。但只讲授了一年，周敦颐就到别处上任走了。

师父领进门，修行在个人。二程兄弟后来独自悟出了“天理”。在“天理”面前，周敦颐从《易经》拈出的那个“太极”又算个什么？所以就算知道周师拿出了个《太极图》，他二人也不认可周敦颐找着了最高宇宙人类的自然社会生成法则。

这个最高法则只能有一个，就是自己的“天理”。说周敦颐把《太极图》

传给了程颢、程颐，二程兄弟知道了会拍你“版”(板)砖。

是的，版权专利就得用砖头维护，光说理有人就是听不懂。

把太极和天理画等号是我们下一回合一位叫朱熹的仁兄干的，那已是几十年以后的事了。

此时的太极高处不胜寒，在理学世界里还打着光棍。

朱震的太极图传说不仅二程不认可，当时默默做事的张载也不会答应。他的《正蒙》是钻在小屋里近十年潜修悟出的成果，跟穆修有什么关系？跟二程、邵雍这些人有几毛钱关系？

那个像阿拉伯飞毯一样飞来飞去的极辣眼又极吸睛的《太极图》又是什么东西？

且不说朱震的书写得如何，他这本书中的话已给后人添了许多考证的麻烦。当时正值宋金交战激烈的时候，谁有心去辨别他那套话的真假？

宋高宗见了朱震的书，连声称赞，让他和范冲一起做皇子赵瑗的老师。

朱震病危中请求让尹焞代替自己的奏章上去之后，高宗很是悲伤，他对人说：“杨时已死，胡安国与朱震又亡。实在让人痛惜呀。”自己召来的这几个人都没了，这时朝中的大儒也就尹焞了，按说也该轮着他上场施展一下拳脚了。

不过，尹焞来得不是时候。这时朝中议和的风气正盛，而他是个坚决的主战派。想想全家被金兵杀尽，国仇家恨，不共戴天，怎能不报？

他上书宋高宗，又给秦桧写信，为抗金大声疾呼，然而没人听他的。

没有收拾残局的能力，就不要放纵自己的情绪——致自己。

尹焞失望至极，坚决要求辞去。宋高宗和秦桧也不挽留，给他办了退休手续。尹焞就这样黯然离去，南宋王朝给他留下了灰色的背影。

等我有钱了，一定开家医院，专治被情所伤之人，喝的是孟婆汤，咽的是绝情丹，漱的是忘情水，手术叫一刀两断。

绍兴十一年(1141)底，岳飞被处决，象征着对金抗战的结束。

绍兴十二年(1142)，在一片宋金议和声中，尹焞在极度失望中死去。

在程门弟子中，不乏聪明灵气的弟子。尹焞论天分，也许比不上这些人，他对程颐理学并无多大发明创新，但论有气节、有骨气、能身体力行、刻苦钻研的非尹焞莫属。

程颐曾说过："我死后，能不失其正的就是尹氏子。"尹焞是个笨人，但勤能补拙，他没辜负程颐的期盼，是程颐道学的出色卫道战士。

如今，二程最后一个有名的大弟子也去世了。秦桧掌握了国家大权，他又干起了阳奉王安石，阴行大坏事的勾当，王安石又一次在墓地里躺枪。他死后，他的招牌就这样换来换去，早已鲁鱼亥豕，面目全非了。

二程弟子仍在朝廷上和王安石的新学争夺讲席。

若干年后，将会有一人横空出世，他凭着绝世之姿，把当时的学术部落都扫荡了个遍，打破了理学这种胶着状态。

此人是谁，这么厉害，我们且慢慢道来。

第五十四回

儒家第二圣人乱世出世
理学首席大师连战告捷

赵构、秦桧君臣二人与金人议和,自然有人看不上,有一个名叫朱松的官员联合了几个人上了封奏章,极言不可议和。

你说不知道朱松是什么人,这很正常。但你要是说不知道他的那个儿子朱熹,那就不正常了,至少说明你太谦虚了,连小学没毕业都舍不得说。

朱松上书时的官职是吏部员外郎,秦桧对朱松十分恼怒,当时也没怎么着朱松,后来和《红楼梦》里贾雨村对待那位门子一样,到底找了个借口,把他弄出去了。

我系上了安全带,关好了车门,最后还是被甩了出去。

这就叫阴,当时不惹你,事后少不了你。

朱松这个官虽然不大,来得也不容易。朱松出生在贫寒的书香之家,虽然贫寒,但身世一点儿也不寒碜,朱家把他的族谱一直上推到了远古的高辛帝。

高辛帝是华夏始祖黄帝的曾孙，是“三皇五帝”中的一帝。

哪“三皇五帝”？“三皇”早已说不清了，大概就是燧人、伏羲、神农或天皇、地皇、泰皇这些传说人物。“五帝”比三皇靠点谱，按司马迁老先生的说法是：黄帝、颛(zhuān)顼(xū)、帝喾(kù)(高辛)、尧、舜。但就这样，司马迁还是不放心，他在《史记》第一章《五帝本纪》的最后感叹道：“学者多称五帝，尚矣。”

翻译成大白话就是：他们都这么说五帝，已经好长时间了，靠谱不靠谱我可就不管了。

可能朱熹后来也觉得这样的族谱不靠谱，给人过于夸大的感觉，太虚了。说自己是高辛帝的后代，还不如直接说自己是炎黄子孙靠谱。

不管怎么说，朱熹家还是有底气的，你看后来的朱元璋，打下天下后连个像样的祖宗都靠不上，连说自己是朱熹后代的底气都没有，为什么？只因过去太穷了，一直挺不起腰来。

朱松家祖宗最可考证的是唐朝末年的朱古僚，在黄巢起义军挥师北上，渡过长江时，姑苏城里的朱古僚南逃，把家安在了江西婺源。此后朱家也没出过什么大人物，到了朱松爸爸朱森时，朱家的家底也快消磨尽了。

朱森是个落拓书生，也不会治家，朱松上学时常常吃了上顿没下顿。好在朱松是个好儿子，上学勤奋，后来以“同上舍出身”授迪功郎，挂职建州政和县尉。

“同上舍出身”还要拜王安石所赐，在王安石的三舍法中规定，在太学中从外舍经过内舍到了上舍，其中成绩优异的就有资格做官，有了出身证。

迪功郎是个官衔，比七品芝麻官还低，是从九品，比九品还低半品。

朱松还是太学生时，娶了祝五娘。祝氏是新安的名门望族，但此时和朱家一样，家世衰落。好汉不提当年勇，朱祝两家鸾凤和鸣，此时都关关雎鸠，在河之洲，倒很般配。

朱松如今太学毕业参加工作，当了官，有了薪水，祝五娘跟着朱松过上了稳定日子。然而朱松也只是断断续续做了几年县尉官，大部分时间是在家等着安排工作(**待次**)。不久金兵南侵，宋金战争爆发，待次在家也成了奢望，朱松连上岗的机会都没了，开始四处逃难。

这一年逃难到尤溪县城寓居时，祝五娘又要生产了(**第三胎，上边是两个小子**)。

这一天是宋高宗赵构建炎四年(1130)的九月十五日，桂花飘香贵人来，中国儒家的二圣人朱熹诞生了。

据说朱熹一生下来脸上右眼角旁边有七颗黑痣，排列成北斗七星的样子，预示着朱熹将来要成为学界泰斗。

有时候骑白马的不一定是王子，也可能是唐僧，这一传说你就听着玩儿吧，幸亏朱熹后来成了学界泰斗，要不然，朱熹脸上的这七颗黑痣还不成了麻子布阵，被人唾弃。

朱熹降生于乱世，金兵南侵，农民起义，叛兵骚乱，烽火连天。从靖康元年(1126)康王赵构在南京应天府即位以来，南宋小朝廷就没闲过，老是处在“挨打—逃跑—挨打—逃跑”的游戏设定中，直到最后定都杭州，才算稳定了下来。

小朱熹生下来时排行老三，他前边还有两个哥哥。在朱熹五六岁时，他的两个小哥哥相继死去，这一来，朱熹成了家中的独子。

要说朱熹刚生下来时，他爸爸朱松对他抱有什么成栋梁材的希望，那是瞎扯。在那个年代，首先想到的是能不能活下来。

朱松有《洗儿》诗："有子添丁助征戍，肯令辛苦更冠儒。"这样看，要是战争一直打下去，朱熹书也念不成了，长大了去保家卫国，扛着红缨枪上战场倒是很有可能的。

随着局势的和缓，加上朱松两个儿子的死去，朱松渐渐又对小朱熹寄予厚望了。

朱熹的两个哥哥智力如何，不得而知。但这小朱熹却是天生聪明，在四岁时，朱松指着天教他说"天"，小朱熹刚咿呀学语，不只是接嘴说天，还反过来问朱松："天上边还有什么（天之上何物）？"这使朱松惊奇不已。

看到这里，我感到惭愧，我忘了自己小时候大人教我认事时我是什么反应，但我肯定问不出天外是否还有天这么高深的问题，只记得我老大了还盯着天上拉线的飞机发呆。

不过我现在对朱熹问天的故事感到有点小缺憾，朱熹爸爸应该当时就告诉小朱熹"天之上有理"。朱熹爸爸那是信奉二程理学的，学理应从娃娃抓起。要是小朱熹接着再对天理问出什么高妙的问题，比如说"理是什么东东，怎么能和天在一起"，朱熹问天的故事就完美了。

后来朱熹回忆说，他五岁时望着天，烦恼这天地四边之外，是什么物事，思量得几乎成病。

如此看来，如果朱熹爸爸当时告诉他，天上飘的不是白云，而是理，记住，理，没准小朱熹有了答案，就不至于思虑得差点儿生病了。

当然,如果小朱熹还要思考,理是个什么玩意儿,怎么跑到了天上,而朱松对这个抽象的理又演绎不清,把小朱熹给抽得晕倒了,又闹出了什么病,那就不值了。

朱松可能就是顾及这些,才不给小朱熹讲这些的。

看来天理性命,是大人们玩的玩意儿,儿童不宜。

这可能又是朱松过虑了,未来的理学大师连这点承受力都没有,那还行?

小朱熹的思索还在继续。六岁时,他和小伙伴们在沙洲上嬉戏,别的小孩都耍沙子玩,只有他一个人独自呆坐,用手指在沙上画,大家跑过去一看,画的都是八卦符号。

听说发呆这事,做不好是睡觉,做好了才能叫深沉。

小朱熹是在背"八卦单词",还是在思索《易经》奥义,书上没说。可他在那儿呆坐不动,想必是在思索这"八卦单词"包含的深义。

几十年后,朱熹将站在《易经》的太极高峰上和人展开激烈交锋。

绍兴七年(1137),也就是朱熹八岁时,朱松经人举荐进京,得了个典校中秘书的官,由一个没参加过进士考试的太学生,进入了朝廷工作,在仕途上迈出了一大步。

后来的几年中,朱松还算可以,一直升到了吏部员外郎。朱熹也跟着父亲到了京城临安,在那里他见到了尹焞。

尹焞在听说了朝中的反道学言论时,走到半路不走了,直到朝廷表示不反道学,他才终于在绍兴七年的冬天到了京城。

让人世的风雨多来些吧,反正我是卖伞的。

尹焞的到来,给道学界壮大了声势。

朱熹后来回忆他九岁时读《孟子》,让《孟子》的沛然之气鼓动得心帆激荡,慨然奋发,要去做些工夫,当个圣人。小朱熹从尹焞爷爷身上似乎看到了什么。

这时皇帝赵构和秦桧与金人议和的行动遭到了主战派官员的反对。朱松是强硬的主战派,生死看淡,不服就干,和大家联合上书反对议和,遭到了秦桧的记恨。一年多后,朱松被贬到外地做官。

朱松也不示弱,你让我干,我还不想干呢,请求奉祠。

这里说说南宋史上频频出现的一个词:奉祠。

说到奉祠,就要说到宫观。

宫观也就是道教的庙宇,有庙宇就要有祭祀,奉祠也就是去做管祭祀的工作。

奉祠的创造者是北宋的第三任皇帝:宋真宗。这位皇帝神神道道的,大搞封建迷信,他设置了“宫观使”这一闲散官职,用来优待一些年老的高官,让他们名义上主管宫观,实际是给他们个领工资的名分,拿一部分工资,回家养老。那时候能拿上这份工资的没几个,是个光荣的差事。这些人做的官叫“祠禄官”。

到了王安石,他变法时有许多官员反对,于是他就建议宋神宗大量设置祠禄官来安置这些反对派官员。

等你回家了,买两根棒棒糖,一根你吃给我看,另一根我看着你吃。

聪明的王总就这样一下子解决了许多人有钱花不完的痛苦。

到了南宋，祠禄官数量一下子猛增。你要是不想干了，就可以请求朝廷奉祠，也叫“丐祠”。丐是请求的意思，形象点说就是像乞丐一样请求给自己个管祭祀的官——让我回家吧，有口饭吃就行了。

朱松的请祠获批，他又回到了乡间，靠着微薄的奉祠钱生活，闲着没事，就把精力放在了朱熹的教育上。

然而，回家仅两年，朱松就去世了，年仅四十七岁。这时朱熹刚刚十四岁。

在离世之前，朱松把家事托给了在崇安五夫里老家奉祠居住的刘子羽。

刘子羽家世显赫，朱松晚年和刘子羽认识后，交游甚好，所以托以后事。

刘子羽把朱熹母子一家接到了崇安五夫里，在刘氏庄园为他母子修葺了一座旧楼居住。朱熹进入刘氏家塾读书，和刘子羽的儿子刘珙等人一块儿学习。

刘子羽这个大人物没空教朱熹，朱松也不敢相托，他把儿子的教育托付给了另外三位朋友：刘子翚（huī）、刘勉之、胡宪。他们和朱松都信奉二程理学。

刘子翚是刘子羽的弟弟，他给朱熹取字“元晦”，要朱熹韬光养晦，学会内敛。

元是大的意思，韬光养晦内敛可以，叫“元晦”朱熹就自谦不敢当了。

不要在朋友圈炫你的饭局,你的交际,真正厉害的人,早就把人生调成静音模式了。他私底下给自己取了第二个字:仲晦,自号“晦庵”。晚年又自号“晦翁”。

仲在“孟(伯)仲叔季”的排行里是老二的意思。相传孔子上边还有个哥哥,孔子本人名丘,字仲尼,被人说起来就是“孔老二”。朱熹在家排行老三,兄弟中排行最小,他有个小字,叫“季延”。季是排行老四或最小的意思。朱熹给自己起字叫“仲晦”,而不叫“叔晦”或“季晦”,是不是内心有意向孔子看齐,不得而知。

刘子翚又传授朱熹道统的传心秘诀“人心惟危,道心惟微,惟精惟一,允执厥中”,这是《尚书》里《大禹谟》中的一句话,刘子翚把它作为儒学道统的传授密旨,一般人我不告诉他。

朱熹后来把这发挥成了道统的十六字心传。

到了清代,这十六个字被人抓出了作伪,让理学一时丢了颜面。

不过这已是后话了,但在清代以前,这十六个字还是被当作圣人言语对待的。

朱松相托的另一个刘姓朋友刘勉之和刘子羽、刘子翚兄弟不是亲兄弟,他早年曾在京师太学学习,在那里和朱松认识。

在朱熹十九岁时,刘勉之把女儿刘清四许给了朱熹。这是朱熹跟刘勉之学习的最大收获。

绍兴十七年(1147)的秋天,又是一个桂花飘香的季节,朱熹参加了建州乡贡的考试。

宋代的科举考试分州试、省试、殿试三级,州试是当地省市的考试,后来又叫“乡试”。因为乡试在秋天举行,所以也叫“秋闱”。乡试第一名叫“解元”。

接下来是在京城参加的省试。省试在州试完了的第二年的春天,也叫“春闱”。省试第一名叫“省元”,明清时叫“会元”(会试第一名)。

殿试是由皇帝主持的考试,第一名是状元。如果你乡试、省试、殿试三次考试都是第一名,那你就是这一科的解元、会元、状元,俗称“连中三元”。科举考试存续的一千三百年间,只有十几个人得过这个桂冠,堪称百年一遇。

南宋没有一个连中三元的。

不要吹嘘你的学问如何,出来蹦蹦就知道了。你若成功了,就是精品一件;你若跌倒了,就是笑话一个。

下面我们看看中国封建社会的二圣人朱熹同学的考试成绩如何,他能玩得转科举吗?

考试结果:蟾宫折桂,一举得中。

这一年,朱熹十八岁。

在朱熹参加建州州试的前一年,刘子羽死了。他的死使朱熹很是伤心。发完榜后,朱熹匆忙赶回家,因为他的恩师刘子翚也得了重病,即将死去。在病床前,朱熹向他请教他平时学道的先后顺序(入道次第),刘子翚郑重相告他三个字“不远复”。

这是《周易·复卦》里的一句话,原文是:“不远复,无祇悔,元吉。”

意思是出外不远就返回,没有大的过失,大吉大利。

从朱熹后来一生在官场做事的行为看,他是遵从了“不远复”的师教的,一看不行立即调头,先回去待着,绝不在其中纠缠。

你可能说这个谁不会?但你错了,在已得利益面前,大部分人是恋恋不舍深陷其中的。调头,没有那么容易。

第二年,朱熹进京赶考,踏上了去临安的路。纵使所有悲伤都从我的世界路过,我也依然保持故我。青年朱熹擦干眼泪,写下了“睥睨即万里,超忽凌八荒”的诗句,这就是朱熹出发前的万丈豪情。

这次考试的结果如何,下回揭晓。

第五十五回

朱熹夜不成寐延平问学
孝宗日理万机金殿垂询

考试结果:金榜题名。

朱熹又成了命运的宠儿,这次得中的原因,用他的话说就是,用了以前和和尚交往时的许多话头(用他意思去胡说),试官让我给说动了。那时文字没有如今这么细密,可以由人粗说,我搅和着儒禅这么一说,试官为我说动,稀里糊涂就中了(遂得举)。

武则天证明了成功跟性别没关系,刘寄奴证明了成功跟出身没关系,姜子牙证明了成功跟年龄没关系,而我证明了成功跟你没关系。看到那个赞没有? 我自己点的。

朱熹青年时爱看佛书,那个年头也流行说禅道佛。当时是秦桧当政,崇王(安石)学禁程(颐)学,说佛道老是最安全的,主考官们也都是一些喜欢说佛老的人。

只是朱熹没有想到,后来的学子们就没有他这么自由了,他的"程朱理学”被官方尊为指定课程后,学子们就只能在他设定的话语圈里打转。

不管朱熹怎么说自己是运气好吧,中了就是中了。接下来是殿试。

皇帝赵构出的试策是让大家谈谈他如何才能做个中兴之主,像东汉的光武帝刘秀那样,创二百年基业。

这一科前三名(状元、榜眼、探花)的对策都是大谈用兵的坏处(失于用兵、浪战),东汉光武有什么可羡慕的(未足慕也、不足深美),要是我们不用兵,多弄几百年也没问题(扬厉无前之伟绩),一个个喊表忠口号似的,为赵皇帝、秦丞相和金国议和唱赞歌。

当时岳飞因主战已被赵构、秦桧处死六年了,谁去找这麻烦唱反调。

这次考试名次总共分为五等,朱熹的名次是五甲第九十人,在三百三十个进士中很是平常。

可能朱熹不习惯喊口号,对秦桧的和议没好印象,他记得清清楚楚,父亲就因是个主战派而被秦桧赶出京城的,从那以后,自己在京师念不成书了,户口被取消,进入国立第一大学(太学)的愿景被迫放弃,不得不到乡下去寄人篱下读书。

如今为了功名,能不说和议坏话就不错了,哪有精神喊口号?

我是你转身就忘的路人甲,凭什么蹉跎年华陪你到天涯?

朱熹是否在这次殿试对策中说佛谈禅不得而知,他的那封下等考卷也找不着了,按照以往的考试经验,他跟主考官谈一两句禅悟也不是不可能。

不管怎么着吧,朱熹殿试成功,又中了。虽然名次不靠前,但别忘了,朱熹当时才十九岁。

十九岁考上进士是什么感觉?暂无回答,看来这个岁数考上的不多。

不过答友们正飞速赶来。

我还是提前说了吧。对别人来说，是早年得志，可以从此吃喝玩乐了。对朱熹来说，是从此摆脱了科举的羁绊，可以安心读自己喜欢的书了。

上京赶考回家没几个月，朱熹的老师、老丈人刘勉之也死了。他看到了朱熹成功的那一天，含笑而去。

自此，朱松让朱熹依靠的“诸刘”全都死去，教育朱熹成才的三个老师还剩下一个胡宪。

绍兴二十一年(1151)，朱熹又到京城参加考试，这次考试也叫“铨试”。

殿试考试录取的分三等：状元、榜眼、探花是一等，“赐进士及第”；二等“赐进士出身”；三等“赐同进士出身”。

朱熹进士考试时的名次不靠前，得的是“赐同进士出身”，授左迪功郎，任职泉州同安县主簿。

左迪功郎相当于汉代的郎官，任这一职的在仕途上只能说刚刚起步。

在去同安县上任的路上，经过延平时，朱熹去拜访了一个人。朱熹也没想到，这个人改写了他以后的学术命运。

此人名叫李侗，今福建南平人，是个二程理学的得道者。

李侗的老师是罗从彦，罗从彦的老师是杨时，杨时的老师是二程。这个传承链可以说是一脉相传，十分醇正。

怎么个醇正呢？你听听就知道了。

杨时跟随程颢学习，回家时程颢目送他而归，说：“吾道南矣。”可以说杨时是二程理学南传的重要人物。

程颢死后，杨时又去跟随程颐学习，程门立雪，感动了程颐，又尽传其学。

罗从彦听说杨时得道，徒步数百里去找杨时求学，学了三天后，即汗流浃背，说："好险啊，幸亏我来了，要不然这一生就白过了。"在杨时门下一千多人中很快脱颖而出。

一枝丛中过，万花皆失色。

杨时也叹息自己学生虽多，"惟从彦可与言道"。

罗从彦跟杨时学习很认真，一天听杨时讲《易》，有个问题不太明白，于是回去把家里的几亩薄田一卖，带上干粮，又北上千里到洛阳去找理学的发明者程颐当面求教。程颐给他反复讲解，罗从彦这才明白，说："龟山先生(杨时)所讲不错(具是矣)。"这才回家。

够可以的吧，把地卖了只为去问几个问题，比砸锅卖铁供自己孩子上学的家长们还赤诚。人家可是自己一个人为了追求真"理"，千万里也追随着你。

穿过大半个中国去找你，竟然没被一些蝴蝶带入歧途。

这难道还不醇正吗？

李侗二十四岁时听说罗从彦得了二程理学的道，于是慨然放弃了科举之业，来追随罗从彦。科举之业让李侗痛心疾首，说那就是"利禄之学"，养身不养心的玩意儿，于是投到了罗从彦门下，学习了许多年理学。

李侗回家后更不参加科举考试了，谢绝世故，一心修炼理学之道。

我们在荧屏上都见过道士盘腿修道，那么儒家的道怎么修炼呢？

很有意思，罗从彦教授李侗的方法也是正襟静坐，从静中体认天理。

李侗这一坐就是三十多年，直到这一天朱熹的到来。

朱熹父亲朱松和李侗都从学于罗从彦。对于这位老友儿子的到来，李侗看出不像是来问学的，倒像是来向他炫耀学问的广博的。每当说到自己学禅的经历，朱熹不无自得。

李侗没有朱熹的口才，不善言辞，只是提醒他说："你一下子理会得这么多道理，而眼前事你却理会不下。"

朱熹听了差点跟他急眼，立即反抗道："我眼前什么理会不得？"

喜欢就支持，不喜欢也别冒充警察！你这么说是不是有点理胜其辞了？

这一年朱熹二十四岁，李侗望着他，想起了自己二十四岁时慨然放弃科举，去跟罗从彦学习的经历。但眼前这个年轻人，早已科举得中，听他的意思，从佛家禅中还受益匪浅，在考试时用禅意答题，是个既得利益者。显然，跟他谈多了，似乎也不会有什么效果，他已深陷其中。

于是李侗只淡淡地对朱熹说：

"道没有什么玄妙的，只在日用间着实做工夫，就可见得。我送你四个字'理一分殊'，这是我们儒家和佛道这些异端的区别所在。'理一'大家都晓得，所难者在于'分殊'，只要在'分殊'上做够工夫就可体会得理。"

理一分殊，你品，你品，我的话你要细细地品。

一品三口，三品九口，理一分殊，畅快不？明白了吗？

朱熹心里不服，难道自己这么多年学佛参禅都错了吗？你那个分殊值几两银子？自己的科考分数还比不上你那个分殊吗？

好了，今天就当我过愚人节，我信你！

朱熹不好意思和李侗当面顶撞，于是告别李侗，到同安上任去了。

朱熹在同安任主簿三年多。这三年里，公事之余，朱熹阅读思索了许多儒家书籍。在这略带阵痛的思考中，朱熹渐渐体悟到李侗没有骗自己，什么事情都要踏踏实实地认真去做，而不能指望凌空一个禅悟，这样是做不成事的。

我对着镜子说："镜子镜子，我是不是这个世界上最美丽的?"镜子碎了。

朱熹终于投到了李侗门下。

这是一个大的转折，释迦牟尼三十岁悟道，朱熹这一年二十八岁，还不晚。

朱熹开始了向李侗的学习时期，这就是理学史上著名的"延平问学"。

做学问得需要钱和时间，四年后，朱熹在同安任满后回家"待次"，也就是等着吏部重新任命，而具体任命时间又不确定。对于拖家带口的人来说，一家老小可等不及。我不喜欢上前菜，直接上正餐吧。于是朱熹请求奉祠。

他的请祠报告被批了下来，职务是监潭州南岳庙。

南岳庙在湖南衡山，但祠禄官不用到湖南衡山上班，也就是挂个名，领点薪水而已。

朱熹当时才二十九岁，刚干了不到四年工作。

小小的左迪功郎，品级差不多属于最低，却能捞个敬老优贤的祠禄官，原因还是朝中有人知道朱熹,把朱熹的学问爱好向上级做了汇报,所以朱熹才得了这么个闲差。

这下好了,有了奉祠钱,虽然不多,但一家子总够吃饭了,从此能安心做些学问了。

祠禄官是两年任满,朱熹也没想到,他一续再续,一干就是将近二十年,直到朝廷请他出山,那时他已是重量级的学术大鳄了。

这二十年朱熹也不是在家一心只读圣贤书,对国事不闻不问,下面是他的一些活动片段。

在绍兴二十五年(1155)时,有一件大事,那就是秦桧死了。

王安石真是倒霉,他的新学曾因蔡京这个奸相的提倡而遭人唾弃,这时又因曾受秦桧这个奸相的青睐而被人踩在了脚下,从此再也没爬起来。

朝中出现了有利于朱熹的政治局面。他的老师胡宪和同学刘珙在朝任职,并且刘珙还很受重用,官职做得很高。二人都向朱熹发出呼吁,要他到京任职。

朱熹拒绝了,他认为,朝中还很乱,还不到出来做事的时候。

我喝过很烈的酒,也放过不该放的手。从前不会回头,以后也不会将就。

果然不久,胡宪就因上书赵构要他起用主战派张浚、刘锜而落职。

朱熹的预感是对的。到了绍兴三十一年(1161)秋,金主完颜亮果然大举入侵,宋军连连败北,金兵攻势凌厉,一直打到了长江边上。南宋朝廷人心惶惶,朱熹在家也坐不住了,他开始关注时局。幸亏不久金兵被击退,金国发生了政变,金主完颜亮被前线内乱的士兵杀死,金兵撤了回去。

第二年,也就是绍兴三十二年(1162)四月,朱熹的老师胡宪死了。这时朝中也正发生着巨大变化,刚缓过魂来的宋高宗赵构来了个内禅,把皇位传给了养子赵昚(shèn),这就是宋孝宗。

宋孝宗刚上台,也想好好干一把,向全国官员百姓发出邀请,要他们直言极谏。朱熹也深受鼓舞,蠢蠢欲动。他向宋孝宗上书,请他不要再看那些谈虚无寂灭的佛道书了,这不是帝王应该看的书(非所以贯本末而立大中)。帝王应该先格物致知,弄清事物的变化,这样才能自然变得意诚心正,处理好天下的事情。

这封上书没有结果。但朝中的大臣们开始推荐朱熹,宋孝宗也命张浚出师北伐。

由于准备不足等原因,不到一个月北伐就失败,朝中在和战问题上又吵吵起来。乡下的李侗老师也劝朱熹出来做事。

世界这么乱,装纯给谁看?理一分殊,各干各的,这才是正理。朱熹于是应召来到临安,要干他生平按照分殊做的第一件大事,那就是向皇帝奏事,给他讲讲抗金这一大道理。

第五十六回

乱纷纷京师争论和与战
思攘攘朱熹甄别静和敬

这是隆兴元年(1163)十一月,这一年的冬天很冷。

孝宗在垂拱殿召见了朱熹,朱熹上了三道札子,也就是奏折。

第一札说孝宗不会随事以观理,所以弄得天下许多理都没有考察;又不会通过理来看事,所以弄得天下许多事都没有明白;最后弄得干什么事都游移不定(举措之间动涉疑贰),结果是什么事都干不成(平治之效所以未著)。总的原因就是不讲格物致知这条大学之道。

第二札开始批评孝宗朝廷不正。

第三札开始攻击孝宗用小人做事。

宋孝宗听了第一札还算谦虚,说了两句话,表示自己学问未足。到了第二札、第三札,大殿上只听得见朱熹在那儿念札子了,孝宗也不吱声了。

小小的祠官,太狂妄了,我什么也不好,就你好!

让你来露露脸就不错了,你倒撅起尾巴晃开了。

朱熹攻击皇帝身边的人是小人，这种攻击本身就是把锋利的双刃剑，砍伤别人的同时，也很容易伤到自己。因为小人是不能得罪的。

这次奏事的结果是任命朱熹为武学博士，待次。

让一个冉冉升起的明星学术官员去写操典报告，练劈腿，搞跨界经营，太搞笑了吧！还要在家等四年，有空缺了才能就职，这几年叫我全家老小喝西北风去呀。

春风不放桃花笑，阴雨能生客子愁。

只我无心可愁得，西湖风月弄扁舟。

——朱熹《武林》

还是让我回去吧。

谁不说俺家乡好，田园将芜胡不归。

就算吃醋也要装得跟喝了油似的，不能让人瞧不起。

朱熹酸溜溜地继续请祠。

为什么弄成这个样子，朱熹明白，这都是他自找的。

平日生涯一短篷，只今回首画图中。

他明明知道这次来得不是时候，君臣上下都有意和金国议和，但怀着一腔滚烫的道学情怀，一种强烈的历史使命感，他还是来了。

但来了又怎样，刚刚出道，人微言轻，难扳大势。

不，我不能白来。既然见了皇帝，宰相也得见见。于是，朱熹又跑到执政大臣周葵家理论。

周葵是个官场和事佬，这次主持和议就是他的主意。朱熹愤然指责周葵议和，周葵望着朱熹，也说不出什么来，谁让人家朱熹站在道德的制高点上呢？我家的公鸡死三天了都没有你白。于是周葵只能支支吾吾，勉强解释。

朱熹和周葵这样的官佬最终也讲不出个一二三来，这些人打起太极来不次于玩太极的道学人士，朱熹愤愤回到寓所。

永远不要高估自己在别人心中的分量，及时止损。别希望，别期望，别盼望，别指望，最后也不会有失望。

不过，他终于等到了一个人。

此人名叫张栻，他的老师是胡宏，和朱熹的老师胡宪是堂兄弟。

胡宏是胡安国的亲儿子，曾经跟随杨时学习，他一生没有当官，在秦桧当政时，和他哥哥胡寅都得罪了秦桧，从此更是不出来了，在衡山脚下教书育人，开创了理学的“湖湘学派”。

这个张栻此时也不是什么重要人物，但他还有个特殊身份，他是抗金主帅张浚的儿子。

张浚是当时的大帅，张栻以荫得官，此时在张浚的幕府里参赞军务，是个标准的“张少帅”。

张栻这次是应父亲之命先来临安奏事的。这是朱熹和张栻第一次相见。

这次会谈的事不重要，重要的是，朱熹从此有了一个志同道合的朋友。

朱熹又一直等着张浚到来后，向张浚当面陈述分兵进击金兵的策略，但张浚只能说这事我做不了主，得皇上拿主意。

完了完了，没有一个干事的。偏偏这时又噩耗传来，朱熹的老师李侗死了。

朱熹在满天风雪中离开了临安，悲愤、失望。

当走到婺州时，朱熹去见了一个人，此人名叫吕祖谦。

吕祖谦是浙江金华人。这个人猛一听也没什么，他此时也不是什么大官政要，但只要一提他的家世就会让当时的人大吃一惊。他是北宋宰相吕公著的后代，而吕家再往前的显赫家世我们前面已经介绍过了。

我穿过所有浪漫银河，只为在你心头降落。

这才是朱熹此行的最大收获，他一下子见到了生命中两个最重要的朋友：张栻和吕祖谦。这次会面为他们以后的交往定下了基调。

隆兴二年(1164)，隆兴和议成。这是继绍兴和议后南宋的第二个和议，朱熹对此一直愤愤不平，把这比作“宴安鸩毒”，是要为将来的亡国负责任的。朱熹有时间就骂两声。

但总算天下太平了。

杏花雨，杨柳风，桃花水，山温水软的临安，现在最需要的是安稳，以便积蓄力量。

如今朱熹的几位老师都死了，好在，朱熹这时又多了两位学友。朱熹开始了他的独立研究生涯。

心性精进的朱熹不久就发现了李侗学问的一个致命弱点，那就是李侗说的"但默坐澄心,从静中体认天理"。

默坐静悟,这不和我学过的佛家禅悟一样了吗?

带着许多疑问,乾道三年(1167)九月,朱熹到湖南长沙与张栻相见。

在与张栻的探讨中,朱熹更加坚信了这样一个修道信念:主敬。

在二程创建的理学中,哥哥程颢主张"静"的修炼工夫,弟弟程颐看出了问题,怕人们把它和佛家的静坐联系起来,于是改成了"敬"。

在程门的四大弟子中,由谢良佐传胡宏,胡宏传张栻,这一脉得程颐的"敬"字。

由杨时传罗从彦,罗从彦传李侗,这一脉得程颢的"静"字。

曾经佞佛(沉溺于佛)很深的朱熹看出了"静"字的破绽。李侗告诉他"从静中体认天理",他修正了李侗的静坐方法,从程颐的"涵养须在敬,进学则在致知"这句话中抓住了"敬",找到了体认天理的入口。

在此之前,二程的启蒙老师周敦颐也是主"静"。

朱熹后来把"敬"字也强加给了周敦颐,说:"什么'静',此字只好作'敬'字看。要是老说静,都快当和尚道士了(若以为虚静,恐入释老去)。"

周敦颐要是活着接住朱熹的这个"敬"字,沉甸甸的,恐怕他写的文章再也不能如荷花般飘逸了。

在朱熹等人看来,"敬"是个力气活儿,是体道的真功夫,实打实的。

什么时候都要对"敬"心存敬畏。一杯敬明天,一杯敬过往。

在此之前,周敦颐并没有那么大名气,胡宏是最早全面评价周敦颐的。他在给周敦颐的《通书》写的序言中说:"自从孔子传孟子之后,中间隔了上千年，到了周敦颐才传给了程颢、程颐兄弟这千年不传的学问，一回万古之光明。”

胡宏写这篇序言时，周敦颐已死了几十年了，胡宏没有必要恭维死人，他是真心要打周敦颐这杆彩旗的。

雨说天空会流泪，花椒说麻辣是生活的滋味，我说敦颐是我们的老前辈。经过胡宏这么一表扬，周敦颐在理学界的地位骤然提高。

他接着说出周敦颐不被人重视的原因：人们只见到周敦颐的书写得简约，而不知道他的道行广大；只见到他的文章写得质朴，而不知他的意义精深；只见到他的话淡泊，而不知他话中的滋味深长。

胡宏表彰过周敦颐之后，又有朱熹、张栻对周敦颐的大力表彰。

而周敦颐也是因为有了朱熹、张栻的大力表彰之后，才被抬上了“道学宗主”的位置，只是让他老人家讲道时从“静”改成了“敬”，变换了一下授课方式。

在湖南长沙的两个多月，在和湖湘士子的交往中，朱熹渐渐看出了这批人的破绽，那就是好说禅，动不动就“拈槌竖佛”，跟个拿着棒棒敲木鱼的老僧一般，这让要纯化儒家队伍的朱熹大为不满。他不久就同“湖湘派”分道扬镳，并开始了说服张栻的工作。

只有想不通的人，没有走不通的路。

他决定先从张栻的老师胡宏开刀。

胡宏写过一篇《知言》，这是胡宏的日常思考心得，虽然不长，却是胡宏思想的中心堡垒所在。

朱熹决定端掉这个堡垒，借以纠正一下张栻的几个错误思想，把他拉到正确的道路上来。

既然咱们是知无不言的好朋友，那就先从《知言》开始吧。

我是宁交一帮抬杠的鬼，不结一群嘴甜的贼，今天我就好好评评你到底说了什么。

敢于对着张栻批评他的老师胡宏，说明善于思考的朱熹这时已经深深自信把握住了理学的原理，并且有了发言权。

比如胡宏说“心以成性”，认为性是天下的大本，心只是用来认识成就性的。

朱熹指出，说性就得说情，性固然是天下的大本，但情也是天下的达道，是为我们到达儒家的大道来服务的，性情二字不能分开。胡宏只把心说成“心以成性”，这就不对了，说心时必然得有性，谈心时也得捎带着说情，然后语意才完备，说“心统性情”，这还差不多。

张栻来信说，“统”字恐怕也不合适，说“心主性情”怎么样？

朱熹回信说，“主”字不错，但还不够妥帖，还是“统”字比较好。

圆规为什么可以画圆，因为心在走，脚不动。

你为什么不能圆梦，因为心不定，脚不动。

对于胡宏的“天理人欲同体而异用”，朱熹说又错了，本体只有一个，那就是天理，人欲怎么配得上本体天理？圣人只说“克己复礼”，就是教人实下工夫，去除掉人欲，自然便是天理。如果天理人欲同是本体，抠掉了人欲，天理不也一块儿掉了？圣人可没有教人从人欲的烂泥潭里识别天理。

记住，存天理，去人欲，要天理就不能对不正当的人欲手软。同什么体？同体的都是怪胎！

对于胡宏的"好恶，性也。小人好恶以己，君子好恶以道。察乎此，则天理人欲可知"，朱熹更是提出强烈抗议，他说，喜好和厌恶固然是人性所有的东西，然而直接说喜好和厌恶是性则不可。喜好和厌恶的只是物，而善则是人的本性。

我从来付尽辞色，你总是眉目温和，张栻好友，我真的不是负气，我是着急。只能这么强势了！

胡宏确实不承认性都是善的。在别人问他性这个问题时，他主张性神秘，说："性，那是天地鬼神的奥秘，善不足以言性，何况恶了，它更不足以概括性。孟子说性善，那是他一时的叹美词，不与恶对应。性没有什么善和恶。"

张栻看了直冒虚汗，没想到朱熹把自己老师胡宏的错误抓个正着。

空有一颗学习的心，偏偏生了一条挂科的命。

在理学世界里，主要有四个要求：一，性都是善的，这是孟子老先生的名言；二，理、性、命是同一对等价值，都是理学的本体词；三，天理、人欲不可同时拥有，要天理，就得去掉人欲这些龌龊的东西；四，对佛道批评不能手软，因为我们是为重现儒家的神圣辉煌而奋斗的。

这是不能修改的，谁修改，是要挨批评的。

胡宏老师说"善不足以言性"的时候看来是想突破一下，把性内容丰富一下，但他又没有好的说辞，反而和恶联系了起来，结果被朱熹攻破，连张栻看了也觉得胡宏说得不妙，于是回信说，那就把性无善恶这话改改吧。

你既然嫌蒙太奇，那咱就把这轱辘也掐了吧（亦当删去）。

朱熹笑了，你强大的时候别人都在给你让道，你弱小的时候别人都在挡你的道，你这就是所谓的帅不过三秒吗？

通过对胡宏的批判，张栻这员“湖湘学派”的大将已倒向了朱熹一边。

说服张栻只是牛刀小试。淳熙二年(1175)，一个人的到来，给朱熹带来了真正的挑战。

首先来的人是老朋友吕祖谦。

吕祖谦家世显赫，他的七世祖是吕夷简，是北宋仁宗时的名相；他的六世祖就是吕公著，是宋哲宗时的宰相，理学事业的赞助商，和司马光一起掀翻了王安石变法。

吕祖谦比朱熹小七岁，巧合的是，吕祖谦也跟刘勉之、胡宪学习过，和朱熹算是同门师兄弟。

吕祖谦二十六岁中进士，曾任秘书省正字，这时正在离职丁忧，为父守孝，于是来到福建崇安五夫里找朱熹探讨学问。

吕祖谦不是挑战者，在批判胡宏理论的过程中，朱熹还和吕祖谦进行了通信。吕祖谦这次来，朱、吕二人还进行了合作，编了一本《近思录》。

这是一本对北宋理学的创建做出过杰出贡献的人们的著作选集，他们是：周敦颐、程颢、程颐、张载。

我们常说“北宋五子”，在上述四人中少了一个邵雍，怎么回事？

别着急，“北宋五子”是朱熹定的，一个也少不了。邵雍拿手的是《易》，上述四人是理学的设计者，邵雍是个重要的补充者，朱熹在后面的著作中不会忘掉他的。

通过编书,二人化解了许多分歧。相聚了一个多月后,朱熹带着弟子送吕祖谦,一起到江西铅山鹅湖寺去会一个人:陆九渊。这也是吕祖谦提议的。

香烟到头终是灰,故事到头终是悲,一段感情始于通过好友验证,止于开启好友验证。

朱熹此时还不知道,这才是他生命中真正的挑战者。

第五十七回

慕心学富阳县杨简拜师
怼理学鹅湖寺九渊斗法

陆九渊字子静，是江西金溪人。

相对于吕祖谦的家世，陆九渊可就寒酸多了，他出生在乡间的一个普通家庭，父亲爱好读书，母亲在他两岁时就去世了。

生而为人，我的左眼是穷，右眼含富，而我只是滑落的泪珠。

像一切不平凡的人，陆九渊小时候也有异于常人的地方。

和朱熹一样，陆九渊也有个问天的故事。他三四岁时，忽然有一天问父亲："天地的边际在哪里？"父亲笑而不答，陆九渊就一个人深思起来，以至于忘了吃饭睡觉。

据说，十三岁时，在读书思索中，陆九渊有一天忽然醒悟，他在自己的学习笔记里记下了这些话：

宇宙间的事就是自己分内的事，自己分内的事也就是宇宙间的事。

此心同，此理也就同。

此心此理永远相同，就是千百世之下有圣人出，此心此理，也是相同。

哈哈！

陆九渊于是推断出：

“宇宙便是吾心，吾心便是宇宙。”

有了这个宇宙观，从此我开心到爆炸！

心有多大，世界就有多大，这个故事的可怕之处，就是它透露出陆九渊虽然是大谈特谈人心，但性格上是个大开大合的人，不像朱熹心眼那么细密，对人性那么执拗，他只要此心同朱熹的理等价就可以了，别的事情都能随心所欲地办到。

朱陆二人的心性纠纷自此展开。

只是陆九渊开悟的时间应该是三十岁以后。把悟道年龄提前，这都是后来学生们神化老师搞的模糊值。

陆九渊兄弟六人，这兄弟六人配合得也很好。大哥陆九思管理整个大家庭；二哥陆九叙经营手工制药作坊，为一大家子提供财力支持；三哥陆九皋在家授徒为生；四哥陆九韶一生不事科举，隐居读书；五哥陆九龄在乾道五年(1169)中进士，做过几任州县学教授。

在后面我们还会看到，四哥、五哥还会发挥打仗亲兄弟、上阵父子兵的精神，相继配合老六陆九渊，在心性、无极的战场上和我们的朱熹缠斗。

兄弟六人中，老六陆九渊可说是最聪明的，他的情商也很高，在十岁时，就被吴老师看上，把女儿许给了他。

不过陆九渊差不多创造了整个封建社会恋爱时长之最，直到十九年后，二十九岁的陆九渊才和吴女士成亲。

十九年的恋爱期，就是我们现代人也无法想象，我们常为谁和谁恋爱八年最后告吹而可惜，八年的恋爱期我们就觉得够长的了。

情的走向是一段共度美好的时光，有长有短，但它最终会结束。至于情的结果是亲情共度白首相濡以沫，还是因爱生怨相忘于江湖，那就看你们的缘分和造化了。

好了，还说陆九渊吧，和朱熹一样，他也是娶了老师的闺女。

一般说，能把老师的女儿娶到手的学生，都不简单。

女大三，赛金砖，女大三十送江山，没有一个老师会把自己的女儿早早许给班里的差等生。

爱情这东西，始于颜值，陷于才华，忠于盟誓，迷于声音，最后能不折于物质，败于现实，才是成功。

区区人生三万天，所以爱你一万年是不可能的，爱你到晚年还是能实现的。

成了家，就该立业了。宋孝宗乾道八年(1172)春天，陆九渊到临安参加省试，当时他已经三十四岁了。

考试前，陆九渊去拜访了吕祖谦。这就好像我们现在的大学生在考研之前，先去见见导师，谈谈自己的想法，让导师加深一下对自己的认识。

在考完阅卷时，吕祖谦读到了一份试卷，他读了之后，感到这份试卷很有思想，它是这么写的：

狎海上之鸥，游吕梁之水，可以谓之无心，不可以谓之道心，以是而洗心退藏，吾见其过焉而溺矣……

这和陆九渊的谈心风格很像，吕祖谦高兴地说“这必是陆子静写的”，拿着文章去找另两位主考官，一个是赵汝愚，一个是尤袤。

赵汝愚我们以后还要提到，他后来官至宰相，是朱熹政治上的一大靠山。

尤袤是著名诗人，和陆游、杨万里、范成大并称“南宋四大诗人”。

值得一提的是，尤袤还是当时的藏书大家，他著了一部版本目录，名叫《遂初堂书目》。这是中国第一本版本目录。

版本目录就是把同一本书不同时期的版本登记造册。

自认生而为王，也难免为平生所爱腰折，这两位主考官对这篇文章也是夸奖不已。最后一揭榜，果然是陆九渊。就这样，陆九渊考中进士。

陆九渊考试前去拜访吕祖谦，这在唐朝时叫“行卷”，就是考生拿着自己写的文章去找一些达官贵人，请他们推荐自己。

到了宋代，实行糊名、誊录，把你写的卷子密封好后，还得再找人誊抄一遍，让考官看不出是谁写的，以防作弊。

唐代考试卷不糊名，更别说后边的找人誊录了。科举考试从隋朝创建，直到宋朝才严格起来。

和朱熹一样，陆九渊也是一次省试成功，最后排名也是末等。但总算考上了。

不过，陆九渊这一年已经三十四岁了，朱熹考上进士时才十九岁。

虽然岁数大，也才是个“赐同进士出身”，不是什么状元、榜眼之类的，但陆九渊显然不用为如夫人洗脚，他刚考上进士，拜倒在他脚下的就大有人在。

陆九渊虽然考中进士晚，但悟道可不晚，传言他十三四岁就悟出了心和宇宙的对等关系。陆九渊这么多年一直在夯实自己的心愿，到考试时他也是用自己这么多年的思考心得答卷。

幸运的是，他遇上了吕祖谦这么一个伯乐，跟他在纸媒里会心一笑，一举得中。

而朱熹虽然考中进士早，但他考试时还没有形成自己的思想，或者说思想还很混乱，比如用禅语答题。直到考上进士多年后他才把用禅语说话的毛病改正过来。

三十四岁的陆九渊显然比较成熟，他在考进士的第二年就收了一个大徒弟。这个大徒弟名叫杨简。

你是谁不重要，关键是你等的是谁，你想成为谁。

错的人迟早会走散，对的人迟早会相逢。让我们看淡所有的渐行渐远，珍惜所有的不期而遇。

杨简是浙江慈溪人。陆九渊中进士后回家途中，经过富阳县，杨简是富阳县主簿，他比陆九渊小两岁，但四年前就考上进士了。

感郎千金意，惭无横溢才。

在京师俩人已见过，这是他们的第二次相见。

杨主簿邀请陆九渊到县衙一坐，并谈起陆九渊常说的“心”来。杨简问:“什么是本心?”

陆九渊此时显然还不善于教人,他说出了孟子说过的老话:“恻隐之心,仁之端也;羞恶之心,义之端也;辞让之心,礼之端也;是非之心,智之端也。这就是本心。”

这是孟子老掉牙的“四端”说,也就是我们现在熟知的“恻隐之心,人皆有之”这句话的开端。孟子的意思就是说人心本善,起头开端就挺好。

这些老生常谈显然不能让杨简满意,他说:“这话简儿时就已晓得,你再给简讲讲,究竟什么是本心?”

陆九渊也挠头了,这不是说得很明白了吗!他就又重述了孟子的这话,并加以解释。可杨简就是弄不明白,继续追问。

好啊,打破砂锅问到底,不见黄河不死心。

是个心学苗子!

看到你,我感觉我有了拯救整个世界的能力。

于是陆九渊给他举了个现身说法的例子,说:“你白天不是断了个诉讼扇子的官司吗,那些诉讼扇子的人中,必有一是,必有一非。你要是见得谁是谁非,就决定为某甲是,某乙非,这不是本心是什么?”

本心还不就是你内心的判断。

杨简听了,忽然明白了些,觉得心眼一下子亮堂了许多(忽觉此心澄然清明),急忙追问道:“就这些吗?”

陆九渊厉声答道:“你还想要什么(更何有也)?”

在你的地盘上,我也能训你,谁让你心眼不开窍呢!

杨简经这一声断喝,回屋后“拱坐达旦”,也就是坐了一夜,想了一宿。

据杨简自己回忆说："我坐了一宿想啊想，忽然觉得此心一下子清明起来（忽省此心之清明），忽然觉得此心无始无终起来（忽省此心之无始末），忽然觉得此心全都开窍了，哪儿都可以去了（忽省此心之无所不通）。"

第二天天刚亮，心开目明的杨简就起来磕头，要拜陆九渊为师。陆九渊也不谦让，收下了这位心学大弟子。

我努力的样子很狼狈，但是我活得很有滋味。

我把我的心交给了你，我就是你最重的行囊，从此无论风风雨雨，求老师都能在心中把我好好珍藏。

离开富阳县后，陆九渊继续授徒讲学，渐渐形成了自己的心学体系。

在怎样发明本心上，陆九渊开始有了自己的想法。对于风闻的朱熹教人多钻书本读书找道理的方法，陆九渊大为反感，把它斥为"支离"，是"艰难其途径，支离其门户"。

屋上架屋，缀网劳蛛，你累不累啊！

陆九渊早慧，他少年时就说："读伊川的书，觉有伤我者。"

假如程颐活着，照程颐的个性，听了估计要蹦起来，说："你毛孩子倒说说，咱俩各走各的，我哪儿砢碜着你了！"

陆九渊又说孔子的弟子有子的学术"支离"，子夏的学术"传到后世尤为有害"。

从这里也看出陆九渊不但不想承袭二程，他还要往上追溯讨伐，直到孔子脚下那些学生。他把"支离"二字从有子直接下嫁到了朱熹身上。

在驳斥朱熹"支离"的同时，陆九渊也提出了自己心学的"易简"。

在《周易》中，有这么一句话："乾以易知，坤以简能，易则易知，简则易从，易简而天下之理得矣。"

意思是说平易简单的东西才是可久可大的，才符合天地的做事风格。

表面从不心连心，背后却还玩脑筋。在来鹅湖寺前，朱熹、陆九渊都对对方有了一定研判。朱熹对陆九渊治学的看法是"全是禅学，只是变了个名号"。

在儒家领域，说对方是禅相当于骂人"歪门邪道"。

陆九渊对朱熹也不客气，直接宣判朱熹的学术思想"支离"。

我们常说"支离破碎"，支离就是讽刺人烦琐破碎的，相当于说这个人"麻烦，活得真累"。

陆九渊的心学宣传语渐渐招来了理学阵营的注意，对于近年冒出来的陆九渊的心学，张栻全无好感，把它直指为"佛说"，说应该狠狠打击。

吕祖谦的看法比较中和，认为这是陆九渊的精思独视，不可一棒子打死。他对陆九渊本来就十分欣赏，当年在几千份考卷中一眼认出了陆九渊的试卷，知道陆九渊是个很有自己思想的人，认为可以让朱熹和陆九渊见见面，让他们直接探讨探讨。

后来的事实证明，吕祖谦就像《三国演义》里的鲁肃，老想让周瑜、孔明和好，是个不切实际的老好人。

宋孝宗淳熙二年(1175)，吕祖谦、朱熹、陆九渊、陆九龄兄弟带着一帮弟子相聚在鹅湖寺。大家都是做老师的人，见面寒暄过后，话题自然转到了怎样教人上。

吕祖谦是会议的发起人，自然先开口，问子寿（陆九龄字）近来学问上有何新功。

陆九龄说近来正思考如何教人，前两天刚想了一首诗，我给大家念念吧：

孩提知爱长知钦，古圣相传只此心。
大抵有基方筑室，未闻无址忽成岑。
留情传注翻蓁塞，着意精微转陆沉。
珍重友朋勤切琢，须知至乐在于今。

朱熹一听陆九龄念到“古圣相传只此心”一句，心里就明白了，啊，这是冲着我来了。在来之前，吕祖谦跟我说陆九龄如何老实、实在，且耐着性子听他往下读。接着听陆九龄说“留情传注翻蓁塞，着意精微转陆沉”时，朱熹一切都明白了，老实人也不实在了。于是对吕祖谦耳语道：“子寿早已上子静（陆九渊）船了！”

陆九龄刚念完，朱熹就向他提出了几个问题，和他论辩开来。正在论辩时，陆九渊忽然打断了二人，插进来说，我在途中和了家兄一诗，在此我也给大家念念：

墟墓兴哀宗庙钦，斯人千古不磨心。
涓流积至沧溟水，拳石崇成泰华岑。
易简工夫终久大，支离事业竟浮沉。
欲知自下升高处，真伪先须辩只今。

陆九渊抑扬顿挫地只管念下去，哪知朱熹听到“支离事业竟浮沉”一句时，脸上顿时失色。坡起，小心！这个陆九渊，非但不劝和，还带着援助武器来了！等到陆九渊念完时，大厅里杳无一息，全都哑巴了，都看着朱熹不说话。朱熹脸色阴沉，极不高兴。

吕祖谦一看这种尴尬情况，赶紧宣布休会，说今天第一天见面，就先到这儿吧，都认识了，明天再叙谈。

朱熹的失色不是没有原因的，当着这么多学生，还有闻风而来的各路学者和官员的面，一上来就向自己发动攻击，并且诗都是现成的，显然陆氏兄弟是事先准备好的。

朱熹的猜测是对的。在见朱熹、吕祖谦的前一天，陆氏兄弟二人商量说：“伯恭（吕祖谦字）约元晦来此集会，正是为了学术异同，为咱们和元晦说合说合。这次相会，咱弟兄两个都不能取得一致，如何指望大家取得相同？”

于是兄弟俩儿先进行了一天的辩论，最后陆九龄同意了陆九渊的观点，并写了这首诗和陆九渊商量。陆九渊看了，并不满意，路上就又想了一首。

陆九龄那首诗的意思是什么呢？他第一、二句的意思是说咱们人啊，从小时候就知道爱敬（孩提知爱长知钦），古圣相传的就是这种本心（古圣相传只此心）。

而陆九渊觉得不满意，他认为不能说是只有古圣相传，受众面太窄了，心灵的东西应是人人都有，于是改成了“斯人千古不磨心”。

陆九龄的第三、四句“大抵有基方筑室”和陆九渊的“涓流积至沧溟水”，泥水搅拌到一起还比较温和，朱熹听了一下子也分不出稠和稀来，知道陆九渊的意思大致是只要干着，会做大的，自然也不反对。

到了第五、六句“留情传注翻蓁塞，着意精微转陆沉”，传注就是给古经传书做注解，这是汉代人常干的事，而朱熹也是好干这个。

而陆九龄的意思却是别做这些注解古书的事了，它只会让你心眼变得堵塞（翻蓁塞），如果把一门心思都放在自以为“精微”的那些事上，迟早会陷到思想的泥潭里，陆沉下去。

我偶有荒腔走板，你却是行文偏颇。这显然是冲着朱熹来的。

但就这陆九渊对他哥哥的诗还是不满意，还嫌火力不够猛，不过瘾。

“大抵有基方筑室，未闻无址忽成岑”，哥哥你这话是明白，但不知是说谁的。谁都知道有地基才能盖房子，没有地址连封信都收不到，更别说成山岑了。只是这么说太悲观了，陆九渊于是给他改成了浪漫主义色彩浓厚的“涓流积至沧溟水，拳石崇成泰华岑”，意思是小水能积成大海，拳头大的石头也能累积到高过泰华山顶。

到了“着意精微”这话，就让人费解了，到底是说谁着意精微？

在《尚书》里有“人心惟危，道心惟微，惟精惟一，允执厥中”这样一句话，看样子哥哥说的是朱熹搞的那套“惟微”“惟精”工夫，可“转陆沉”三个字听了又没什么攻击力。

于是陆九渊把他和诗的第五、六句直接变成了火药味十足的“易简工夫终久大，支离事业竟浮沉”。

他把自己直接发明本心的方法说成是“易简工夫”，他最终将“久大”；而把朱熹鼓捣注经的事说成是“支离事业”，最后即使在水里扑腾两下也得沉下去，淹不死你也得呛死你！

诗的最后两句，最能看出二陆的性格。陆九龄说咱们争是争，但还要“珍重友朋多切琢”。啊，朋友，且端起这杯酒，珍惜这好时候（至乐在于今）。

到了陆九渊，连客气话也没了，他明确提出：“欲知自下升高处，真伪先须辩只今。”

来来来，今天你就放马过来吧，朱熹，我与你大战三百回合，争个高低！

火药捻子直接点着了。

那谁还能干呀！

吕祖谦赶紧拉着朱熹离开了爆炸现场。

朱熹回去后好跟吕祖谦发牢骚，说陆九渊怎么这样，说话太冲了。

道理我都懂，可他却把自己当祖宗。

吕祖谦也是干着急，他没想到陆九渊一见面就给朱熹弄了个下马威，送上颗宋代新式发明震天雷。他是还不了解朱熹，朱熹那是好惹的吗？朱熹骨子里有文人的“拧”髓，身上流淌着角斗士的血液，他本身就是个说话冲的人，你还跟他冲。自己平时都理论不过朱熹，有什么得仔细听听再做考虑，哪有陆九渊那样一上来就单刀直入。朱熹今天只是看着这么多朋友学生的面，没跟陆九渊一般见识。

吕祖谦好言相劝，说明天把理说清。

第二天大家针对昨天的话题，展开了屠版式的讨论，你来我往地争辩开了。

朱熹先好言好语地说：我的教人方法是先令人多读书，泛观博览，最后自然能体悟天理。

陆九渊说：我的教人方法是先让他明了本心（**发明本心**），不先发明本心，读多少书有什么用？

朱熹带气了，说：你这样不妥吧，这么教人太简单了吧？

陆九渊说：像你那么教人，太支离破碎烦琐了吧？

朱熹义正词严地说：我这怎么叫支离，多读书有错吗？

陆九渊说：没先发明本心就去读书，只会变成实心木头。

最好的日子，无非是你在闹，我在笑，岁月静好，如此温暖到老。你知道不？这样争吵有意思吗，大哥？

没想到朱熹全面反击说：不读书就想明白圣人的道理，你简直是痴人说梦！

好了，你扯着嗓子说吧，我反正捏着人中听。陆九渊刚想发脾气说："尧舜以前更有何书可读，人家都是傻子了吗？"这时陆九龄站了起来说："这个问题咱们就先探讨到这里，是不是，伯恭？"

吕祖谦被朱陆二人弄得有点蒙：一个是自己敬重的朋友，一个是自己欣赏的学生，本来是想让两人统一一下认识，可他俩儿刚见面就互相掐了起来。听到陆九龄提醒，吕祖谦顿时从不知所措中清醒过来，赶快说："对对，好，咱们换下一个话题。”

第三天对于战斗双方依然是元气满满的一天，双方又进行了许多话题的探讨。据陆九渊回忆说，第二天朱、吕二人又商量出了数十折议论来，都让我把他们说服了（莫不悉破其说）；第三天他们二人又跟我辩，我又把他们给说住了（其说随屈）；伯恭（吕祖谦）其实很想虚心听我的，都是朱熹把他给绊住了（竟为元晦所尼）。

我陆九渊现在把朋友圈当日记本写，这还不够交心吗？

朱熹到底屈没屈于陆九渊的辩论，从以后朱熹跟人到处谈陆九渊的不是就知道了：他的气质不过是三分才气，七分装蒜。

但朱熹也很看重陆九渊，除了前三天双方弄过几次不愉快，在接下来的几天里双方还是很融洽的，毕竟双方坐下来谈的基础还是相同的，都是理学中人。陆九渊用自己的心学观点解《周易》，让朱熹也很佩服。

好了，鹅湖之会就先开到这儿吧，我已领悟了你的境界，只是我还有自己的理想，还不能停下来，以后我再和你惺惺相惜，推杯换盏吧。

散会。

第五十八回

求用世朱道学再次出山
补裂痕白鹿洞聚会讲学

入了心的人，怎能说忘就忘？动了情的人，怎能说放就放？

鹅湖之会后，双方都进行了反思。陆九渊开始留意教人读书在心悟中的作用，朱熹开始问自己是不是太沉溺于书本而忽略了一些东西。

鹅湖之会后第四年，也就是淳熙六年(1179)，这一年朱熹五十岁，是儒门传统意义上的知天命之年，朱熹经人向皇帝推荐，终于出山了。

在此之前，朱熹一再谢绝了朝廷的任命。如今在道学上穷究了这么多年理，性也尽得差不多了，又到了知命之年，加上张栻、吕祖谦等朋友都劝他出山，他终于答应了。

朱熹没想到，“理性命”是让他穷尽得差不多了，但“理性命”是二程时代早就保有的常规武器，已经得到了道学界的广泛认可。他很快就会受到新的挑战，那就是他新整合收编的“太极”“无极”这两个理学生化弹头，它们的来历即将受到强烈质疑。

朱熹这次的官职是“知南康军”，也就是去主持南康的军政和民政。

朱熹此时夫人已死，孩子也大了。不幸的是，这时刘珙刚刚去世。刘珙同学本来有希望做到宰相，这样朱熹将会有一个坚实的靠山，但这一死，也指望不上了，朝中没有知己人了。所幸的是朱熹自己此时已名满天下。朱熹需要向外扩展自己的理学思想，他是个不忘政治的人。学术没有政治力量扶持，就好像车子少了个拉套的，是跑不快的。

是该亲自出马的时候了。

在上任途中，陆九龄和刘尧夫来访。

陆九龄此来，是向朱熹汇报自己自鹅湖寺分别后的学习思想状况的。刘尧夫是陆九渊的学生，曾和朱熹讨论过学问。

陆九龄向朱熹陈说了心学不注重读书的坏处，表示现在已同意朱熹所说的多读书方法，承认当年为弟弟陆九渊和朱熹辩论是不对的。

朱熹对陆九渊这位五哥很满意：老弟心很大（朱熹比陆九龄大两岁），一看就是做大事的人，不像你那个弟弟，老是小心眼。

然而事情总不能全随人所愿，就在二人说话时，同来的刘尧夫对陆九龄向朱熹挂白旗投降，不是很满意，听不进去，独自去屋子后面角落里，学佛家打坐。朱熹见状喝道：“便是我和陆丈说得不足听，我也比你大几岁，何必这样作怪！你想要遗物，物本不可遗。”刘尧夫这才极不情愿地往前挪了挪。

疯了，看来是真疯了，当时我就劝他不要出院，不要出院。

不和的种子已经埋下，朱陆二家大规模相攻即将开始。

朱熹来到南康履职。这一年秋天，南康地区下雨不断，出现损毁田地的情况。朱熹在巡视中，在荒草榛棘中发现了白鹿洞书院旧址，于是向朝廷申请修复。

第二年，白鹿洞书院重建完成。

书院在宋朝时很是兴旺。朱熹以前与张栻在长沙岳麓书院探讨讲学，如今终于找到了一个书院。我的地盘我做主，朱熹自任洞主。

就在书院重新建成时，一个消息传来，张栻死了，年仅四十七岁。

张栻当年与朱熹在湖南分别后，一直辗转在朝中和地方任职，没能和朱熹相见，如今却成永别。朱熹十分悲痛，饭也不吃了，罢宴痛哭。

这一年四月，宋孝宗下诏让官员上封事。封事也就是密封的奏章。朱熹在上任前就有个要求，要当面和孝宗谈谈，但被推荐他的宰相拦住了，怕他跟孝宗说别人的坏话，说你先上任再说。如今朱熹终于有了机会，不用到京城，就可和孝宗交流，于是上了封事。

朱熹这篇封事差点儿把孝宗气着：要不是有言在先，我好想把它给封了。

你打开一点美颜滤镜就这么难吗？

朱熹是怎么说的呢？

他说，现在的文臣都不合格（今宰相、台省、师傅、宾友、谏诤之臣皆失其职）。武将呢，全都是有钱有势人家的后代（率皆膏粱子弟），到了军队上，也只知道捞钱（唯望裒敛刻薄）。

而最显眼的是那几个“近习之臣”，朱熹把他们骂成“此一二小人”，说这些小人把孝宗给蛊惑坏了，“使陛下不信先王之大道”。

这些近习小人，交通货赂，所偷盗的都是陛下的财物；命卿置将，所窃取的都是陛下的权柄。

而“陛下所谓宰相、师傅、宾友、谏诤之臣”，全都投靠到这些近习小人门下，一切都听这些小人的，承望其风旨。就是有两个能自立的，也不过是“龌龊自守”，不敢斥责这种状况。

那些害怕公众议论他们失职的，也只是说些表皮话，既不能打着这帮家伙的痛处，让他们“深有所伤”，也不敢一竿子打到他们的窝里去（不敢明言以捣其囊橐窟穴之所在）。

而造成这一切的总根源是“陛下心术不正”，才弄得“纪纲”立不起来。

这篇封事把满朝文武都骂到了，包括皇帝个人。

总之，权力裸奔，没一个称职的！

孝宗看了后大怒，这朱熹说话也太难听了。本来是秘密奏章（封事），不公开的，结果孝宗撂出来让大臣们分析分析，这朱熹怎么这么说话？！

宰相赵雄一看也挺生气，这朱熹只凭强大战斗意志就撕文臣，骂武将，无视现实情况如泄洪之水，但朱熹是他推荐的，不便再说别的，于是他劝解孝宗说：“熹是个狂生，词穷理短。这些欺世盗名的人，陛下越恨他们，下边的人赞誉他的越多。以天子的尊贵，要是和他计较，正好称了他的心，抬高了他。暂时先用着他，等到他碰到事，才能怎么样就暴露出来了，那时再收拾他，让他无话可说，他的虚名自然就败了。现在要是治他的罪只能正好成就他的名声，他正盼着你找他事呢，不如先置而不问。”

对于恶意营销炒作的人来说，最好的办法就是别搭理他们。

你在乎谁，就给了谁一把刀；你让谁靠近你，就等于脱下了自己的铠甲。所以我们在付出真心的时候不要草率，在寻找朋友的时候不能贪婪，否则必定会被刺得遍体鳞伤。

周必大等人也相继劝孝宗，总算把他给劝住了。

朱熹上书之后，听说孝宗把他的封事拿了出来，公开讨论，知道凶多吉少，孝宗肯定生气了。这一公开，把人都得罪完了，这相当于孝宗把他给卖了。卖得贵贱暂时还不知道，全看孝宗的生气程度。于是朱熹收拾好了行李，准备套现离场，就等着对方的发货单了，对人说自己正“屏息以俟雷霆之威”。可等了半天，也没见京师来人算账。

你让我干，我还不想干呢。

风华是一指流沙，苍老是一段年华。一程花开，一程叶落，几度流年辗转，几回梦寐成烟……

朱熹给孝宗又上了请祠报告，但朝廷不搭理他。朱熹还继续在南康干他的知军。

朱熹继续建设他的白鹿洞书院。

书院是宋代的特色教育产业，中国古代著名的四大书院分别是：

河南商丘的应天书院，它是宋学的老大哥范仲淹求学和任教过的地方。

河南登封的嵩阳书院，它是理学创始人程颢、程颐兄弟任教过的地方。

湖南长沙的岳麓书院，它是理学的集大成者朱熹和张栻探讨学问的地方。

江西庐山的白鹿洞书院，它是由朱熹重建并和人在此讲学的地方。

和朱熹讲学的那个人是谁呢？

他就是陆九渊。

这里必须说一声，这次是陆九渊一个人带着徒弟来白鹿洞书院的。

陆九龄已在去年病逝，这让朱熹感到很伤感。陆九龄在去世前见过朱熹，已表达了认同朱熹看法的意思。而今陆九龄去世，中间少了一个撮合的人，他那个能说会道的弟弟陆九渊还和自己对抗着，有许多问题统一不了。

不过朱熹、陆九渊这次相见很是融洽。朱熹尽地主之谊，带着陆九渊在水上泛舟，撑一支长篙，向青草更青处漫溯，满载一船学术明星，在星辉斑斓里放歌，玩到酣畅淋漓处，朱熹高兴地说："自有宇宙以来，已有此溪山，还有此佳客否？"

宇宙就是我心，我心就是宇宙。说起宇宙，陆九渊自是会心而笑。

佳客到来，自然不能放过讲学的机会，朱熹又请陆九渊在自己刚修建的白鹿洞书院讲学。

陆九渊是个演讲的天才，谦逊一番后，登台演讲"君子喻于义，小人喻于利"一章。演讲的题目是孔子老先生的原话，陆九渊结合现实，给它作了即兴发挥。

陆九渊的演讲词大致如下：

今天，郡侯（朱熹是郡长官）秘书（朱熹曾被朝廷任命为秘书省校书郎）

让我在这里给大家讲点什么，像我这样的庸虚之辈，何敢当此？辞避再三，不得所请，我就给大家讲讲义与利吧。

我们都知道以义与利来辨别君子和小人。可是我们现在的学生嘴上读的是圣贤书，脑子里想的是升官发财之道。等有一天科举考中，又整天想的是官大官小、俸禄高低，这样怎能指望他们悉心力于国事民隐呢？

他们此时恐怕不是想着义，而是满脑子的利吧。如果我们现在就深刻总结，反思自身，不走到这些小人的路上去，对于利欲这些恶习，痛心疾首，专志于义，博学审问，慎思明辨，坚持力行，将来有一天我们参加科举时，写出来的文章自然就是平日心中所想的。以后做官了，也会勤事供职，心系于国，心系于民，而不是只为自己着想。这样才能做一个真正的君子。

这段讲演十分接地气。朱陆都是官场中人，却强烈批评了官场一些人的陋习，说出了平时大家只敢想、不敢说的心里话。演讲完后，学生中有人感动得流下了眼泪。

尽管陆九渊讲话中也不忘谈“心”，但当朱熹听到“博学”二字，听出陆九渊也赞同自己多读书的主张时，也激动得站立起来，双手鼓掌，说“熹当和学生们共守，以无忘陆先生的教导”，并请陆九渊把他的演讲书写下来，将来刻到石碑上，流布千古。

愿你游星空，走人海，见苍穹，遇美好。浅喜似苍狗，深爱如长风。眸光捻月色，锦绣路拥行。杯酒抵轻寒，长歌暖浮生。星河滚烫，活成人间理想。

由此可见,朱熹尽管对陆九渊的心学不满,但当陆九渊教育学生要心系于国和民时,朱熹还是十分感动的。

不管你平时捧心不捧心,但只要你关键时候一心一意爱国爱民,就有西子之美,会永远受人尊重。

朱熹虽在书院讲堂这样的公开场合对陆九渊表示尊敬,但两人私下里探讨时仍是难以苟同。陆九渊并没有改变自己的想法,他也仅仅是赞同多读点书而已,这让朱熹很是头疼。

朱陆异同一时难以苟同。

先求同存异吧。

各有渡口,各有归舟。心宽一丈,路宽一丈。

兄弟日后倘有马高镫短,可放心来找我,我一定帮忙。

然而朱熹、陆九渊谁也没想到,这是他们平生最后一次见面。

朱陆二人一生只见了两回面,可后人却为他们争吵了几百年,争吵的内容无非是这四个字:朱陆异同。

全世界还有谁,比咱俩更难配。

陆九渊离开南康后仅一年,一直关心他们之间能否谈和的吕祖谦死了,年仅四十五岁。

吕祖谦的死,绝不是轻如粉丝飘过,而是似山崩地坼,使朱熹惊悼万分。他的死不仅使朱陆二人间没有了撮合的人,也让朱陆失去了相谈和好的最后机会。

当时的士人心中有吕祖谦的“婺学”、张栻的“湖湘学”、朱熹的“闽学”这三大学，吕祖谦、张栻、朱熹也被后人称为“东南三贤”。

朱熹为自己失去道学战友而悲痛。

这一场璀璨的焰火，给了我不曾懂得的湮没。

他以后将独撑这东南半壁江山。

东南三贤三个走了两个，三角形具有的稳定性没了。

在三贤之中，张栻是大帅之子，吕祖谦是名相之后，尽管朱熹家世单薄，可他天资聪颖，性格要强，分析起问题来又头头是道，很是在理，张栻、吕祖谦这两个小弟弟都得听他的。

智商高的人朋友少，情商高的人敌人少。在对待各路学派上，吕祖谦最具有宽容性。

如对待江西陆九渊的心学，张栻这位大帅之子就把它定性为“佛学异端”，是应打击的对象。朱熹也把它定性为“全是禅”，要不得。

唯独相门之后吕祖谦比较温和，认为这是陆九渊“笃实”思考的结果，应把陆九渊纳入正确的轨道，会合统一，而不是打击。

如今吕祖谦一死，加上原来团结在他周围的各路学人开始形成自己的学派，朱熹很快就要和他们交锋了。

吕祖谦就是这样一位谦谦君子，他试图调和各路学术力量，却因早死而让他们公开分裂。

因在南康任上干得不错，宰相王淮又给朱熹找了个活儿，授朱熹“提举两浙东路常平茶盐公事”一职。

“提举”就是专门负责的意思，这是浙东遇见水旱灾荒了，让朱熹去浙东放粮。

朱熹提出要求，必须让我进京见君，当面奏事。宋孝宗答应了他这个要求。

朱熹在淳熙八年(1181)十一月到京，在延和殿奏事，共上了七札。

朱熹给皇帝奏的这些事是他人生中的大事，我们不能落下不表，从这些奏事你可读出朱熹的内心，这也是朱熹道学心性情志发作的内在原动力。

梅花爱雪雪不知，开在雪中做情痴。芳心碎落三千瓣，片片香魂皆成诗。

朱熹的札子依旧火药味十足。他在第一札首先指出，陛下你干皇帝这个工作已二十年了，水旱盗贼，没有一天安宁，原因是什么呢？那就是陛下你君子、小人没分清，大臣失职，小人弄权，手下说好话的太多。这都是陛下你过多地指责别人，而很少要求自己导致的。

第二札说得更狠。说陛下你用人不找好人，不求贤哲，为了好操控，就找没本事的烂柿子凑数(姑取软熟易制之人以充其位)，而对于士大夫的话则听不进去，只喜欢听身边的近习小人的好听话，最后让这些群小占了便宜，只有陛下你落了个棍光，了无所得，最终是国家独受其祸。

第三札是谈以后的工作，劝孝宗给灾区百姓减负，对交纳粮食救灾的人行赏，说话算数。

他好像说了什么，又好像什么都没说。

由于已经领教过朱熹说话的厉害，孝宗这次打了预防针，没有起脾气，对于朱熹给他专绘的政治生态图，也能勉强寓目。耐心听朱熹骂完后，孝宗勉励了几句，对朱熹的要求，表示一定支持。

年纪大了，喝不动这种鸡汤了，你好好干吧。

朱熹安心上任去了。皇帝和举荐他的宰相王淮一块石头落了地，总算打发走这个难缠的老头了。

不是说离了朱熹这老头不行，而是朝廷需要借朱熹的名望来表示自己重视贤人。

给你这张老脸点儿面子又何妨？

然而他们没想到，朱熹在浙东掀起的一场大风暴即将来临，让他们都脸上无光，再也挂不住面子。

朱熹到了浙东，立即扑到抗旱救灾现场，开始到处察访。他这一到烂泥塘里走动，难免要惊起一滩鸥鹭。

一个人能走多远，要看他与谁同行。

朱熹见了这些人就生气，他给宰相王淮写了一封信，信中骂王淮做宰相不称职，忧国不如爱身心切，只知道阿谀顺旨。

王淮看了只能暗生闷气，知道朱熹现在是站在理学道德的制高点上，逮谁灭谁。可他是自己举荐的，没办法，只能挨骂。

你有背景，我有背影；水虽不深，但请别碰。

但很快，王淮就坐不住了，他不和朱熹撕破脸也不行了，朱熹惹到他的人了。

当朱熹听到台州太守唐仲友有贪污淫虐、偷造官钱等不法行为时，立即动身去台州察访。

这下实锤了，再给我一次机会，看我不打断他的腿，让人推他一辈子。

在路上，他会见了一个人。

这是个后来让朱熹深感头疼的人，这也是朱熹当初万万没想到的。

第五十九回

不留情朱熹弹劾唐仲友
去私交陈亮叫板元晦兄

此人名叫陈亮，字同甫，是婺州永康(今浙江省金华市)人。

陈亮出生在农民家庭，虽说出身寒微，但陈亮说起来一点儿也不寒酸，他的可考证的一位祖先是陈朝皇帝陈霸先。

魏晋南北朝中的南朝是“宋齐梁陈”四朝，其中的陈朝就是陈霸先开创的。

陈亮以一介平民身份动不动就给皇帝上书，可见他确实是一个有着家国情怀，以天下为己任的人。

陈亮父母亲是表兄妹，按现在的法律属于不能结婚的，要造成后代缺陷的，并且还是早婚早育。陈亮母亲十四岁就生下了陈亮，但陈亮显然是个幸运儿，他降生时，眼睛明亮，目光有芒，长大后文采出众，下笔数千言立就。

陈亮年纪轻轻就认识了他生命中的第一个贵人，此人名叫周葵。

这个周葵就是被朱熹找到家里理论的那位主张和议的大臣。

当时周葵知婺州，是陈亮的父母官，看了陈亮的文章后，大为赞赏，许为“他日国士”。周葵不久到朝中做官，陈亮也随他进京，得以见识当时的各界名流，并且还参加了进士考试。吕祖谦也参加了这次考试，二人从此相识。

但陈亮没有考中。不过还不错，考场失意，情场得意，他的才华被人看中，有了私人定制，攀上了家乡的一门富亲。

我要是有了专属自己的爱，让我做什么我心里都高兴。

但婚姻是难度最高的爱情，因为你必须边啃面包边维护。接下来陈亮的命运似乎并没有好多少，他结婚后又一次参加了礼部的进士考试，仍旧名落孙山。

想当年，他和吕祖谦一起考试时，陈亮自认为和吕祖谦不相上下，而这时的吕祖谦早已功成名就，成了士子们尊奉的大师了。

陈亮决定不走寻常路，放手一搏，给皇帝上书，把自己的平生之志告诉皇上。

他上书的题目是《中兴五论》，从题目看出他是想让国家走向强盛，鼓动宋孝宗做个中兴之君。

这封上书没有回音，陈亮没办法，回去开始教书为生。

而就在此时，朱熹的理学、张栻的湖湘学、吕祖谦的金华史学（吕祖谦以研究史学见长）在南宋大地上正蓬蓬勃勃地进行。陈亮重点对朱熹的理学认真进行了研究。

他此时对各家各派还比较迷茫，他在密切注视各路学派中寻找着新的突破。

且说陈亮见了朱熹，两人谈了几天。朱熹大人还到陈亮家中走了一遭，两人谈得还挺投机。

然而陈亮没料到，朱熹的到来，后来给他在唐仲友事件中惹出了麻烦，把他也牵扯了进去。

朱熹继续察访唐仲友，还顺路查着了台州官妓严蕊和唐仲友的许多龌龊事。唐仲友与宰相王淮是姻亲，朱熹接连五次上章弹劾唐的不法行为，王淮见包不住了，这才把朱熹的奏章呈递给孝宗。

孝宗问是怎么回事。王淮说："朱熹学的是程颐学，唐仲友学的是苏轼学，朱唐二人是秀才争闲气。"

这些人都是文案组的，带货才是真的。

谁都知道当年苏轼、程颐两人不和，孝宗听了一笑，让王淮轻轻化解这事。

王淮却没这么轻松，他开始调离朱熹。

朱熹听说唐仲友没事，自己还要被调走，于是在走之前，又上了第六章。

朱熹六劾唐仲友在当时震动很大，朱熹不依不饶的精神让当时人都见识了朱道学的厉害。

唐仲友这事其实并不复杂，只是中间夹杂着一个美女严蕊，这件事的颜色就变了，为此生出了种种传闻。

实际情况应该是这样的:朱熹弹劾唐仲友,唐仲友求陈亮帮忙,陈亮只是劝了朱熹一下——他刚跟朱熹认识,哪能做得了朱熹的主?但就这他也被卷了进来,夹在了朱熹、唐仲友中间,种种流言蜚语让他好生难受。

我一个科考功成的漏网之鱼哪有资格评判这些东西?

朱熹弹劾唐仲友,唐仲友申诉,说朱熹逮人时,把兄弟媳妇,也就是宰相王淮的妹妹给吓着了,生了一场大病,暗示要王淮收拾朱熹。

尽管是缺爱卖惨的人设,但拿女人撒泼说事,一听就是唐仲友理屈。

因为灭绝师太毕竟抵不过你无忌哥哥,一般男人不到最后一步,是不会拿自家女人被吓着什么的跟外人说事的,显得自己太不爷们儿了。

在自己眼里,居家真老虎,世上最强。

在别人眼里,流浪小猫咪,世上最弱。

这软弱样,没点儿自我安慰的本事,还真活不到今天。

朱熹最终的弹劾惜败,唐仲友毫发无伤。最倒霉的是放粮官朱熹,戏中的包公还有"陈州放粮转回朝"的时候,而朱熹放完粮就已经没戏,不能回朝复命了。

朱熹回到家里,不久又被任命为江西提刑,权直徽猷阁。

权是代理,直徽猷阁只是挂了个职名,江西提刑才是真正的工作(差遣)。

大宋提刑官主管司法工作,还是很不错的一个差事。可朱熹坚决不干,上书请辞。

就在朱熹在家写辞职状的时候,朝中已开始酝酿收拾他了。吏部尚书上疏奏说："近世有一些士大夫打着所谓的'道学'旗号，欺世盗名，对这些人不应信用。"

这是宋朝历史上第一次借用"道学"的名头打击政敌。

这位吏部尚书显然是受人指使的。宰相王淮后悔当初看走眼了，开始收拾朱熹。

本想和朱熹云中漫步，谁知他却跌落如泥。这就怨不着我了！

第二年，即淳熙十年（1183），监察御史又奏请禁断伪学。他的奏章更具攻击性，说："现在社会上有这么一帮人，他们的学说'以谨独为能，以践履为高，以正心诚意、克己复礼为事'，像这些话，都是学者所应该做的，都是圣贤们教导过我们的，谁不知道？可是这帮人却说只有自己能做到，挂羊头卖狗肉。请求陛下痛革此习，对这些人摈斥勿用。"

狙击加点杀，一看就知道是直冲着朱熹去的。

这位监察御史在奏章里说"道学之徒，假名以济其伪"，这是道学升格为"伪学"的信号，政治压迫从此开始。但此时这种压迫还不算太重。

别着急，这才刚刚开始。锤子已经举起，落下是它迟早的归宿。

一个吏部尚书、一个监察御史一前一后攻击朱熹，从以前的单兵作战到今天的有组织有预谋的集体活动，朱熹也明白，这是要让他滚蛋，从哪儿来还回哪儿去。

如果现实给你一巴掌，你也要和它击个掌，看看谁的响。

朱熹也不示弱，他等这只靴子已经老长时间了，如今落地心安，当即上疏请祠，要求朝廷放自己走人。

陈亮此时也摊上了官司,被村民卢某诬告药死了他父亲。陈亮当了冤大头,被关了两个月,经过奔走营救才被放出来。

陈亮出狱本是好事,没想到等待他的却是和朱熹的一场大辩论。两人围绕着“义利王霸”这四个字激烈论战起来。

原来在朱熹心里,只有他自己的道德性命、正心诚意学说最为正确,才是修炼自我,能够救世的良方。而陈亮恰恰在这上边和自己相反,他大谈功利,急于用世,早就让朱熹很不满意了。

但凡这种涉及危害理学的地方,我都要坚持评论,否则他们会以为我理屈词穷,以后不给我推送了。

现在陈亮犯了事,正是借机劝说他,促使他回头的机会。至于陈亮是不是因和自己交往而被诬告入狱,这谁也说不清,朱熹自然不承认。

朱熹先是去信,祝贺陈亮出狱,说老兄平时自处于法度之外,不喜欢听讲什么礼法,就是朋友吕祖谦这么个贤人也不敢劝你。你平日的狂妄,我早就看在心里了,内心“深窃疑之”,以为要真爱老兄,不应任由老兄你这样下去。我本来就想好好劝劝你。

朱熹接着说,今日这场祸,虽然不知从哪儿来的,也不是你的过错,却是你平日积累造成的。老兄高明刚决,不是那种舍不得改错的人,今后愿你舍去“义利双行、王霸并用”这些杂说,只干些修养内心的事,从事“惩忿窒欲、迁善改过”这类的好事,好好做个纯粹的儒生,完全以醇儒的道德自律,以后就会免于人道之祸了。

陈亮正为无名入狱而上火,朱熹不温不火的语气让他感到很是焦躁,没准这事就是因朱熹引起的。又听朱熹说这是他平时所学导致,这下惹起陈亮的斗劲儿来了。

你可以说我找不上工作，但你不能笑话我当初学这个专业。

你站山顶我站山脚，虽然地位不一样，但在你我眼里，对方都一样渺小。

他回信说自己的遭遇都是当路者想收拾道学，把我也捎了进去。真是好笑，我再不行，然而口说得，手去得，何至于闭眉合眼、迷糊我的精神以自附于道学？要是研究心性义理之精微，以涵养为正，道貌岸然，我是比不上那些道学诸儒。可要是真刀真枪地去干，我自信比那些儒生一点儿也不差。

我陈亮是个粗人，就这样了，怎么的！

陈亮真刀真枪的这段原话火气有点大，我最好别翻译了。你去看人们吵架时迸出的连发语言炮弹，那都是心里憋的真实话，声情并茂，原汁原味，色香辣味儿极佳，这是最能引人入胜的，落地时绝对完爆。而翻译出来，那就像极地的冰河，一马平川，顿失滔滔，硝烟尽散，索然寡味了。

陈亮说道学人士道貌岸然，从头到脚一身酸和气（**睟面盎背**），这幅画像虽然极为不恭，对朱熹深有刺激，但朱熹还能承受。接下来才是两人要争辩的要点。

朱熹让陈亮抓住了把柄。

朱熹说夏商周三代是以道治天下，是义和王；到了汉唐，是以智力把持天下，是利和霸。王是仁义，霸是王的对立面，是不仁义。

三代干的什么都好，汉唐干得再好也是不好。

朱熹表扬上古三代用尽了洪荒之力，显然把三代过度美化了。

时间是把杀猪刀，这话只适用于长得好看的人，对于丑人无可奈何。

这话陈亮最不爱听，他说，要是真像你们这么说的，那过去的一千五百年，天地是漏洞百出（驾漏过时），人心也是牵补凑合着过日子了，要真这样，万物为何这么繁茂，道为何至今长存？

将“义”与“利”对照着看是孔子老先生最早提出来的，他的“君子喻于义，小人喻于利”让义利二字带上了强烈的道德色彩，君子小人不并立，有什么样的义利观你看着办吧。

朱熹在信里说陈亮是“义利双行、王霸并用”，陈亮为什么急眼了呢？因为陈亮不认为他是这样的。他认为真正义利双行、王霸并用的倒是二程以来的那帮儒生。这些儒生站在道义、圣王的位置上，对汉唐做事的人指指点点，说人家做得成的是求利是争霸，做不成的呢，是想求利争霸而不得。朱熹这种游击想法才是义利双行、王霸并用。

而我陈亮呢，却是“直上直下，只有一个头颅做得成”。

我只想做个成人，可是秘书你（指朱熹）不教人以成人之道，而只教人做个醇儒，难道做人只能到此为止吗（岂揣其分量则止于此乎）？

朱老师，能借十块钱吗？我想欠你一辈子。

气头上的陈亮说他只想做个成人，那么什么是成人呢？

在《论语》这本书里，记载着子路问孔子怎样才是“成人”的一段话，孔子对“成人”的最低标准是三个。

一、见利思义。不要见利忘义。

二、见危授命。不要为了自己一条小命，见了危难撒丫子就跑。

三、久约不忘生平之言。穷得只剩一条裤子也要认账。

成人是人格合格的人，也就是现在说的纯粹的人，脱离了低级趣味的人，一个对人有用的人。

心若向阳，何惧忧伤。

你是谁，我是谁？谁是谁的谁，谁为谁悲伤！有本事出来走两步。

在接下来的书信里，朱、陈二人就怎样做人一来一往锵锵开了。

朱熹来信说，做子路学成人，还是做子夏学儒者那是你的事，但是这一千五百年来，尧、舜、三王（夏禹、商汤、周文王）、周公、孔子所传的道全被人做坏了。虽然孔子的道被他们做坏了，但是道亘古亘今常在不灭，不是人所能干预的。离了这些人，道仍旧在。

陈亮回信说学者就是学怎样做人，何必一定要学做儒？我陈亮正是要学做个人，正想把金银铜铁熔合成一个东西，只以适用为主。正要告诉大家离了你所说的道，人们仍旧奋斗不息，并不是驾漏牵补凑合着过日子。

朱熹来信说看了你的信后，只觉得你写得怪怪的（纵横奇伟，神怪百出），让人不可正视。我跟你说吧，人生下来就有人心，这不错。但还有个得天地之正的道心。《尚书》上说“人心惟危，道心惟微，惟精惟一，允执厥中”，这是尧、舜、禹一脉相传的密旨。你想想过去的一千五百年，有多少人心泛滥、人欲横流、伤天害理的事。要是都依道心走，人们就不会失足了，就不会有那么多坏人坏事了。你要是硬把金银铜铁搅到一起，恐怕不只坏了金银，铜铁也不能尽其所用了。

陈亮回信说把金银铜铁搅做一器，这话我措辞失当。可是秘书你老是说什么尧舜相传的心法，最后恐怕不但不能点铁成金，反而不免把银弄成铁。又说这一千五百年之间没有人道，没人修理，成一大空缺，而只有自己"独卓然而有见"，这也未免太清高孤傲了吧？也难怪陈亮我不能心服。

朱熹来信说古代的圣贤，从本根上便有惟精惟一工夫，所以做事彻头彻尾无不尽善。后来这些人，也就是老兄你心目中的所谓英雄，他们只是在利欲场中搞熊出没（头出头没），并不能尽合于天理。现在你不说这个，只是要追点功利这块破铁，想让它变成道义之金，不只费去闲心力，对过去没有帮助，反而有害于将来。汉高祖和唐太宗这些能人有时用心行事暗合天理，那是铁中的金子；至于曹操、刘裕这些篡位夺权之徒，只是块破铁而已。现在你无故舍弃自家光明宝藏，跑老远去铁炉边、渣矿中扒拉零金，不也误了吗？

陈亮回信说你说的"自家光明宝藏"是佛家语吧？天地之间，什么东西不是道？赫日当空，哪里不是一片光明？难道全世界的人都瞎眼了，他们不能和你们这些道德人士共此光明？不应两千年之间的人全是睁眼瞎吧？现在你们这些儒生也不看看是不是赫日常在，自以为得了古今秘宝、尧舜禹不传的绝学，就三三两两，附耳而语，有同告密，一个个什么形象！又一个个画界而立，样子就像结坛拜把子，把一世人都绝于门外，认为满世界都是利欲，天道不绝如缕，摇摇欲坠，只有你们维持着世道人心，这些好话留着给自己贴金装景还差不多。你真以为两千年世界都是一片肮脏[涂涴(wò)]，而光明宝藏只有你们几个儒生自得了吗？

朱熹看了这封信不知是何表情，完了完了，话说到这份儿上，也就到此为止吧。

光明宝藏光明宝藏！什么光明不光明的。

既生熹，又生亮，这还不够光明吗？

不能沟通就算了。

朱熹这次的回信很短。他说你说了这么多，很感谢你看得起我(诲谕缕缕，甚荷不鄙)。可是我该说的前边已说完了。我细细看了你的来信，读得很是费力。以往是非没必要深较了。从今以后，咱们还是穷理修身，学取圣贤事业，使穷也能独善其身，达也能兼善天下吧，这样才不枉为一世人。

愿你精致到老，对得起初心，守得住永心。

论争到此暂且结束。陈亮跟当时的大儒朱熹叫板，诚然勇气可嘉，但朱熹是明星学术官员，自己只是个普通老百姓，屡考不中的一个秀才。陈亮明显感到自己身单力薄，就把他跟朱熹的论战书信寄给了一个人，他此时很需要这个人给自己添一臂之力，这样他跟朱熹较劲儿的天平就会倾斜,自己也不会感到孤独了。

我是真心希望自己的投资指数快速增长。

强烈呼叫万手哥。

陈亮这次是诚心呼叫老朋友共同来灌水,他万万没想到,他又在这人身上碰了一鼻子灰。

第六十回

陆子静象山讲学遥发难
朱晦翁私下辨理近奋争

此人名叫陈傅良。他虽然不是个狠角色，却是个让朱熹感到比陈亮还刺头的人物。

陈傅良是温州瑞安人，进士出身，在当时是学界一位响当当的人物。由于都姓陈，陈亮还叫陈傅良为“族兄”。陈傅良的老师是薛季宣，也是温州人。温州当时也叫永嘉。

从薛季宣开始，永嘉学欣欣向荣起来。永嘉学和程朱理学不同，注重实际，对道学家空谈心性义理很反感。陈亮自然想从这里找些救兵。

有时候饿了才知道馒头也是真爱。

陈亮给陈傅良写信，诉说了和朱熹论战的情况。没想到，陈傅良说的话差点把他雷倒。

陈傅良回信说你给我的信我看过了，并且熟读了好几遍，没想到几年间老兄更有一番如此议论,很是让我开眼。

然而据我看来,你和朱丈议论时还是差点。

朱丈占得地段平正,有以逸待劳之气。老兄跳梁号呼,拿着戈矛想蹿上去(拥戈直上),而又不会巧妙说话,不善修辞,结果被朱丈赶了下去,自然输他一着。

老兄你的意思我明白,那就是不管用什么手段,把事做成功就是有理(功到成处便是有德,事到济处便是有理)。

朱丈的意思是成功者未必来路正,赚到钱未必手干净(功有适成,何必有德,事有偶济,何必有理)。

按你的说法,夏商周三代圣贤是穷折腾,枉做工夫。

按朱丈的说法,汉祖唐宗行为不检点,离盗贼不远。

朱丈说老兄贬抑夏商周三代,老兄说朱丈糟蹋汉唐这五百年,使五百年间成一大空阔,让我说,你两个都不是省油的灯(颇近忿争,养心之平,何必及此)!

你虽然差劲儿,但能有机会遇到这么差劲的人,说明他命中注定有此一劫。

陈傅良最后叮嘱说,不要让晦庵知道我的话,好像我多嘴似的(勿为晦庵言之,徒若犯分也)。

不过,你也要学会捂上自己的眼睛,因为真正能治愈你的只有你自己。

陈亮本指望着陈傅良说点好话,夸夸自己,让自己挺挺腰,没想到陈傅良倒把自己当大白菜给卷了一顿,最后还挺圆滑,不做多头,不做空头,只做滑头，两头都不想得罪，难道你还怕朱熹不成？于是气呼呼回信说："我和朱元晦所论，本不是为了议论夏商周三代、汉、唐，而是为了说明道就在天地之间，只要是个人，他睁开眼就能看见，我是为了给天地日月洗雪冤屈。可是尊兄你却说我是上跑下蹿跳梁叫呼、拥戈直上，太让我伤心了(嗟乎冤哉)！"

什么"拥戈直上"，这话太难听了，我也没有拿自己的私事消费大众啊，我也没有拿着丈八蛇矛，硬往老朱的台上蹿，给你表演攻城记啊，老哥哥！

老哥长得帅，您说的都对，这行了吧。

陈傅良见信后也觉得过意不去，看来是把老友陈亮说得太狠了，其实他对朱熹的话并不赞成。陈傅良是追求事功的，对朱熹这个只顾大谈道德心术的道学家，他觉得是应该说说心里话了。

如果善良没长出铠甲的话，那就是软弱。

于是陈傅良回信说："朱熹说汉唐事业并无分毫扶助正道，教谁肯服？只是老兄你太任直，说话时有漏气言语，所以让朱熹发现了漏洞，一个劲儿地猛攻(执于见攻)老兄你的漏气去处，结果让朱熹把话说得有点过头了，赶趁出了许多不恰当的好话。其实老兄点拨得并不错。"

二陈在外边探讨研究解决方案，朱熹当时并不知道，他也无暇顾及这些。陈亮这事对他来说不过是杯水风波，不足为虑，他不久又收到了新的挑战。

这个挑战是陆九渊的哥哥陆九韶挑起的，这还要从一个奇点的大爆炸开始。

这个奇点就是“无极”。

陆九韶是陆九渊的四哥，属于蔫尔吧唧的那种人。他一辈子也不应试考科举当官，只带了几个学生在梭山讲学，被人称为“梭山先生”，性格上也不像陆九渊那样咄咄逼人。

可是蔫了的茄子辣死人，他跟朱熹说：“周敦颐的《太极图说》中的第一句话‘无极而太极’有问题，周敦颐在他的另一本著作《通书》中没提无极，只说太极。而《易经》的传中也只提太极。可见太极上要是加上无极二字，和道家很像，是老子的道家之说，不是儒家的学说。”

老五陆九龄死后，老四陆九韶又挽起袖子上场了。

每一个节奏都踩在点上，确实有两把刷子。

这简直是来给朱熹闹难看的。

朱熹弄了大半辈子，就是要把北宋道学各家融合起来，而周敦颐是朱熹拉进理学队伍里的领头人。

在朱熹整理的周敦颐《太极图说》中，第一句话就是“无极而太极”，而陆九韶对此提出了异议，说周敦颐把道家的无极塞进儒家的太极图里，世界观有问题。

朱熹答陆九韶的信说：“这正是周敦颐的美妙处。要是不说无极，那么太极就会同于一物，而不足为万化之根；要是不说太极，那么无极就会沦于空寂，而不能为万化之根。”

把无极、太极都说成万化之根，陆九韶对这样的根雕手艺并不买账，对“不足、不能”的花样装饰更不满意，于是又来信指出朱熹的产品不合格，来路不正。朱熹这次只好义正词严地回信说，老兄你所谓的太极，是有形器之物还是无形器之物？要是果然无形而有理，那么无极就是无形，太极就是有理，跟你说清了（明矣）！

为了让别人叫我一声老板，我特意摆了个水果摊。你这样的顾客还真难伺候！再跟你说一遍，是你思想有问题，成心找碴儿，货没有毛病，不退！

朱熹的意思，是把周敦颐的“无极而太极”中的无极解释成无形，无极是太极的修饰，二者是一个意思，形体俱全，这和周敦颐的荷叶在上面飘飘莲藕在下面做实不是很符合吗？偏偏陆九韶不开窍，死缠烂打，惹得朱熹上火。

陆九韶跟朱熹论无极，陆九渊一直在看，他看出哥哥陆九韶不是朱熹的对手，又该自己披挂上马了。

此时的陆九渊已不是跟朱熹在鹅湖寺争论时的那个陆九渊了，那时他刚考上进士不久，还很单薄。这时陆九渊已经在京城当过“敕令所删定官”，为朝廷整理过命令文件，见过天子，虽然没有让圣天子“一见而三叹息”的辉煌，但也有“归来见天子，天子坐明堂，九渊不用尚书郎”的小编经历，资历比以前深多了。尽管仕途也不得意，被人拱出了京城，此时只是个吃闲饭的祠禄官，没有任何实权，但他的大名已传遍远近，上门求教的人络绎不绝，门生也达数千，直与朱熹相抗衡了。

他给朱熹写信，首先祝贺朱熹入都赴阙奏事，面见圣上。紧接着，陆九渊又告诉朱熹，在离我家几十里的地方，有这么一座山，长得很像一头大象，我给他起了个名字叫“象山”，我如今就在这上边盖了房子，在这山上开始讲学啦。学子们来的很多,他们也在山上搭建了许多茅草房,听我上课。我的心学道理日渐昌明,老师学生一起都很快乐。

言外之意是告诉朱熹,你在你的武夷山讲学,如今我也有山头啦。

陆九渊接着回顾了二人的亲密接触史,说当年我两次得以侍教于你,一次是在庐山白鹿洞书院,一次是在鹅湖寺,那时候我还很嫩,鲁莽浅陋,未能成章,青青涩涩,无以相发。这一阵儿我感觉有点进步,很想再侍候您一下(**甚思一侍函丈**),一直没有机会,一想起来我就很失望(**每用怅惘**)。正好这两年我看见了尊兄你和我家兄陆九韶的书信,我也在此趁机说两句。

跟你这么说吧,你打了我一拳,我即使死了,但还是不服,尸检的时候就算全身都是软的,但嘴还是硬的。

陆九渊接着写道,我看到你和我家兄陆九韶信里说"无极即无形,太极即有理。周敦颐先生恐怕学者错认太极别为一物,所以特意加了无极二字来标明",这我就弄不明白了。

《周易》的《大传》上明明写着形而上者叫作道,又说一阴一阳就是道,这就明白地告诉我们,一阴一阳,就是形而上者,何况那比一阴一阳还形而上的太极呢,那就更是道了,这是知道点文义的人都知道的道理。

自从有《周易》的《大传》以来,至今这么多年了,没有听说有错认太极,把它当作别的一物看的,又何足以上烦周敦颐老先生在太极上面特地加"无极"二字来告诉大家呢?

老兄你说无极即无形,把"极"字解释成"形"字,你弄错了吧!

"极"是"中"的意思,说"无极"就是说"无中",这哪可以呢?

无中那是离经叛道的，我们的圣人特地说"中庸"，来给我们指明路的方向，你却还要说"无中"，偏离圣经轨道。

孔子他老人家从来没说过"无极"，后世儒家们也从来没说过"无极"。

老兄你学老子的道家学说用力太深，日子太久，连这也辨别不出来了，怎么回事啊？

无"极"变速，挺会开车的啊，老兄！

陆九渊接着语带讽刺地说：

就拿你所信奉的周敦颐来说吧。他的《太极图说》是用"无极"二字开头，可是他的另一本书《通书》终篇没有提过"无极"一个字。

二程言论文字那么多，也没有提过"无极"一个字。

可见假如周敦颐当初果真写过《太极图说》的话，他后来一个字也不提"无极"，说明周敦颐随着道理的明白，否定了自己早年犯的说"无极"错误，而不自以为是了。

可是老兄你如今却给人家考订注释，表显尊信，如此殷勤，把人家不提的东西拿出来无限放大，恐怕算不上一个善于祖述的人吧。

早就想跟你说说这事，只是你太厉害了（独群雌孤雄），别人都没法跟你交流。

过去我们每次相聚，我都以达不到老兄的期望而感到惭愧。近来我感觉有了点进步，正想一块儿跟你谈谈。

现在老兄你为时所用，要大展宏图了，而我又没机会见你。就在此先说说我心里的想法吧。

尊意要是不以为然，就请多多赐教吧。

我等着接你招呢。来吧，来吧，互相伤害！

朱熹收到陆九渊的来信时，正在往临安的路上磨蹭。陆九渊说他要为时所用，当皇帝的老师，这还是他听到的人们传言朱熹有可能要被重用。朱熹一边走一边在观察朝中的局势发展，以判断是不是适合出山。

朱熹自从上次请祠回家后，朝中局势又有了变化。最大的变化是做了太上皇的宋高宗赵构的去世。这让陈亮等一批抗金主战派又活跃了起来。他们认为是太上皇宋高宗拖了宋孝宗抗金的后腿。想当年，宋孝宗刚一上台是多么意气风发，他发动了隆兴北伐，对金国不宣而战，虽然最后失败了，但给抗金派留下了深刻印象。

陈亮满怀豪情地给朱熹写信，并邀请他和辛弃疾一起到一个叫“紫溪”的地方见面，共商大计。

辛弃疾是山东人，绍兴三十一年(1161)，二十二岁的他参加了耿京领导的反抗金人的起义军，被耿京派往南宋联络抗金。他走后耿京被叛徒杀害，辛弃疾回来后一看耿京死了，义愤填膺，带领五十多个人闯入金兵万人大营，把正在和金将酣饮的叛徒夹到马上给生擒回来，交由南宋处决。

马作的卢飞快，弓如霹雳弦惊。辛弃疾这一“飞”(非)常之举，震动了南宋朝廷，宋高宗赵构接见他时，一见三叹息。辛弃疾被任命为江阴签判，并一度担任过转运使、安抚使等地方要职。四十二岁时，辛弃疾被弹劾落职，回到江西上饶闲居。

陈亮认为，现在的人体质弱，现在的人谈“敬”、谈“静”容易抑郁，就是缘于像辛弃疾闯大营一样的这个集速度、爆发、变向、果敢、灵敏、坚毅、协调于一身的运动消失了。

是该多给国人输入一些新鲜的奔腾的血液了。

陈亮邀请朱熹、辛弃疾相会时，辛弃疾已在上饶闲居了六年。此时朱熹也在家闲居讲学。

朱熹、辛弃疾也是好友。辛弃疾佩服朱熹的学问，朱熹也时不时用理学的正心诚意精神点拨点拨他，辛弃疾对朱熹很是佩服。

在陈亮眼里，朱熹是人中之龙，辛弃疾是文中之蛟，陈亮想把二人邀到一起，来个东南蛟龙大会，商量商量今后关于抗金的行动部署，阻挡住那些东北猛虎。

陈亮和辛弃疾相会后，兴致勃勃地等了朱熹许多天，也没等到朱大师来，二人很是失望。

朱熹这边呢，他并不想赴陈亮这种月亮石头般冷冰冰的约会。他想起上次和吕祖谦、陆九渊的鹅湖之会，因为思想不能统一，造成了很大的不愉快，至今这些事还没说清楚，还和陆九渊吵个没完。而紫溪离鹅湖并不远，他和陈亮关于“王霸义利”的争论也还没弄完，难道还要去紫溪自找不快，再人为造出一个鹅湖吗？

如果你对每个人都停下来扔石头，你永远到不了目的地。

朱熹选择了退出。

一个多月后，朱熹接到了让他入朝奏事的命令。这是他将被起用的信号。

这一年朱熹五十九岁，不能老泡在书本里了。

江山若有逢迎意，到处何妨为少留。

朱熹怀着愉悦的心情上路了。

朱熹在路上接到陆九渊的来信，看出陆九渊火气很大，他们家老五陆九龄当年已和自己握手言和，朱熹也指望陆九龄劝说陆九渊洗心革面，没想到陆九龄早早死了，更没想到老四陆九韶又冒了出来，跟自己作对。而从这封信的语气来看，陆九渊这次显然是憋了好久了。

朱熹此时还顾不着搭理陆九渊，他密切注视着朝廷的动向。

相比于朱熹的迟迟观望，陈亮此时比较活跃。他等不上朱熹，一个人自费跑到了镇江、南京等地做实地考察，然后又跑到杭州向宋孝宗上书，鼓动宋孝宗向金国用兵，收复失地。

陈亮这次上书中有两个大胆的提议，一是迁都南京（建康），二是让太子监国，“以震动天下”。

在当时的那些官员眼里，这是两个狂怪的建议。迁都是个大工程，这不是村里拆迁，这是关系到从皇上到许多平民百姓的大事，哪能说搬迁就搬迁呢？村里拆迁还有两个钉子户不愿离开自己的小房子，更别说搬迁首都了。能说出这样的疯话，他家里人知道吗？

太子监军更是个十分敏感的话题。作为储君，太子最好是少活动。让太子监军，要是出了事怎么办？算谁的？明明是做事鲁莽的表现。想上热搜了吗？

陈亮这次的上书没人理睬,谁敢支持这样的上书呢?

他的上书没有得到一点儿反响,宋孝宗没搭理他,其他官员也没有音声,陈亮失望而归。

陈亮的上书无果而终,现在该朱熹上书奏事了。

在去临安的路上,有熟人在路上拦住朱熹说,皇上最讨厌听的就是"正心诚意"这些话,你这次可千万不要说这些。

朱熹说,我平生所学,只有这四个字。

"正心诚意"是道学重要科目《大学》里的四个字,意思是先要做到"正心诚意"这四个字,然后才能修身齐家治国平天下。

朱熹相信这是治疗皇帝思想顽疾的特效药,能除病根。

宋孝宗在大殿上召见了朱熹。这也是陈亮没法比的地方,人家朱熹是官员,陈亮只是个普通老百姓,上书只能呈递有关部门,除非皇上垂恩,否则是没资格见皇上的。陈亮五次上书,都没能见上皇帝。朱熹在这方面比陈亮优越多了。

此时宋孝宗六十二岁了,在位已二十六年。二十五年前,也就是宋孝宗即位的第二年,还是一个小小的祠官的朱熹在大殿上对宋孝宗慷慨陈词,指责宋孝宗干事犹疑,对金作战决心不强。那次奏事没被宋孝宗重视和采纳。而今二十五年过去了,朱熹已成了当代大儒,道学领袖,他的声音已足够强大,不容人轻易忽视了。

八百多年后,我们在厚厚的一部《朱子文集》里仍可听到朱熹和宋孝宗这次对话的声音：

“陛下即位二十六年了，也没见到有一点成绩(无尺寸之效)，是该反复思考一下了。今后做事前应谨慎想想：这是天理呢，还是人欲呢？要是天理，就去做；要是人欲，就不做。这样才能把事做对。”

我们常常诟病道学家讲“存天理、灭人欲”无情，其实他们是最先给最高统治者皇帝上紧箍咒的。后来的统治者又把这个紧箍咒转嫁到了老百姓头上。

奏完后，宋孝宗夸奖了两句，朱熹感觉良好地下去了。没想到第二天，朱熹就收到了兵部郎官的任命。这大大出乎人们的意料，他们以为朱熹这次入京将有重要的任命，极有可能当皇帝的老师。连陆九渊在象山上也听说了，提前在信中祝贺。谁知是让朱熹这么个大儒去搞军事工作。

看来在皇上面前，“正心诚意”这些话是不能说的，人家又不是十岁小孩，用着你天天给人家上“心理辅导课”吗？

二十五年前，朱熹奏完事后被任命为武学博士，朱熹说什么也不干。没想到，这么多年过去了，又让他上演全武行，到兵部报到。这次，朱熹又伤自尊了。

更没想到的是，还没等朱熹写辞职状，兵部侍郎林栗就派人把兵部郎官大印送到了朱熹住的招待所里。朱熹表示自己不准备就职。没想到，第二天，林栗就上疏弹劾朱熹矫情。

林栗为什么这么着急地弹劾朱熹呢？原来在朱熹刚到京城时，林栗已经来拜访过朱熹。林栗也是当时研究《周易》的学者，但和朱熹学术观点不同。林栗这次和朱熹谈到《周易》及“太极无极”等问题时，朱熹觉得林栗谈的什么太极无极呀太浅薄低级,不觉失笑。

这故事讲得也太小儿科了,你对无极太极的无知能让人笑出腹肌。

朱熹的态度让林栗大为生气,你的笑像秋风扫树林,让我不寒而栗起波澜,于是更加坚定地认为是朱熹看不起他,决定要给朱熹点儿颜色看看。

无极,还是无极,看来又是一个馒头纠纷。

表面上是学术分歧,但林栗弹劾朱熹,其实是背后派系斗争的反映。当时朝中有道学派和反道学派,而当时的宰相留正是反道学派,林栗就是反道学派派出的急先锋。

林栗在弹劾表章中说朱熹本无学术,只是窃取张载、程颐丢下的那点儿哈喇子(绪余),当上了浮诞宗主,把自己搞的那些东西叫作"道学",妄自推尊,走到哪儿都带着门生数十人,也学春秋战国时孔子、孟子一样周游各地,梦想像孔子、孟子一样到各处拉风(妄希孔、孟历聘之风),是个地地道道的乱人首领。

因为当时朱熹已被任命为兵部郎官,而林栗是兵部侍郎(兵部副总长),是朱熹的上级。林栗弹劾朱熹,属于长官参劾下属,而人家朱熹还没到你兵部上一天班,林栗这么做显然是做事靠前了。所以林栗在奏章中特意说明,既然朱熹已被任命为兵部郎官,我就有管他的义务和责任(在臣合有统摄)。若不举劾他,我就属于没负责到底,也有罪了。

而我一旦完了,全村人都去俺家吃饭,我多难啊!

不仅如此,林栗又把他的弹劾奏章当众宣读,把朱熹这事吵得沸沸扬扬。朱熹听说后立即上了辞呈,"不远复"了。

怎么个"不远复"法呢?你还记得小时候几个小孩儿一块玩儿,其中一个觉得受了委屈，把两手一拍，收拾收拾地上的锅呀碗儿呀，流着两根鼻涕说："走啊，不跟你们玩儿了。"

这就是不远复，小孩儿都知道这么玩，大人只是让各种利益牵扯着不敢这么玩。

朱熹是这么玩的超级玩家，他的这种超级玩法被同行们赞誉为"难进易退"，意思是来如松，退如风，绝不拖泥带水。

宋孝宗也看不上朱熹了，倒不是他看不上朱熹流着鼻涕收拾东西的样子，而是他实在讨厌朱熹天天在耳边叨叨"正心诚意、天理人欲"，这比孙猴子听唐僧念紧箍咒还头疼。外界传言朱熹要被宋孝宗留在身边侍读，那是不可能的，谁愿意天天让人拧紧箍呢？就这样，朱熹还带着他那个江西提刑的官衔，离开了临安。

见面的气氛都到这儿了，不走不行了。

人生如梦，我总失眠；人生如戏，我总穿帮；人生如歌，我总跑调；人生如战场，我总走火。

朱熹在回家的路途上又遇到了一件烦心事，他碰见了无极的又一重大挑战者——洪迈。

看来无极不是自己理解的无形，而是无边，成了有理也说不清的东西。

洪迈和朱熹不是一路人，他是宋孝宗的红人，和当朝的执政大臣都有紧密联系。他向朱熹出示了他参与修撰的本朝国史。在这部国史里，周敦颐第一次被立了传，这说明随着胡宏、朱熹等人的宣扬，周敦颐在南宋的名声渐大，这是让朱熹很高兴的事。

但接下来看到书中介绍周敦颐的《太极图说》的文字时，朱熹一下子就高兴不起来了，并且还脸色大变，由艳阳高照一下子变得阴云密布。

这部国史把周敦颐《太极图说》的第一句“无极而太极”换成了“自无极而为太极”，这一变动就大不一样了。

这句话的意思是太极是由无极而生成的（自无极而为太极）。

这句话这么一改简直是硬截，而且还是从腿砍的，原来的“无极而太极”多少还带点模糊性，能让朱熹去强辩解释，而“自无极而为太极”，则是明言是无极生了太极，是道家的无极生了儒家的太极，是无生有。

儒家成了道家的亲生子，辈分一差，这可就麻烦大了，大姑子小叔子非来找事不可。

当老鼠药卖到五十块钱一份的时候，老鼠肯定不会灭绝，因为卖老鼠药的人会偷偷养。

看来洪迈大人拟下狠手加息收割无极新兴市场了。

陆九韶、陆九渊兄弟大跨步攻击朱熹从无极到太极还没完，现在又来了个豪迈版的自无极而为太极。

这不仅仅是个转“极”（基）因的事。不把这事说清，理学将面临系统性风险，它的前世今生将面临严峻考验。

朱熹于是斥问这有什么依据。

洪迈并不知道陆九渊兄弟攻击朱熹的事。看着朱熹着急的样子，他还偷偷笑了。

什么道学，只要有“自无极而为太极”这一句话，朱熹的道学就会被完全证伪。

洪迈没能回答朱熹，只是嘟囔着说人家本来就是这样的嘛，收起他的书走了。

喜欢一个人没必要跪舔，讨厌一个人没必要翻脸。

我只是路过，这行了吧？

朱熹恨不得把洪迈一把揪住，把他的无稽国史夺回来，现场修改，但他又没这个权力。洪迈是皇帝身边的红人，官拜翰林学士，让他修国史是皇帝指定的。

朱熹只能回去后给人写信，严词揭露洪迈的这一无稽之谈，这一无耻添加行为。

我就是不一样的烟火，我看到他们就上火。从即日起，本人决定对陆九渊、陈亮、陆九韶这些人实行制裁，并对洪迈实行强烈反制。

朱熹他老人家不知道的是，洪迈后来还要在他的《夷坚志》里，黑朱熹一把，说他是个酷吏，为了诬告唐仲友，动用酷刑对人逼供。

但此时朱熹心里老惦记着陆九渊的信。洪迈老头跑得快，朱熹够不着收拾洪迈，他开始应战陆九渊。

我是个有一说一、有二说二的人，用攻击来试探底线，用伤口来索要关爱，那是阴险的人干的事。

三个月后，朱熹给陆九渊写了封回信。他决定反攻了。

朱熹首先高度评价了周敦颐挑起“无极”大旗的历史功绩，他说自从伏羲作《易》，文王演《易》以后，人们都未曾言太极，到孔子才开始在《周易》中言太极。

自从孔子用太极赞《周易》后，没有人言无极，从周子才开始在《太极图说》中言无极。

这充分说明了先圣后圣都是一根思弦，同条而共贯这么个道理。

你们有什么可大惊小怪的呢（何至若此之纷纷哉）？

朱熹又说，若论“无极”二字，这乃是周子义无反顾、勇往直前，说出人们不敢说的道理，令后人晓然见识了太极的美妙，它不属有无，不落方体，不是一个东西所能框得住的。

只有于此看得破，方见得周敦颐他老人家真得千圣以来不传的秘密。

至于陆九渊说的阴阳就是道，朱熹说看来你是真不知道，一阴一阳只是形器，它怎能配得上是道？

只有推动一阴一阳的才是道。

你现在诋毁无极，是你把无形的太极看作有形状、有方所的东西，而把有形的一阴一阳高看成无形的道了。

看来你还弄不清道和器的分别，还把二者糊涂对待，分不清前后高低（则又昧于道器之分矣）。

阴阳就好比锅碗瓢盆这些有形物，而道是制作它们的，二者不是一个层次的概念，你知道吗？

朱熹又指出陆九渊把无极的“极”解释为“中”的严重错误。

他说极是至极的意思（极者，至极而已），太极是因为本来就没有形象方所可言，因为太极这个理太伟大了（至极），才叫它极的。

如今你把“极”字解释成“中”，那只是说明你不懂理（理有未明），听不懂人话（而不能尽乎人言之意者也）。

这封信是朱熹和陆九渊说话最狠的一次，在陆九渊接到信蹦起来之前，我们把朱陆二人的道学架构先梳理一下。

如果到了这里你还没有看懂理学、心学的交锋，那就怪我了。本想瘦成一道闪电，亮亮你们的眼，没想到却胖成了一堵墙，挡住了你们的视线。

我尽可能挑简单的说。

在道学的搭建过程中，北宋的周敦颐是最早的，他那时手头也没什么材料，于是把道家老子《道德经》中的“无极”借了过来，搭在了儒家《周易》里“太极”的头上面，弄了一句“无极而太极”作主打词。

再接下去，周敦颐开始了他创世纪的解说，他没说什么虚无缥缈的神话故事，而说是人们吸取了无极的真和阴阳、五行的精，妙合而成的（**无极之真，二五之精，妙合而凝**），最后乾道成男，坤道成女。

道学先驱周敦颐并没有对二程兄弟传达过“无极”“太极”这些高端奥义，程颢、程颐兄弟后来独创性地把“理”引入道学，作为最高本体词。

同时的张载却大力表彰“气”，并在他的《正蒙》一书里，大谈太虚就是气，太和就是道，玩的是太虚、太和这些概念，却很少说太极，无极更是只字不提，显然没把无极当作发蒙的工具。

在唐朝，韩愈这些人的道学词库的主要成员只有道、性、命、情。

而到了宋朝，二程、朱熹指定的道学词库进行了最大资源整合，主要成员扩大到了无极、太极、理、道、性、命、气、心、情。这里面无极、太极、理、道、性、命是最高本体词语。

怎样才能修儒家的道呢？朱熹给出的指导是思想上要“持敬”，行动上要下“格物致知”的工夫。

二程抛开他们的老师周敦颐另立炉灶，对张载的气也有对抗，朱熹极力弥补他们之间的关系，想把理和气等词弄得天衣无缝，编织他的理学道衣。他为此也被搞得焦头烂额。

尤其是周敦颐的无极，遭到了林栗的质问，洪迈的恶搞，陆九韶、陆九渊兄弟的强力攻击。

而陆九渊虽然认可朱熹道学词库的那些成员，但他认为心就是理，对周敦颐的无极提出质疑，认为它是道家词汇，不应该在儒家的道学词库中挂职。

朱熹解释周敦颐的学说，把无极捧到了天上，说无极就是太极，太极就是理，和性一个层次，都是天理。陆九渊兄弟自然不能容忍。他们认为自己的心就是理，宇宙就是我心，我心就是宇宙，用不着什么中间杂质无极太极，心直通达天理。

老朱啊，不是我小看你，“无极太极”这条腰带就是你人生最大的束缚。

除了对心的推崇，陆九渊对其他人的学说大都看不上，比如他对张载的“大气科学”就不太感冒，生怕心在向天理飞跃的过程中，在大气层坠毁，不愿多谈。

在修道上，陆九渊更是认为不用像朱熹那样钻研好多书，那是支离破碎的方法，而应该用心去“尊德性”，直接领悟（不能说顿悟，这是佛家禅语）就行了，不必支离着去钻到书本里先去搞什么“道问学”，潜了半天水再从另一头衔着一肚子遁词钻出来。

朱陆的目的虽然相同,都在通往天理的路上,但手段却如此不同。

既然说不到一块儿,那就狭路相逢,半空出手吧。

朱陆相攻从此大规模开始了。

下一回更加精彩。

国学大事记(二)

520 年,梁武帝普通元年,菩提达摩来华传教。

581 年,杨坚代周建隋。

618 年,李渊建唐,隋朝灭亡。

642 年,唐太宗贞观十六年,《五经正义》由孔颖达等人撰写成书。

645 年,唐太宗贞观十九年,玄奘取经回国。

653 年,唐高宗永徽四年,《五经正义》正式颁布全国。

676 年,唐高宗仪凤元年,惠能在广州法性寺正式出家。

801 年,唐德宗贞元十七年,杜佑完成《通典》一书。

805 年,唐德宗死,顺宗继位,开始永贞革新,不久失败。

812 年,柳宗元、刘禹锡、韩愈三人辩天命。

819 年,唐宪宗元和十四年,韩愈上《谏佛骨表》,反对唐宪宗崇佛。

845 年,唐武宗会昌五年,下诏灭佛。

907 年,朱温代唐建梁,唐亡。

951 年,郭威称帝,建周,史称“后周”。

955 年,周世宗灭佛。

960 年,赵匡胤夺取后周政权,建宋。

1043 年,宋仁宗庆历三年,范仲淹实行庆历新政。

1045 年,庆历新政失败。

1047 年,宋仁宗庆历七年,二程拜周敦颐为师。

1056 年,宋仁宗嘉祐元年,程颐游太学,作《颜子所好何学论》。

1069年，宋神宗熙宁二年，王安石开始推行熙宁变法，同年，张载辞职回到家乡横渠，专心写作《正蒙》。

1073年，周敦颐病逝于庐山，享年五十七岁。

1075年，宋神宗熙宁八年，王安石《三经新义》成书。

1077年，宋神宗熙宁十年，张载从太常礼院归，在洛阳会见二程后，病死于路上。

1079年，宋神宗元丰二年，吕大临到扶沟问学于二程。

1085年，宋神宗元丰八年，宋神宗死，哲宗继位，司马光废熙宁新法。

1093年，宋哲宗元祐八年，宋哲宗亲政，继续推行熙宁新法。

1100年，宋哲宗元符三年正月，宋哲宗死，宋徽宗立。

1127年，宋钦宗靖康二年，北宋灭亡，宋高宗赵构重建宋，史称“南宋”。

1130年，宋高宗建炎四年，朱熹出生于福建南剑尤溪县城外旅社。

1148年，宋高宗绍兴十八年，朱熹考中进士。

1153年，宋高宗绍兴二十三年，朱熹到同安赴任途中，首次拜会李侗。

1164年，宋孝宗隆兴二年，宋金订立“隆兴和议”。

1167年，宋孝宗乾道三年，朱熹在长沙与张栻论学。

1175年，宋孝宗淳熙二年六月，吕祖谦、朱熹、陆九渊等人会于鹅湖。

1181年，宋孝宗淳熙八年，陆九渊到南康访朱熹，在白鹿洞书院讲学。

1184年，宋孝宗淳熙十一年，朱熹、陈亮书信往返，激烈辩论“王霸义利”。

1188年，宋孝宗淳熙十五年，朱熹就无极问题迎战陆九渊。